榆林学院出版基金资助

机遇与挑战

企业市场营销策划新形势

白茜 著

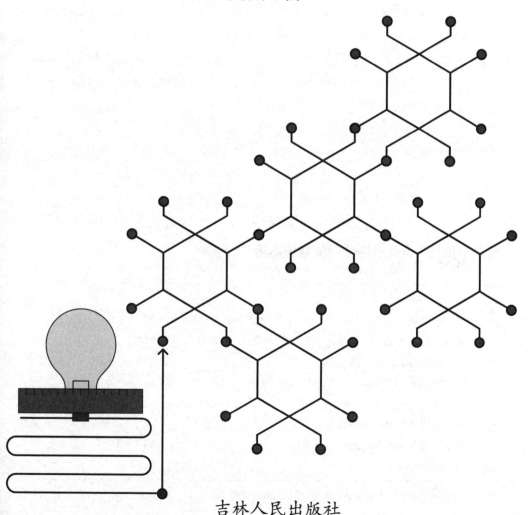

吉林人民出版社

图书在版编目 (CIP) 数据

机遇与挑战：企业市场营销策划新形势 / 白茜著
. — 长春：吉林人民出版社，2019.6
ISBN 978-7-206-16137-7

Ⅰ.①机… Ⅱ.①白… Ⅲ.①企业管理 – 市场营销 –
营销策划 Ⅳ.① F274

中国版本图书馆 CIP 数据核字 (2019) 第 117122 号

机遇与挑战：企业市场营销策划新形势
JIYU YU TIAOZHAN : QIYE SHICHANG YINGXIAO CEHUA XIN XINGSHI

著　　者：白　茜
责任编辑：赵梁爽　　　　　　　　封面设计：优盛文化
吉林人民出版社出版 发行（长春市人民大街 7548 号）　邮政编码：130022
印　　刷：定州启航印刷有限公司
开　　本：710mm×1000mm　　　　　1/16
印　　张：14　　　　　　　　　　　字　　数：248 千字
标准书号：ISBN 978-7-206-16137-7
版　　次：2019 年 6 月第 1 版　　　　印　　次：2019 年 6 月第 1 次印刷
定　　价：66.00 元

如发现印装质量问题，影响阅读，请与印刷厂联系调换。

前　言

　　新经济时代，互联网信息技术为企业带来了颠覆性的改变，与此同时，企业营销也出现了新的发展。大数据等新技术在企业营销中的应用，微信、自媒体等平台与营销的有机结合，移动营销、搜索引擎优化等概念的出现让企业营销焕发了新的生机。新经济时代的到来对企业营销而言，机遇与挑战并存。

　　对于企业而言，营销不再是以往单纯的广告、促销或者品牌建设，新经济下的企业营销更需要细分市场，精准定位客户、掌握客户消费心理，在为消费者带去商品的同时提供他们想要的精神内涵。内容营销、社群营销、场景化营销的兴起，微信公众号、直播平台等自媒体的加入更向企业表明，新经济时代，随着互联网技术的发展与消费群体的升级，消费者不仅关注商品的价格、质量，也在关注企业的服务、理念与价值倾向。

　　本书以新经济时代和"互联网＋"为前提，分析了市场营销的理论发展与实际应用。全书共分为四个部分：理论篇、现实篇、分析篇和对策篇。

　　首先介绍了新经济下市场营销的转变和延伸以及"互联网＋"背景下的市场营销的特征和变革，并分析了新经济时代企业市场营销的问题和发展趋势；其次分析了"互联网＋"时代的新型营销模式，并详细分析了社会化媒体营销、搜索引擎营销、移动营销三种新营销方式；再次分析了"互联网＋"

时代企业市场营销的实施方式和发展对策；最后通过案例分析阐述了新经济时代企业应当如何开展营销策划。

在撰写本书的过程中，笔者参考和借鉴了一些专家、学者的观点和资料，在此一并致谢！由于笔者能力所限，书中难免存在疏漏和不足之处，恳请广大读者批评指正。

目　录

理论篇　基本概念

现实篇　了解现状

分析篇 深入理解

对策篇　促进发展

理论篇

基本概念

第一章　新经济概述

第一节　三位一体的新经济基础形态

新经济有三个基础形态，即平台经济、共享经济和微经济。"平台经济"是基础，"共享经济"是实质，"微经济"是土壤，这三者连接成一个整体，相辅相成，构成了新经济的基础形态。

一、平台经济：新经济引领者

近年来互联网平台崛起，已成为新经济的引领者。截至 2015 年 5 月，按照市值计算的全球 15 大互联网公司，无一例外均为平台型公司，其中美国 11 家，中国 4 家。这 15 大互联网公司的市值接近 2.5 万亿美元，是 20 年前的 144 倍。互联网平台的力量可见一斑。

随着用户数量的增长，网络的价值呈指数级增长，这种正的外部性令互联网平台成长很快，价值急速攀升，远超原有经济中依赖规模成长的企业。在达到一定用户基数后，平台的加速成长态势明显。由于近年来政府部门给予的宽松环境，中国互联网平台迅速崛起，电商、搜索、社交、游戏等领域均跃居全球领先行列。

（一）互联网平台服务创新不断推出

由于互联网平台业务涉及多个相关方，用户在不同平台间可以自由选择，因此平台间竞争激烈，服务创新不断推出。互联网平台依托新信息基础设施和新生产要素，不再走 IT 时代大企业封闭和集中控制的信息化之路，而踏上了 DT 时代为其他企业和个人服务、以激活生产力为目的的"赋能"新征程。在天池大数据竞赛上，阿里巴巴通过"数据工厂"，为参赛的青年才俊提供了强大的云计算能力、数据开发工具及天猫 5.7 亿条脱敏交易数据，获胜队伍的算法直接应用于天猫 APP "我的双十一"栏目，交易额提升显著，显示了数据的价值和平台的力量。

（二）互联网平台引领新商业生态的生成

平台将相互依赖的不同群体集合在一起，通过促进群体间高效互动，创造了独有价值。近年来，平台经济的崛起则是互联网技术与应用强力渗透的结果。平台上多方之间互动频繁，企业间竞争更加充分，创新层出不穷。如电子商务平台淘宝网上，品牌商可以由代理运营服务商帮助其在淘宝网上开店完成与消费者的交易，由 IT 服务商整合线上线下信息系统，由物流服务商负责货物运输和配送，由支付宝收回货款。淘宝作为交易平台，聚合了众多买方、卖方以及其他电子商务服务商，形成了充满活力的商业生态圈。

（三）互联网平台推动着新型就业大量涌现

依据 BCG 推出的《互联网时代的就业重构》白皮书，受雇于特定企业，通过企业与市场交换价值的"传统就业"，正向通过互联网平台与市场连接、实现个人市场价值的"平台型就业"转变。按照人力资源和社会保障部统计，仅天猫淘宝平台就直接创造了 1000 万个新的工作机会。

（四）互联网平台为创业创新奠定了坚实基础

要释放"大众创业、万众创新"的活力，降低门槛是当务之急。江苏沙集的农民网商，生产简易家具在淘宝网上销售，2015 年"双十一"当天突破了 1.7 亿元，正是依托平台在"干中学"形成的内生优势，让他们成为这个时代的强者。在 2015 年阿里云计算召开的创业者大会上，一下子涌入了 2 万多名年轻的创业者，让人们领略了互联网平台带来的创新浪潮。

除此之外，互联网平台还为新经济做了许多贡献。互联网平台汇聚必备资源、抹平地区落差、加速创意流动。在 2015 年阿里云计算大会上，2 万多名年轻的创业者让人们领略了互联网平台带来的创新浪潮。互联网平台释放共享经济、微经济的潜力。互联网平台显著降低了各方沟通成本，直接支撑了大规模协作的形成，向全社会共享能力，从而激发微经济活力。互联网平台为传统产业的转型升级赋能。2015 年之前是互联网公司快速发展的"增量崛起"阶段，未来十年，将是互联网平台帮助传统企业拥抱互联网、实现向线上迁移的"存量变革"阶段。互联网平台间竞合成效突出。正的网络外部性令互联网平台成长迅速，其业务涉及多个相关方，用户在不同平台间自由选择，形成了良性的竞合氛围，市场逐渐扩大，服务创新不断推出。

二、共享经济：经济的变革者

"共享经济"这一理念最早由美国得克萨斯大学社会学教授马科斯·费尔逊（Marcus Felson）和伊利诺伊大学社会学教授琼·斯潘思（Joe L. Spaeth）在1978年发表的论文《群落结构和协同消费》（Community Structure and Collaborative Consumption：A Routine Activity Approach）中提出。在这一论文中，两位教授用"协同消费"（Collaborative Consumption）来描述这样一种生活消费方式，其主要特点是个体通过一个第三方市场平台，实现商品与服务点对点的直接交换。

起初，这种模式并未引起太多的关注，在30年后才发生了一些改变。2008年，苹果公司推出了苹果商店（Apple Store）。在美国旧金山，布莱恩·切斯基（Brian Chesky）和乔·格比亚（Joe Gebbia）刚刚从罗德岛设计学院毕业，他们在自己的公寓里铺上气垫床，为工业设计会议的参会者提供住处，以此来挣些零用钱。他们开发了一个名为"Airbnb"的网站来宣传他们的服务。这家公司被视为共享经济的代表。

2010年，雷切尔·博茨曼（Rachel Botsman）与路·罗杰斯（Roo Rogers）在其出版的书籍《我的就是你的》（What's Mine is Yours）中对共享经济模式做了更详细的描述，包括其产生的原因及表现形态。该书第一次系统性地对消费领域的共享经济（两位作者称之为"协同消费"）进行了论述，这也把全社会对于这一模式的认识带到了一个新的高度。

随后，在全球范围内，各种类型的共享经济模式快速发展，它们在创造着一种新的经济模式的同时，也对传统经济模式提出了挑战。关于共享经济模式的讨论已不仅限于商业和经济范畴，它也成为许多国家政府机构制定新政策所关注的议题之一。

"共享经济"的深刻影响体现在其对经济发展的全局贯穿性，人们通过Uber、Airbnb等互联网平台，扩展着共享的物品和服务种类，渗透到越来越多的地区。"共享"从而成为各界瞩目的热门概念。互联网平台是这种"共享行为"的赋能者，个人、企业、非盈利组织和政府是"共享行为"的参与者，交换信息使得超量物品和服务能够流通，共享和重新使用是"共享行为"的目的所在。"共享行为"的驱动因素，被认为包括技术突破及资源约束两个方面。"共享行为"带来的直接受益包括：从环境上看，资源耗费减少，可持续性增强；从经济上看，租用和重复使用，降低了利用成本；从赋权上看，因为购买价格昂贵而无法使用某些物品或服务的人群，也能得到普惠共享；从参与上看，共享能力的增强，让更多民众成为主动的创业者。

（一）强大的商业基础设施能力的"共享"更具变革性

共享行为的视野仍是集中于超量的物品和服务，而"共享经济"规模更大，对人类生产、生活方式的塑造更为关键。我们不只谈论乘车服务、租房体验，我们还拥有电子商务平台、运用云计算和大数据能力。从"共享行为到共享经济"，既是思路上的拓展，更是供给侧能力的有力释放。

（二）"共享经济"对经济发展具有全局贯穿性

令工农业基础设施、通信基础设施、互联网平台、生产及生活服务体系、生产者／服务者／消费者／自由连接体等各层均卷入其中，并提供了超越单一所有权的向其他层次对服务、产品、才能、制度等的扩展性接入。现代农业、现代制造业、现代流通业等新业态均建立在这一基础之上。以山东曹县的淘宝村为例，农民演艺服装小企业在众多服务商（物流、营销、运营、设计等）的帮助下，在淘宝网电商平台的依托下，在能力充足的电信网络支撑下，在良好的政策环境中，其创业热情得到激发，财富显著增加，"共享经济"的深度可见一斑。当然大规模协作引发了"共享经济"的能量释放，是建立在云网端新基础设施和贯通的数据流动，以及社会环境（包括制度、法律、政策等在内）之上的。

三、微经济：发展新动向

纵观生产、就业、消费、市场和分配方面，微经济的涌现已成为重要的经济发展动向。第一，在生产上，碎片化趋势明显，中型和大型企业的数量逐渐减少。第二，在就业上，个性化特色突出，大量劳动者会在新型服务业中实现自我就业。第三，在消费上，多样化需求迫切，不仅在实体消费方面，还在投资、理财等虚拟消费方面。第四，在市场上，透明化效果显著，时间、地域、场景都不能成为交换的障碍，信息不对称成为历史。第五，在分配上，福利化程度提高，不仅总体收益会增加，而且分配也更加公平。

根据调查数据及预测，中国小企业总数会显著增加，企业的密度会提升，即企业小型化趋势明显。

消费者日益呈现出新特点，即需求个性、见多识广、相互联系增多和更加积极主动。他们的转变倒逼了商业组织向着"平台 + 小企业（个人）"的方向去演化，这样才能"接得住"大量"小多快"的需求。因此大企业内部也体现出"微经济"的特点，企业会将自身看作平台，内部员工组成类似于小企业的创新小团体，企业的任务就是为这些员工团体和个人服务，调动这些"创意精英"，更好地满足市场需求。由于员工的信息向社会公开、透明，企业之间的较量便转变为"平台＋创新小团体（个人）"之间的竞争。延伸到组织外部，围绕着互联网平台，会形成众多"平台＋小企业（个人）"的组合。

四、三位一体：构建新经济形态

"平台经济""共享经济"和"微经济"实质上是三位一体、相辅相成的，构成了新经济的基本形态。

（一）互联网平台向全社会共享能力，激发微经济活力

互联网平台显著降低了各方沟通成本、支撑了大规模协作的形成，向全社会共享能力，从而激发微经济活力，"平台＋小企业（个人）"模式日益成为主流。计算、物流、金融、交易等能力充分共享，促进了竞争水平的增强、创新效率的提升。如利用阿里云提供的云计算服务，原创动漫游戏公司——米哈游，其游戏产品在登录应用商店当天就冲到了收费榜第一名。目前公司员工近50人，收入达千万级。充分反映了互联网平台共享能力输出撬动微经济增长的杠杆作用。

（二）"平台经济"是基础，"共享经济"是实质，"微经济"是土壤

中国国情为三者协同发展提供了良好环境。因为中国小企业众多，互联网平台规模才可以迅速扩大，越过成长的关键点实现指数级成长，平台提供强大的共享能力，赋能小企业，引领新商业生态繁荣，进一步吸引更多的小企业利用平台，也将有更多适应平台特性的小企业涌现出来，平台才有进一步的成长空间，最终实现经济的协同发展。总之，紧密联系的"共享经济""平台经济""微经济"将是中国新经济取得突破的温床。基于这一浮现中的新经济基本形态，我们应从"平台经济""共享经济""微经济"协同发展的大局出发，鼓励中国平台经济创新、优化共享能力输出环境、创造激励微经济发展的氛围，持续培育和激发新经济活力。

第二节　新经济发展的动力

一、大数据

从人类认识史可以发现，对信息的认识史就是人类的认识进步史与实践发展史。人类历史上经历过四次信息革命。第一次是创造语言，语言是即时变换和传递信息的工具，人类通过语言建立相互关系来认识世界。语言的产生表明人类要

求认识世界并开始作用于世界,通过语言产生思维,将事物的信息抽象表达为声音这个即时载体,但语言的限制和缺点是无法突破个体的时空。第二次是创造文字以及造纸与印刷技术的发明,实现了人类远距离和跨时空的思想传递,人类因此加强了联合。文字虽然突破了时间空间上的限制,但需要耗费太高的交流成本和传播成本。第三次是发明电信通信,电报、广播、电视,实现了文字、声音和图像信息的远距离即时传递,为电子计算机与互联网的创造奠定了基础。第四次是电子计算机与互联网的创造,这是一次空前的伟大综合,其特点是所有信息都可归结为数据,表达形式为数字形式,只要有了0和1并加上逻辑关系就可以构成全部世界。现代通信技术和电子计算机的有效结合,使信息的传递速度和处理速度得到了巨大的提高,人类掌握信息、利用信息的能力达到了空前的高度,人类社会进入了信息社会。在一定意义上,人类文明史是一部信息技术的发展进化历史。

(一)信息

从本体论层次看,信息可定义为事物的存在方式和运动状态的表现形式。事物泛指存在于人类社会、思维活动和自然界中一切可能的对象,存在方式指事物的内部结构和外部联系,运动状态指事物在时空变化的特征和规律。从认识论层次看,信息是主体所感知或表述的事物存在的方式和运动的状态。主体所感知的是外部世界向主体输入的信息,主体所表述的则是主体向外部世界输出的信息。

(二)数据

数据是指能够客观反映事实的数字和资料,可定义为用有意义的实体表达事物的存在形式,是表达知识的字符集合。按性质可分为表示事物属性的定性数据和反映事物数量特征的定量数据。按表现形式可分为数字数据和模拟数据,模拟数据又可以分为符号数据、文字数据、图形数据和图像数据等。

数据在计算机领域是指可以输入电子计算机的一切字母、数字、符号,其具有一定意义,能够被程序处理,是信息系统的组成要素。数据可以被记录或传输,并通过外围设备在物理介质上被计算机接受,最后经过处理而得到结果。计算机系统的每个操作都要处理数据,通过转换、检索、归并、计算、制表和模拟等操作,经过解释并赋予一定的意义之后,数据便成为信息。分析数据中包含的主要特征,就是对数据进行采集、分类、录入、储存、统计检验、统计分析等一系列活动,因为接收并且解读数据才能获取信息。

(三)数据与信息

数据是信息的载体,信息是有背景的数据,而知识是经过人类的归纳和整理,最终呈现规律的信息。但进入信息时代之后,"数据"二字的内涵开始扩大,它不仅指代"有根据的数字",还统指一切保存在电脑中的信息,包括文本、图片、视频等。这是因为20世纪60年代软件科学取得了巨大进步,并发明了数据库,此后,数字、文本、图片都不加区分地保存在电脑的数据库中,数据也逐渐成为"数字、文本、图片、视频"等的统称,也即"信息"的代名词。

简单地说,信息是经过加工的数据,或者说,信息是数据处理的结果。信息与数据是不可分离的,数据是信息的表现形式,信息是数据的内涵。数据本身并没有意义,数据只有对实体行为产生影响时才成为信息。信息可以离开信息系统而独立存在,也可以离开信息系统的各个组成部分和阶段而独立存在;而数据的格式往往与计算机系统有关,并随载荷它的物理设备的形式改变而改变。大数据可以被看作是依靠信息技术支持的信息群。

二、工业4.0

"工业4.0"这一概念的覆盖面非常广,涵盖大数据、云计算、物联网、产业互联网、一体化产业、智能化、机器对机器通信等多个方面。"工业4.0"归根结底是横向与纵向价值链的整合、重组和自动化,使数字信息流能够无缝、端对端地贯穿于整个价值链,并由此产生以智能工厂为核心的智能环境。人、机器和资源之间的直接交流最终创造出熟悉自身制造流程和未来应用的智能产品。基于此,智能产品将有力支持生产流程与流向的记录追踪(关于"我是何时生产的""我将被赋予哪些参数""我将被送往何处")。

"工业4.0"带来的益处体现在多个方面,包括资本、能源和人力成本的大幅度削减、市场灵活度的提高,以及小批量客户的要求得以满足等。端对端系统工程使得企业可以生产定制产品,并能在生产流程中改变供应商。根据德国国家科学与工程院预测,"工业4.0"可以使企业生产率提高30%。"工业4.0"能为中国带来的潜在收益相当可观。据中国工业和信息化部估计,中国的自动化行业市场总额约为1 000亿美元。

"工业4.0"的本质是扁平化,因为"工业4.0"的时代特征是更快、更便捷,这就要求它必须往扁平化方向迈进。扁平化具体的表现形式是多种多样的,比如组织结构的扁平化、信息传递的扁平化、服务理念的扁平化等。

扁平化跨越了地域、行业等限制,使一切显得更加便捷和通畅。扁平化结构是相对于传统的金字塔结构而言的。我们以组织结构为例,传统企业组织呈现出层级结构,由上到下依次有最高决策者、中间协调层、基层管理者,自下而上人员越来越少,它的形状犹如一座金字塔。毋庸置疑,位于塔尖的是独一无二、发号施令的决策者,中间的管理层一级一级向下传达指令,一直传给塔底的大批执行者;塔底的汇报、请示需要逐级上报，才能到达塔尖的决策者手中。在传统管理模式之下，当组织规模扩大时，因管理幅度有限，管理层次就会逐步增加。

所谓扁平化组织结构，是指通过削减管理层级、缩短经营路径、减少经营管理通道、增大管理幅度，加快层级之间信息交流速度，从而提高经营管理效益与效率的企业组织模式。扁平化组织具有管理成本低、管理效率高、信息反馈迅速等显而易见的优点。

在"工业4.0"时代，一切流程都趋于简单化、便捷化，而能符合这一要求的，无疑就是扁平化。此外，扁平化的基础是可互联、可交互，这样才能通过网络的聚合削弱或取消原有的中心功能，使"工业4.0"一直提倡的一对一、一对多、多对多的交互方式成为可能。

三、供给侧结构性改革

供给侧结构性改革的内容可以分解为"供给侧＋结构性＋改革"三个维度。第一，"供给侧"是指着眼于供给端和生产端的管理和制度建设，即对劳动力、资本、技术等资源要素的投入方式、投入结构，企业生产成本、生产方式等方面的管理，以及对促进资源要素有效供给、质量提升、高效配置的市场机制和制度的建设。第二，"结构性"是指结构的优化调整，即立足于资源要素的有效配置和供需的有效匹配，促进生产结构、产业结构、收入分配结构、区域结构等系列结构性问题的解决，进一步释放错配资源的内在价值，有效提升资源要素的配置效率，实现经济社会协调发展。第三，"改革"是改革原有制度和构建新制度。即为了确保资源要素的有效供给和高效配置，促进结构的优化调整，对原来束缚资源要素供给、市场配置功能以及结构优化调整的制度进行改革创新，构建有助于进一步解放和发展生产力的制度。上述三个方面构成了供给侧结构性改革内涵，三方面内容是个有机统一体，相互关联、相互促进。供给侧管理和制度创新是供给侧结构性改革的出发点和立足点，通过供给侧管理和制度建设可以促进或倒逼结构调整和制度改革，明晰结构优化调整和制度改革的方向，形成结构优化调整的市场动力。结构优化调整是供给侧结构性改革的关键点，通过结构优化调整促进供给与需求的有效配置，释放错配资源要素的内在价值，推动资源要素的有效供给，提升资源要素的供给质量，也为制度创新和改革提供了突破点。改革是供给侧结构性改革的落脚点，通过对原有的束缚生产力的制度的改革和对促进社会主义市场经济导向的制度构建，保障和促进供给侧管理和结构优化调整，形成经济社会持续发展的制度环境。

从供给侧结构性改革的内涵看，供给侧结构性改革的核心是全面提升资源要素供给的质量水平和配置效率，进一步解放和发展生产力，促进经济持续健康发展。资源要素供给的质量水平和配置效率是指在一定技术水平下各投入要素在各产出主体的分配中所产生的效率。供给侧结构性改革的内涵诠释了实现这一核心的主要途径。第一，通过资源要素市场机制和制度的建设，促进资源要素价值的释放，实现资源要素供给的高效性。第二，通过结构优化调整，实现资源要素向产出效率更高的部门或领域集聚，实现资源要素配置的合理性。第三，通过企业活力发展和供需有效协同，实现资源要素供给的有效性。第四，通过创新机制、高质量要素供给制度建设等，促进资源要素供给质量水平的提升。

第二章　新经济下的市场营销

第一节　市场与市场营销概述

一、市场的基本含义

市场包含三个要素，即有某种需要的人、为满足这种需要应具备的购买能力和购买欲望。

人是构成市场最基本的条件。凡是人，就有各种各样的物质和精神方面的需求，从而才可能有市场，没有人就不存在市场。

购买力是消费者支付货币购买商品或劳务的能力，消费者的购买力由消费者的收入决定，有支付能力的需求才是有意义的市场。购买力水平的高低是决定市场容量大小的重要指标。

购买欲望是指消费者产生购买行为的动机、愿望和要求，是消费者把潜在购买力变成现实购买力的首要条件。

市场的这三个要素是相互统一、缺一不可的，只有三者结合起来才能构成现实的市场，才能决定市场的规模和容量。例如一个国家或地区人口众多，但人们收入很低，购买力有限，就不能构成容量很大的市场。如果购买力很强，但人口很少，也不能成为很大的市场。只有人口众多，购买力很强，才能成为一个有潜力的大市场。但是，如果产品不适合需要，不能引起人们的购买欲望，对销售者来说，仍然不能成为现实的市场。所以，市场是以上三个要素的统一，市场的大小取决于那些有某种需要，并且拥有使别人感兴趣的资源，同时愿意以这种资源来换取其所需要的东西的人数。

市场营销学主要研究卖方企业的市场营销活动，即企业如何通过整体市场营销活动，适应并满足买方的需求，以实现企业的经营目标。因此，本书采用了美国著名市场营销学家菲利普·科特勒关于市场的定义："市场是指产品的现实和潜在的购买者。这些购买者共同具有某一特定的、能通过交换关系得到满足的需要或欲望。"从销售者的角度看，销售者构成了行业，购买者则构成了市场。

根据购买者的不同，一般把市场分为消费者市场和组织市场两类。[①]

（一）消费者市场

消费者市场也称为最终消费者市场或生活资料市场，是指为满足自身需要而购买商品和服务的一切个人和家庭构成的市场，它是市场体系的基础，是起决定作用的市场。

（二）组织市场

组织市场是由一切为了自身生产、转售或转租或者用于组织消费而采购的各类组织构成的市场，主要包括生产者市场、中间商市场和政府市场。生产者市场也叫产业市场，是由为了再生产而采购的组织形成的市场。中间商市场是由为了转售而采购的组织形成的市场，主要包括批发商、零售商、代理商和经销商等。政府市场是指因为政府采购而形成的市场。

二、市场营销的基本含义

市场营销是由 Marketing 一词翻译而来的，从英文的原意出发，可以指市场营销学科，也可以指市场营销方面的活动。国内外学者给市场营销下了上百种定义，现实企业对市场营销的理解更是多样。但不同时期都有其主流的阐述。以下列出了较有影响的几种定义。

美国市场营销协会（American Marketing Association，AMA）分别在 1960 年、1985 年、2004 年及 2013 年给市场营销下了定义，最新定义是：市场营销是在创造、沟通、传播和交换产品中，为顾客、客户、合作伙伴以及整个社会带来价值的一系列活动、过程和体系。

1975 年，美国学者基恩·凯洛斯将市场营销的概念进行了分割，分为三个类型：一是把市场营销看作一种为消费者服务的理论，二是强调市场营销是对社会现象的一种认识，三是认为市场营销是通过销售渠道把生产企业同市场联系起来的过程。从某个角度来看，市场营销的复杂性被反映出来了。

---

① 马玲，张舰.市场营销学 [M].北京：北京理工大学出版社，2016.

1990 年，芬兰的市场学家克里斯琴·格隆罗斯从营销的目的出发，把市场营销定义为：所谓市场营销，就是在不断变化的营销环境中，依然能够实现生产者的经营目的，同时满足社会需要的一系列活动过程。它包括调研、目标市场的选择、产品研发、促销等一系列与市场有关的企业业务经营活动。

　　本书认为，市场营销是营销主体利用商品、服务等营销物，创造性地满足个人或组织等营销客体的需求，以获取预期利益的管理和社会活动。

三、新经济视角下的市场营销

（一）国际化是新经济视角下市场营销的主要趋势

　　经济全球化的发展促使企业向国外发展，积极参与国际市场，利用国际资源发展壮大。经济全球化与一体化意味着国家之间的贸易壁垒逐渐消失，各种资源在世界市场上自由流动、自由配置。因此，企业竞争不可避免地出现国际化的趋势。新经济时代的到来，使得跨国公司成为促进经济全球化的主要推动力，产品的生产与交流不再局限于地区、国家，而是有了"国际产品"的标签。为了获取利润并实现预定的营销目标，企业只有采用针对全球市场的产品营销策略，才能使自己的生存和利润空间尽可能地最大化，从而实现可持续发展。

（二）目标集中化是新经济视角下市场营销的主要表现

　　营销集群是指企业产品销售目标主要集中在某些特定消费群体，企业营销策略主要针对这一群体的消费表现。与传统的营销方式不同，新经济下市场营销的重点是为客户提供个性化服务。在新经济时代，人们的生活方式发生了巨大变化，消费群体的独特需求越来越受到企业的重视。因此，企业的营销策略定位也必须做出适当的调整，通过不同的设计和生产，来满足产品的个性化需求。新经济时代，消费者的教育水平、生活方式和消费能力都产生了变化，消费者不再只专注于产品量度的积累，而是寻求产品质量的变化。产品细分、个性化产生的巨大经济利润将促使企业营销策略的转变。

（三）可持续发展是新经济视角下市场营销的主要目标

　　传统的营销方式在保证企业获得短期利润的情况下，关注临时销售业绩，企业领导层强调企业能否在最短的时间内收回成本并达到一定的经济效益；而企业品牌形象和企业文化形象的创造和维护不是营销策划的重点。在新经济的背景下，企业的新营销理念主要体现在两个方面，一是企业营销目标的可持续发展。企业希望通过自主品牌文化的推广和营销来开拓市场，满足消费者需求，扩大消费群体，增强消费者对企业品牌的依赖，从而获得产品的市场份额。二是注意营销链之间的关系，贯彻企业之间强强联合、互利双赢的理念，建立合作销售渠道，最大程度地优化资源配置，努力整合市场，共享资源，平衡企业之间良好的竞争与合作关系。

第二节　新经济下市场营销的观念转变与延伸

一、市场营销学的产生

市场营销学于 20 世纪初期产生于美国，后来传播到日本和欧洲等国家和地区。现代市场营销学是在资本主义商品经济迅速发展和市场问题日益尖锐化的过程中形成和发展起来的。

20 世纪初期，伴随着资本主义商品经济的发展，资本主义基本矛盾日益尖锐化。频频爆发的经济危机迫使企业日益关心产品销售，研究如何更有效地应对竞争者，在实践中不断探索市场营运的规律。到 19 世纪末 20 世纪初，世界主要资本主义国家先后完成了工业革命，垄断组织加快了资本的积聚和集中，使生产规模迅速扩大。在这一时期，以泰罗"科学管理"为代表的以提高劳动生产率为主要目标的理论、方法应运而生，并得到普遍重视。一些大型企业实施科学管理的结果是产品产量迅速增加。科学管理要求对流通领域有更大影响，对相对狭小的市场有更精细的经营。同时，科学技术的发展也使企业内部计划与组织变得更为严整，从而有可能运用科学的调查研究方法，预测市场变化趋势，制订有效的生产计划和销售计划，控制和调节市场销售量。在这种客观需要与可能的条件下，市场营销学作为一门独立的经营管理学科诞生了。

在此之前，美国学者已经发表和出版了一些论著，分别论述产品分销、推销、广告、定价、产品设计和实体分配等专题。到 20 世纪初，一些学者如阿克·肖（Arch W. Shaw）、爱德华·琼斯（Edward D. Jones）、拉尔夫·斯达·巴特勒（Ralph Starr Butler）、詹姆斯·海杰蒂（James E. Hagerty）等，将上述专题综合起来，初步形成了市场营销学科。1902—1905 年，美国密歇根、加利福尼亚、伊里诺伊和俄亥俄等大学相继开设了市场营销学课程。1910 年，美国威斯康星大学教授拉尔夫·斯达·巴特勒首先采用"市场营销（Marketing）"作为学科名称，正式出版了《市场营销方法》（*Marketing Method*）一书。而后，弗莱德·克拉克（Fred E. Clark）于 1918 年编写了《市场营销原理》讲义，被多所大学用作教材并于 1922

年出版。L.S.邓肯也于 1920 年出版了《市场营销问题与方法》。

1929—1933 年的经济大危机，震撼了整个资本主义世界。生产严重过剩和产品销售困难，已直接威胁到许多企业的生存。从 20 世纪 30 年代开始，主要西方国家资本市场呈现明显的供过于求。这时，企业界广泛关心的首要问题已经不是扩大生产和降低成本，而是如何把产品销售出去。为了争夺市场、解决产品销售问题，企业家开始重视市场调查，提出了"创造需求"的口号，致力于扩大销路，并在实践中积累了丰富的资料和经验。与此同时，市场营销学科研究大规模展开。一些著名大学的教授将市场营销研究深入到各个问题，调查和运用了大量实际资料，形成了许多新的理论。如佛莱德·克拉克和韦尔法在其 1932 年出版的《农产品市场营销》中，将农产品市场营销系统划分为集中（收购）、平衡（协调供求）和分散（化整为零销售）三个相互关联的过程，详细研究了营销者在其中执行的7 种市场营销职能：集中、储存、融资、承担风险、标准化、销售和运输。拉尔夫·亚历山大等学者在 1940 年出版的《市场营销》一书中，强调市场营销的商品化职能包含适应顾客需要的过程，销售是"帮助或说服潜在顾客购买商品或服务的过程"。1937 年，美国全国市场营销学和广告学教师协会及美国市场营销学会合并组成美国市场营销协会（AMA）。该协会在美国设立了几十个分会，从事市场营销研究和营销人才的培训工作，出版市场营销专刊和市场营销调研专刊，对市场营销学的发展起了重要作用。到第二次世界大战结束，市场营销学得到了长足发展，并在企业经营实践中获得了广泛应用。

二、新经济下市场营销观念的转变

在新经济背景下，随着现代科学技术的进步，不同的学科相互渗透，市场营销学已经与社会学、经济学、统计学、心理学等学科紧密结合，成为一门具有很强操作性的综合性应用科学。同时，市场营销学的研究内容也更为广泛，并且进一步向纵深发展，形成了一些分支学科，如市场调研、市场预测、服务营销学、广告学、消费心理学等。更为重要的是，随着研究内容的深入，市场营销理论更加完善，提出了许多新概念、新思想，如"战略营销""全球营销""大市场营销""网络营销""关系营销""绿色营销""服务营销""定制营销""顾客满意""客户关系管理"等。

全国各地的市场营销学术团体，改变了过去只有学术界、教育界人士参加的状况，吸收了大量企业界人士参加。其研究重点也由过去单纯的教学研究，改为结合企业的市场营销实践进行的研究。并且，学术界展开了一系列营销创新研究，如以"跨世纪的中国市场营销""中国市场的特点与企业营销战略""新经济与中国市场营销""知识经济与市场营销创新"等为专题的市场营销学术研究。在这一阶段，市场营销理论与企业营销管理实际的结合更为密切，出现了一批颇有价值的营销研究成果。

市场营销理论的国际研讨活动也进一步发展，1995年6月，由中国人民大学、加拿大麦吉尔大学和康克迪亚大学联合举办的"第五届市场营销与社会发展国际会议"在北京召开，来自46个国家和地区的135名外国学者和142名国内学者出席了会议。25名国内学者的论文被收入《第五届市场营销与社会发展国际会议论文集》（英文版），6名中国学者的论文荣获国际优秀论文奖。自此以后，中国市场营销学者开始全方位、大团队地登上国际舞台，与国际市场营销学术界和企业界的合作进一步加强，有力地促进了市场营销理论在中国的进一步传播、运用和发展。

三、新经济下市场营销的延伸

（一）知识营销

随着知识经济的不断发展，企业开始树立知识营销的理念。这个概念是为了满足知识经济而出现的，为了在激烈的营销和发展竞争中生存，企业必须依靠丰富的知识储备。企业在营销过程中，要注意丰富销售知识，提高文化知识水平，将知识充满各个环节，这样有利于提高产品质量。知识营销的创新是使知识成为营销的重要组成部分，通过这种营销策略，客户可以更好地了解产品，更好地利用产品。因此，在新经济快速增长的市场中，企业必须捕获准确的信息，开发具有较高技术水平的产品，在产品销售时采取先进的营销手段。

（二）绿色营销

随着经济的快速发展，人民生活水平不断提高，人们对生活质量和精神享受更加关注，这导致绿色健康需求不断增加，也推动了绿色市场向前发展。为了更好地适应绿色市场的发展，企业要改变其营销理念，运用绿色营销理念来满足市场需求。绿色营销是指企业在制订营销策略时要树立环保意识，树立绿色文化价值，要以客户为依托，以绿色消费为核心，开发适合客户需求的绿色营销战略。这个概念要求企业在制订营销策略时不仅要考虑自己的利益，还要协调社会利益、商业利益和生态利益之间的关系，实现协调发展。所以，企业在销售产品的过程中，要注意企业的长远发展，不但要重视眼前的利益，而且要协调经济与生态的关系，保护可再生资源，实现其循环利用，提高资源利用率，保护生态环境。

（三）体验营销

当前，人们的消费观念已经发生变化，不再仅仅追求商品的价值，还开始关注货物所传达出的精神。企业需要改变营销意识，掌握客户的实际需求，将其作为出发点，满足市场的实际需求，满足消费者的需求。这种经验营销的主要目的是使消费者的需求得到满足，并通过对实际产品或服务交付过程和环境的精心设计，使客户获得最大的精神满足，从而提高消费者的满意度和忠诚度。

第三节　新经济下的市场营销环境概述

一、市场营销环境的概念与含义

市场营销环境（Marketing Environment）是指在企业营销活动之外，能够影响营销部门建立并保持与目标顾客之间良好关系的各种因素和力量。营销环境既能提供机遇，也能造成威胁。

任何企业都如同生物有机体一样，总是生存于一定的环境之中，企业营销活动不可能脱离周围环境而孤立地进行。环境是企业不可控制的因素，营销活动要以环境为依据，企业要主动地去适应环境。企业可以了解和预测环境因素，不仅要主动地适应和利用环境，还要通过营销努力影响外部环境，使环境有利于提高企业营销活动的有效性，有利于企业的生存和发展。因此，重视研究市场营销环境及其变化，是企业营销活动最基本的课题。

市场营销环境包括微观环境和宏观环境。微观环境指与企业紧密相连、直接影响企业营销能力的各种参与者，从企业营销系统的角度看，包括市场营销渠道中的企业、顾客、竞争者以及社会公众。宏观环境指一系列影响微观环境的巨大的社会力量，主要是人口、经济、政治法律、科学技术、社会文化及自然生态等因素。微观环境直接影响与制约企业的营销活动，并且多半与企业有或多或少的经济联系，因此也称直接营销环境，又称作业环境。宏观环境一般以微观环境为媒介去影响和制约企业的营销活动，在特定场合，也可直接影响企业的营销活动。因此宏观环境又被称作间接营销环境。微观环境因素与宏观环境因素共同构成多因素、多层次、多变的企业市场营销环境的综合体，见图2-1。[1]

---

① 吴建安，聂元昆.市场营销学 [M].北京：高等教育出版社，2017.

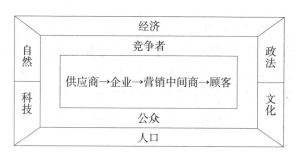

图 2-1　新经济下市场营销的环境

二、新经济下市场营销环境的特征

营销环境是一个多因素、多层次而且不断变化的综合体，具有如下特征。

（一）客观性

新经济下的市场营销环境具有客观性。环境作为企业外在的、不以营销者意志为转移的因素，对企业营销活动的影响具有强制性和不可控性。新经济下，企业无法摆脱和控制营销环境，特别是宏观环境。如企业不能改变人口、政治法律以及社会文化等因素。但企业可以主动适应环境的变化和要求，制订并不断调整市场营销策略。用适者生存来描述事物发展与环境变化的关系再合适不过了，就企业与环境的关系而言，也完全适用。有的企业善于适应环境，就能生存和发展；有的企业不能适应环境的变化，就难免被淘汰。营销环境是企业营销活动的制约因素，营销活动只有依赖这些环境才能正常进行。这表现在：营销管理者虽可控制企业的大部分营销活动，但必须注意环境对营销决策的影响，不得超越环境的限制；营销管理者虽能分析、认识营销环境提供的机会，但无法控制所有有利因素的变化，更无法有效地控制竞争对手；由于营销决策与环境之间的关系复杂多变，营销管理者无法直接控制企业营销决策实施的最终结果。此外，企业营销活动所需的各种资源，需要在环境许可的条件下取得，企业生产与经营的各种产品，也需要为消费者或用户所认可与接纳。

（二）差异性

新经济下的市场营销环境具有差异性。不同的国家或地区之间，宏观环境存在着广泛的差异；不同的企业，微观环境也千差万别。中国当前的营销环境和营销政策与其他国家均有不同，若国内企业想走出国门进行国际营销，就必须适应当地的营销环境，采用有特点和有针对性的营销策略。环境的差异性也表现为同一环境对不同企业的影响不同。2015 年 12 月 1 日，国际货币基金组织（IMF）正式宣布人民币于 2016 年 10 月 1 日加入 SDR（特别提款权）。这一经济环境的变化，对不同行业所造成的冲击并不相同。企业应根据环境变化的趋势和行业的特点，采取相应的营销策略。同处某一国度、地区或行业中，企业所面对的营销环境既有差异性，又有相似性。相同的政治、经济、文化、科技、行业规划和产业政策等背景，使得企业之间的竞争有了一个公平的前提和保证。

（三）多变性

新经济下的市场营销环境具有多变性。从根本上来说，市场营销环境是一个动态系统。首先，构成营销环境的诸因素受众多因素影响，每一环境因素都随着社会经济的发展而不断变化。新经济形势下，中国已遭遇"过剩"经济，不论这种"过剩"的性质如何，仅就卖方市场向买方市场转变而言，市场营销环境都已发生了重大变化。其次，环境因素处于不断变化之中。环境的变化既有环境因素主次地位的互换，也有可控程度的变化，还有矛盾关系的协调。随着我国社会主义市场经济体制的建立与完善，市场营销宏观环境的变化也日益显著。新经济形势下，市场营销环境通过其内容的不断增加及其自身各因素的不断变化，对企业营销活动产生影响。营销环境的变化，既会给企业提供机会，也会给企业带来威胁。虽然企业难以准确无误地预见未来环境的变化，但可以通过设立预警系统监测不断变化的环境，及时调整营销策略。

（四）相关性

新经济下的市场营销环境具有相关性。新经济下的市场营销环境诸因素之间相互影响、相互制约，某一因素的变化会引起其他因素的变化，从而促使新的营销环境形成。例如竞争者是企业重要的微观环境因素之一，而宏观环境中的政治法律因素或经济政策的变动，均能影响一个行业竞争者的多少，从而形成不同的竞争格局。又如市场需求不仅受消费者收入水平、爱好以及社会文化等方面因素的影响，而且受政治法律因素变化的影响。再如各个环境因素之间有时又存在矛盾，某些地方消费者有购买家电的需求，但当地电力供应不正常，这无疑是扩展家电市场的制约因素。

营销环境是企业营销活动的制约因素，而营销活动却依赖这些环境才得以正常进行。营销管理者在分析市场营销环境时，还必须辩证地理解和把握市场营销环境的不可控性与企业能动性的统一、市场营销环境的多变性与相对稳定性的统一、市场营销环境的关联性与其相对独立性的统一、市场营销环境的差异性与相似性的统一。一般说来，营销部门无法摆脱和控制营销环境，特别是宏观环境，企业难以按自身的要求和意愿随意改变它。但是，强调企业对所处环境的反应和适应，并不意味着企业对于环境完全无能为力，只能消极地、被动地改变自己以适应环境。营销管理者应采取积极、主动的态度能动地适应营销环境。企业可以制订并不断调整市场营销策略，主动适应环境的变化和要求。就宏观环境而言，企业可以以不同的方式增强适应环境的能力，减小来自环境的威胁，有效地把握市场。在一定条件下，企业也可运用自身的资源积极影响和改变环境因素，以便创造更有利于企业营销活动的环境。菲利普·科特勒的"大市场营销"理论认为，企业为成功地进入特定的市场，在策略上应协调地使用经济、心理、政治和公共关系等手段，以博得外国或地方各有关方面的支持，以便消除封闭型或保护型的市场壁垒，为企业从事营销活动创造一个宽松的外部环境。就微观环境而言，各种直接影响企业营销能力的参与者实际上都是企业营销部门的利益共同体。企业间既有竞争关系，也存在互相学习、互相促进的关系，在竞争中，企业有时也会采取联合行动，甚至成为合作者。按市场营销的"双赢"原则，企业营销活动的成功，应为顾客、供应商和营销中间商带来利益，并造福于社会公众。

三、新经济下市场营销的企业内部环境①

就企业营销系统而言，企业的微观营销环境包括市场营销渠道中的企业、顾客、竞争者和公众。营销活动能否成功，要受这些因素的直接影响。就营销部门而言，营销活动还要受企业内部条件的影响。

企业营销系统指作为营销者的企业整体，微观营销环境是指企业外部所有参与营销活动的利益相关者。但从营销部门的角度看，营销活动能否成功，首先要受企业内部各种因素的直接影响。因此，营销部门在分析企业的外部营销环境前，必须先分析企业内部条件或内部营销环境，如图2-2所示。

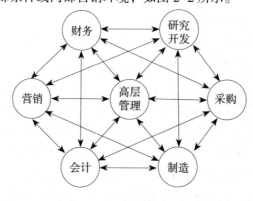

图2-2 企业内部环境

---

① 吴建安，聂元昆.市场营销学 [M].北京：高等教育出版社，2017.

企业为开展营销活动，必须设立某种形式的营销部门，而营销部门不是孤立存在的，它还必须协调与其他职能部门以及高层管理部门之间的关系。企业营销部门与财务、采购、制造、研究与开发等部门之间既有多方面的合作，也存在争夺资源的矛盾。这些部门的业务状况如何，它们与营销部门的合作关系以及它们之间是否协调发展，对营销决策的制订与实施影响极大。高层管理部门由董事会、总经理及其办事机构组成，负责确定企业的任务、目标、方针政策和发展战略。营销部门在高层管理部门规定的职责范围内做出营销决策，市场营销目标是从属于企业总目标并为总目标服务的次级目标，营销部门所制订的计划也必须经高层管理部门批准后才能实施。

　　市场营销部门一般由市场营销副总裁、销售经理、推销人员、广告经理、营销研究与计划、定价专家等组成。营销部门在制订和实施营销目标与计划时，不仅要考虑企业外部环境力量，而且要充分考虑企业内部环境力量，争取高层管理部门和其他职能部门的理解和支持。

四、新经济下市场营销的外部环境

（一）经济环境

　　经济环境指影响企业市场营销方式与规模的经济因素，主要有一个国家或地区的消费者收入、消费者支出、物价水平、消费信贷及居民储蓄等因素。

　　当前，国际局势正在发生深刻的变化，美国公布减税计划，国内楼市新政频出，金融监管再升级，这些不确定因素使得我国经济形势变得比以往"复杂"了。我国经济总体延续稳中向好趋势，经济增速即便是 6% 的水平也相当不错，眼下是推进结构调整、深化机制体制改革、推进"一带一路"和拆除重大风险"引信"的最好时机。

　　虽然近几年中国的 GDP 增速在下降，但增长的绝对数额仍是稳定的。从 2016 年来看，虽然增速下滑 0.2 个百分点，但 GDP 增加了近 1 万亿元。而从历年的增长额来看，2012—2016 年年增长额分别为 5.1 万亿元、5.5 万亿元、4.9 万亿元、4.5 万亿元、5.5 万亿元，增速从 2012 年的 7.9% 下降到 2016 年的 6.7%，增速下滑了 1.2 个百分点，增加值却多了 0.4 万亿元。

　　2017 年一季度 GDP、规模以上工业企业利润、工业增加值等经济指标均较 2015—2016 年同期有明显的好转。一季度，GDP 增长 6.9%，较 2016 年加快 0.2 个百分点；规模以上工业企业利润同比增长 28.3%，为 2011 年以来最大增幅。从宏观和微观两个层面来看，中国经济增速或将走出圆弧底形的趋势反转。

种种迹象表明，中国经济目前处于一个稳定向上的阶段，这对于市场营销来说是十分有利的。

（二）科学技术环境

科技的发展对经济发展有巨大的影响，不仅直接影响企业内部的生产和经营，还同时与其他环境因素互相依赖、互相作用，间接给企业营销活动带来影响。

2017年6月26日，中国标准动车组"复兴号"正式亮相。它采用了大功率IGBT（绝缘栅双极型晶体管）技术，把控着机车的自动控制和功率变换。这项被誉为"皇冠上的明珠"的现代机车车辆技术，被德国、日本等国把控了30年。如今，我国实现了自主化。

随着新一轮科技革命和产业变革的风起云涌，人工智能等新技术孕育、兴起，人类开始迈向大智能时代。2017年6月29日在天津召开的世界智能大会上，科技部负责人表示，我国即将发布新一代人工智能发展的国家规划，力争使之成为新一轮科技和产业变革的重要驱动力。

除此之外，新经济形势下物联网、大数据等技术的不断成熟，已经使零售商业业态结构及消费者购物习惯发生了改变，在从根本上改变市场营销方式方法的同时，也对经营管理者提出了新的要求。

（三）政治法律环境

政治环境指企业市场营销的外部政治形势；法律环境指国家或地方政府颁布的各项法规、法令和条例等。由于企业的市场营销活动受法律的约束，所以企业进行营销活动时必须学习并遵守国家的法律法规和国际法，这样才能搞好国内和国际市场营销管理工作，避免企业因违法行为受到法律的制裁。随着我国经济体制改革和对外开放的不断深入，我国已日益重视经济立法与执法。

从新经济形势下的政治环境看，当前我国已经能更好地适应和引导经济全球化，维护多边体制的权威性和有效性，促进贸易和投资自由化、便利化，同时改革和完善国际经贸规则，以保障各国在国际经济合作中权利平等、机会平等、规则平等。党的十八大以来，以习近平同志为核心的党中央践行着以"人民为中心"的执政理念，关心民众疾苦，为民、惠民、富民，让人人都有出彩的机会，让政府前面的"人民"二字愈显厚重。这为市场营销的发展提供了稳定的政治环境。

从新经济形势下的法律环境看，我国颁布了许多经济法规，如《中华人民共和国公司法》《中华人民共和国经济合同法》《中华人民共和国商标法》《中华人民共和国环境保护法》等。只有了解相关法律，企业才能保证自身严格按照法律办事，同时又能运用法律的手段来保护自身的权益。2013年12月7日，全国人大常委会正式启动了《中华人民共和国电子商务法》的立法，加速了我国互联网与市场营销的结合。

（四）文化环境

社会文化主要是指一个国家、地区的民族文化、价值观念、生活方式、风俗习惯、宗教信仰、伦理道德、教育水平、语言文字等的总和。社会文化会强烈影响消费者的购买行为，使生活在同一社会文化范围的成员的个性具有相同的地方，它是购买行为习惯性、相对稳定性的重要成因。

当前，教育对象群体更加复杂多样，对教育内容、教学方式、管理模式等产生了深层次影响。如2亿多进城务工人员在城乡、区域间大规模流动，随之产生的1 000多万随迁子女、近1 000万留守儿童的教育问题使教育资源配置、学校布局、经费投入、师资保障、学生心理健康等面临一系列考验。

（五）人口环境

新经济形势下，人们的购买欲望越来越强。市场是由有购买欲望，同时又有支付能力的人构成的，人口的多少直接影响市场的潜在容量。人口是构成市场的基本因素，在收入一定的情况下，一个国家总人口的多少，决定了市场容量的大小。

众所周知，任何一个企业的产品都不可能面向所有的人口。所以，除了分析考察一国或地区的总人口之外，还要深入分析研究人口的地理分布、年龄结构、性别、家庭单位及人数和消费需求等。

民政部《2015年社会服务发展统计公报》显示，截至2015年底，我国60岁及以上老年人口有22 200万人，占总人口的16.1%。其中65岁及以上人口有14 386万人，占总人口的10.5%。联合国预测，到2050年，中国老年人总数将达到3亿。联合国的相关材料指出，中国成功实施计划生育政策的同时，也带来了一个人口老龄化问题，这意味着银色市场在日渐形成并逐渐扩大，因此企业必须关注银色市场的开发。

第三章 "互联网+"及其影响下的市场营销

第一节 "互联网+"的产生背景与内涵

一、"互联网+"的产生背景 ①

2011 年，百度当家人李彦宏在题为《中国互联网创业的三个新机会》的演讲中提道："早晨我跟优卡网的 CEO 聊天，他把很多时尚杂志的内容集成到网站上，我就问他，为什么这些时尚杂志不自己做一个网站呢？更主要的是他们没有互联网的思维，这不是一个个案，这是在任何传统领域都存在的一个现象或者一个规律。"李彦宏所说的互联网思维总结起来大概包括这几点：一是根据用户的需求去做产品，也就是产品生产定制化；二是顺应变化，不断通过市场的变化和用户的反馈来调整自己的产品；三是免费和增值服务，例如吃牛腩送定制筷子；四是重视用户体验，这一点很关键。

随着互联网思维在各个行业、各个领域的应用，互联网开始与其他行业深度融合，这种深层、广泛的融合产生了一个全新的概念——"互联网+"。最早使用"互联网+"这个词的人是当代生态思想家张荣寰先生，张荣寰先生自 2007 年提出全生态世界观、全生态文明、全息方法论以来，又以全新的思想和认知，提出世界伦理学、中华民族生态文明发展模式、国际就业工程战略、大数据在线模式、极平台、云产业、全数据等超前思想发展观。在 2007 年 4 月，张荣寰先生在生态文明论中提出生态文明理论和新型城镇化，继而提出互联网思维和中国发展的三

---

① 陈灿.互联网：跨界与融合 [M].北京：机械工业出版社，2015.

个引擎模式：全然生态文明发展模式，即世界＋全然思想＋生态系统；国家生态文明发展模式，即国家＋互联网＋生态系统；商业生态文明发展模式，即依托市场＋互联网＋生态系统。

"互联网＋"的概念开始被大众所认知始于2013年。这一年，余额宝的出现带动了互联网金融的崛起，并迅速火起来，互联网大佬们争分夺秒地抢占互联网金融市场。这把互联网金融的大火也点燃了保险行业，2013年11月，马明哲、马化腾和马云共同创立了众安保险，被称为"三马"合璧，这次合作也是保险业在"互联网＋金融"实践中的"破冰"之举。开业仪式上，马化腾发言："互联网加一个传统行业，意味着什么呢？其实是代表了一种能力，或者是一种外在资源和环境，是对这个行业的一种提升。"在2013年底的腾讯WE大会上，马化腾再次系统地阐述了自己对互联网与传统产业关系的看法："'＋'是什么？传统行业的各行各业。"马化腾多次表示，越来越多的传统企业已经不敢轻视互联网，"互联网将成为第三次工业革命的一部分，就像带来第二次工业革命的电力一样，与各行各业之间并不是替代关系，而是提升关系"。在2015年全国两会上，马化腾作为人大代表提出了四个建议，其中包括"关于以'互联网＋'为驱动，推进我国经济社会创新发展"的建议。而李克强总理在政府工作报告中也首次提出制定"互联网＋"行动计划，并对互联网与传统产业融合发展有了进一步的要求，这一举措将"互联网＋"提升到了国家政策层面。

二、"互联网＋"的内涵

（一）互联网渠道＋

"互联网＋"创造了一个新的营销及供应的渠道，有了这个渠道，理论上任何行业的任何商品都可以在网上实现交易。渠道是互联网交易的重要组成部分，无论是B2B还是B2C。

一个完整的互联网渠道模式应该具有五大功能。

一是订货功能。互联网为消费者提供相关的产品信息，同时将消费者的需求提供给厂商，厂商针对消费者的需求提供相应的产品。消费者看中一件产品，在充分了解产品的信息之后，会将其加入购物车中，厂商则负责提供该产品。

二是结算功能。消费者将产品加入购物车中，确认购买信息后，需要对产品进行支付。这时就需要厂家或卖家提供有保证的支付方式，如网银、货到付款等方式。

三是配货功能。网上购物，除了无形产品（如音乐、电子书、软件等）在付过款后可以立刻到手之外，还有有形的商品，如生活用品、书、衣物等，这需要厂商有专门的配货部门为消费者配货。

四是互动功能。消费者可以随时在网上选购产品，并与厂商进行沟通，同时可以查看其他消费者的点评信息，以做出相应的购物决策。

五是评价功能。用户在体验过企业的产品或服务之后，可以对其进行评价。良好的口碑传播可以促进用户对企业产品或服务的消费。

（二）互联网平台（生态）+

互联网发展到 3.0 时代，进入了"互联网＋综合服务"的时代。除了特别大的市场，大型的互联网商家已经看不上那些本源市场不够大的行业，但是一个商家足够多的行业是需要互联网服务的，大型商家们干脆做出一个只服务于卖家与买家的网站，而自身不从事这个行业，这就是我们当前看到的各大平台。

例如国美商城、京东商城等电子商务平台就是利用互联网的方法，做成了一个线上、线下相结合的 B2C 平台。在这个"互联网＋"时代，平台的力量是惊人的。比如国内的搜索引擎百度、国外的搜索引擎谷歌，它们其实就是知识平台。百度这个互联网平台融合了许多知识和智慧，用户只需要搜索就能了解全世界各个区域、各个方面的事情。马云的淘宝网也是采用平台模式，让许多商家把产品放到网站上去卖，需要产品的人在浏览网页的时候，看到需要的产品就能购买，这是一个买卖平台。它们的本质都是为买家和卖家提供最大化的服务，盈利模式则是赚取服务费。

传统企业融合"互联网＋"，一方面可以自己做平台或生态，另一方面在早期也可以加入某个平台或生态，通过平台及生态战略来实现企业的初步转型。平台会为企业提供足够多的帮助与支持，将来很有可能成为传统企业转型的必经之路。大部分企业会选择两条腿走路，一条是平台及生态的入驻，另一条则是企业自身的探索，这样可以尽量规避转型不成功的风险。

（三）物联网+

"物联网＋"也可以称作"万物互联＋"。虽然现在各处都是智能硬件，各处都讲物联网，但要实现真正的"万物互联＋"，还有很长的路要走。这是未来的"互联网＋"形态。当前，物联网不仅提供了传感器的连接，其本身还具有智能处理的能力，能够对物体实施智能控制。物联网将传感器和智能处理相结合，利用云计算、模式识别等智能技术，扩充其应用领域。从传感器获得的海量信息中分析、加工并处理出有意义的数据，以适应不同用户的不同需求，发现新的应用领域和应用模式。

第二节 "互联网+"的时代特征

建立在移动互联网技术基础上的"互联网+"，大的逻辑是用互联网技术与思维去改造传统产业，连接一切是其主要方式。但核心是去中心化、去平台化。这种探索的核心有三个方面：一是不再局限于商业信息是否对称；二是不再局限于信息技术的不断创新；三是不再局限于以价格为形态方式发生的变化。这些趋势就是"互联网+"的时代特征。

一、产业互联网化、金融化

在移动互联网强大的连接能力之下，一切产业皆互联网、一切产业皆金融的时代已经来临。建立在移动互联网之上的产业互联网是典型的价值经济、个性经济、共享经济、体验经济、粉丝经济、众包经济。众多的细分行业都可以通过触网获得发展机会。在去中心化、去平台化的产业互联网时代，提供个性化服务的重度垂直模式将具有商业机会，行业垂直、地域垂直及人群垂直都可以在各自领地获得生存与发展机会。由此可见，产业互联网时代就是一切产业皆互联网的时代。

在产业互联网中，除了强大的物流体系之外，各类交易都需要有金融服务的支持。金融服务支持包括网络支付、互联网金融服务等。离开了金融，产业互联网就如同缺少了强大的物流体系支持一样难以发展。因此，一切产业皆金融的时代已经来临。

二、个性化、定制化需求时代来临

消费互联网已激发了用户的各项消费需求，消费经济已从短缺步入过剩时代，企业间的价格战不断上演。过剩或过度消费意味着生产标准化产品的时代即将终结，在满足了基本的需求之后，人类的需求将逐渐向个性化方向发展。而定制化则是个性化的实现手段。定制化本身需要用户参与，以用户体验为中心，为用户提供符合价值需求的产品。从以企业为中心的标准化生产时代到以用户为中心的产业互联网时代，互联网逐渐向尊重人性、实现人性回归的方向发展，纵观取得成功的互联网企业与科技公司，它们无不以洞悉人性为前提，苹果就是典型的代表，而小米则将用户体验发挥到了极致。

三、O2O 将成为服务互联网的主要模式

产业互联网可以对产业链的研发和生产过程进行重塑，这就催生了大量的商机。在交易过程中，产业互联网的交易模式则由线下转移到了线上或者线上线下一体化，代表模式有 B2B 和 O2O。电子商务平台的兴起减少了长期困扰市场的信息不对称等问题，降低了买卖双方大量的时间与经济成本。在这个过程中，壁垒较高的行业可以通过建立垂直电子商务平台，聚热于行业内部，实现市场的细分。

在"互联网＋"或产业互联网时代，无论是服务互联网或原来建立在 PC 之上的消费互联网，还是"互联网＋"传统行业，一个不容争议的发展趋势是线上与线下的高度融合。另外，O2O 也将成为主要的发展趋势。离开了线下实体，离开了传统产业，互联网将会与金融一样空壳化、虚拟化，犹如空中楼阁。即便是消费互联网时代的电商，也将逐步向 O2O 方向发展。新建立的本地化生活服务类 O2O 电商化极其明显，因此，从某种程度上说，O2O 将成为新型电商。

四、智慧工业时代

随着社会的发展，人们的个性化需求会越来越多，在互联网技术的支撑下，这种需求也将成为现实，实际上"工业 4.0"就是个性化定制。

以"互联网＋"为核心的产业互联网不仅是在继续改造和提升作为第三产业的互联网，而且已经向工业领域延伸。"互联网＋"硬件的软硬一体化将造就新的工业体系，人工智能、智能机器人、无人飞机、无人汽车、车联网、物联网、大数据、云计算、可穿戴设备等智慧工业将成为产业互联网的重要领域。互联网已经不再局限于消费领域，对于工业化改造的作用越发凸显。纵观世界，在产业互联网来临之际，中国已经走在了世界前列。在工业化时代，落后的中国已经在新经济的浪潮中与欧美等发达的国家站在了同一条起跑线上，甚至在互联网经济中占得先机。

在中国还处于消费互联网时代时，传统的工业强国——德国就已经提出了"工业 4.0"的行动计划。在"互联网＋"战略的指引下，中国工信部制定了"中国制造 2025 规划"，将互联网信息化与工业化深度融合，推动"中国制造"走向"中国智造"。这个规划被业内称为"中国工业版 4.0"。

面对产业互联网的发展浪潮，中国不能错过换代升级的机会。中国传统行业门类齐全，拥有世界上最为齐全的工业体系，为当今世界第一制造大国。中国已经拥有了雄厚的产业基础，在"互联网＋"时代下，如果能够顺应潮流，利用"互

联网＋"则会产生更加巨大的能量。数量庞大的传统产业、互联网用户及巨大的市场需求，这些都是中国产业互联网发展最大的优势。

五、用户体验是互联网发展的核心

互联网发展的核心是"用户体验为王"，即以用户为中心，以体验为核心，其体现则是软硬结合的"作品"——好产品。"用户体验为王"具有如下三个特点。

（一）互联网产品以用户痛点为起点

不同于传统媒体或传统产业所秉持的"以自我为中心"或"以产品为中心"理念，互联网是彻底的"以用户为中心"，产品的设计是以解决用户的真实需求为出发点。例如：谷歌和百度解决的是"人与信息"的痛点，腾讯和 Facebook 解决的是"人与交流"的痛点，阿里巴巴等解决的是"人与交易"的痛点。

（二）互联网产品服务于数以亿计的用户

互联网采取"免费＋收费"的商业模式，通过免费的产品吸引足够多的用户，进而再通过增值服务来实现商业价值变现。互联网在设计产品时，就充分重视用户的参与和意见，这自然也能够给用户提供更好的体验。

（三）打通软件和硬件能够给用户提供更好的体验

互联网不仅能够提供良好的在线服务，也能够通过软硬结合为用户提供更好的体验。无论是苹果公司的 iPod、iPod、iPhone 等智能终端，小米公司的小米手机，还是谷歌眼镜等 VR 设备，都是软硬结合的高质量作品。

六、在线化

互联网发展到今天，从无到有、从弱到强，形态丰富、特征多样，可以用一个词来总结互联网的本质特征，即"在线化"。

（一）内容的在线化

互联网具有边际成本趋向于零的特点，一方面能够承载更多的内容和信息，另一方面能够吸引更多的用户来生产内容（即 UGC），这就使得互联网能够更好地承载大量的内容和信息。互联网发展到今天，已经成为一个海量的信息网络，其由 60 万亿个网页组成，每秒发送的邮件高达数百万封。具体到媒体，如 Facebook 一分钟分享 600 多万条信息，YouTube 每分钟上传 300 小时的视频。内容的在线化经历了 WEB1.0、WEB2.0 和 WEB3.0 三个阶段，而且用户的体验越来越好。

1. WEB1.0 实现了内容的数字化

传统媒体创办的互联网网站，把自家的纸质版新闻及时地转变为网络新闻，并把之前的新闻资料通过数字化放到互联网上。突出的代表有新浪、搜狐、网易和腾讯等门户网站，它们充分发挥了互联网的作用。

2. WEB2.0 实现了内容生产者的扩大化

随着互联网技术的进一步发展，博客、微博、微信等社交媒介高速发展，与此同时，手机等可以随身携带的智能终端大大普及又为自媒体的发展提供了坚实的基础。在这种情况下，"人人都有麦克风、人人都可以是自媒体"的新时代到来。信息"产销者"的出现，使用户自生产内容，成为互联网媒体的重要组成部分。WEB2.0 的主要标志是社交媒体的出现，其特征是大量的自媒体出现，使得新闻和内容不再是传统媒体的专利。

3. WEB3.0 实现了信息智能匹配

社交媒体的出现也导致信息过多过滥，我们进入了信息过载时代，出现了过度的信息供给和用户个性化、定制化信息需求之间的矛盾，这就需要新型的信息推荐技术。

传统媒体的推荐技术是媒体推荐，微信、微博、Facebook、Twitter 等社交媒体采取的则是社交关系推荐，这些推荐技术依然难以解决信息过载难题，在这种情况下，个性化推荐基于大数据的智能推荐技术应运而生，较好地解决了信息过载难题。

基于大数据的智能推荐技术能够实现用户个性化、定制化、精准化的信息需求，并与信息之间实现智能匹配。WEB3.0 的主要标志是智能媒体的出现，核心是智能。WEB3.0 不仅解决了海量内容的在线化，而且有效地解决了信息过载难题。

（二）用户的在线化

互联网的中心是在线化的用户，而传统媒体只有受众而没有用户。用户和受众的核心区别在于是否在线：受众是不在线的，不能通过大数据技术来对受众进行画像，进而更为详细地了解受众，更不能实现商业价值的更大变现；用户是在线的，能够利用大数据对用户进行精准画像，能够详细分析用户的消费习惯、调性和消费能力，进而能够实现更佳的商业价值变现。

用户在线化经过几十年的快速发展，体现出如下特点。

一是互联网用户多，市场普及率高。玛丽·米克尔在美国 Code 大会上发布的《2016 年互联网趋势报告》显示，截至 2015 年底，全球互联网用户数已经超 30 亿，同比增长 9%，全球渗透率达到 40%，全球智能手机用户同比增长 21%；根据 CNNIC 发布的《第 37 次中国互联网络发展状况统计报告》，截至 2015 年底，我国网民数已达到 6.88 亿，市场普及率达到 50.3%，首次超过一半，手机网民数为 6.20 亿，市场渗透率达到 90.1%。

二是用户的价值极速增长。网络效应显示，用户的价值与用户数量的平方成正比，而当更多的用户在线化，用户的互联网价值就呈现更高、更快的增长速度。

三是更了解用户。大数据技术通过用户的互联网行为，在更细的颗粒度上了解用户，用户也能够通过相应的数据更了解自己。

四是用户在线化仍有很长的路需要走。目前，在世界范围内，互联网的渗透率仍低于50%，这也导致了数字鸿沟的出现。

（三）服务的在线化

基于内容、信息的在线化和用户的在线化，用户需要的各种服务都开始在线化。门户网站解决了用户新闻服务的在线化，谷歌、百度解决了用户检索服务的在线化，腾讯游戏、网易游戏解决了用户游戏服务的在线化，Facebook、Twitter、微博、QQ、微信解决了人际交流服务的在线化，奈飞、YouTube、优酷、爱奇艺等视频网站解决了视频服务的在线化，淘宝、京东、亚马逊等解决了交易服务的在线化。

服务在线化呈现如下特点：一是从消费服务在线化向更广、更深的方向发展，逐步向工业互联网深化；二是服务在线化发展迅速，信息服务在线化已经成为主导，互联网零售销售额占社会消费品零售总额的比例已经超过10%；三是服务在线化成本更低、效率更高、体验更好。

（四）治理的在线化

为了适应互联网的发展，政府也利用互联网来提升自身的治理能力，为用户提供更好的在线化服务。各级各类政府网站给予用户更好的政府服务，政府数据公开网站给予用户和企业更多的数据，智慧城市给予居民更好的城市服务。治理在线化是互联网在线化下一步发展的重点和难点。

七、在场化

互联网在线化达到很高程度之后，在视频直播、VR、AR、MR等新技术的推动下，呈现出"在场化"的发展趋势。

所谓在场化，是指用户有强烈的在场感，一方面，技术强迫用户必须在场，另一方面，用户会体验到发自内心的直观感受。当然，在场化的沉浸式的、第一主角式的用户体验比在线化的用户体验更好，更能够激发用户的购买欲。

（一）新技术是在场化的助推剂

1. 视频直播、VR、AR、MR等互联网新技术带领我们进入在场化的世界

视频直播要求主播和用户同步，能够给用户带来在场化的强烈感受。VR（虚拟现实）把用户完全植入一个虚拟的世界，使用户完全脱离周围的自然环境；AR

（增强现实）则在用户周围的自然环境上增加一层虚拟的内容；MR（混合现实）把虚拟物体与用户周围的自然环境进行有机结合，并能够对虚拟物体进行有效回应，用户会和在现实世界中一样，看不到虚拟物体。无论是VR、AR还是MR，都能给用户在场感，能够在极短时间内把用户送到魔幻的地方，也能在极短时间内把魔幻场景送到用户跟前。

2.新技术给用户更好的体验

毫无疑问，在场感能够提供更好的用户体验，一方面，置入场景时，用户获得的是如真实生活一样真真切切的体验，另一方面，用户虽然知道自己置入的是虚拟景观、虚拟人物和虚拟角色，但是内心却觉得是真实场景。因此，在场化给予用户的真实感远远比在线化给予的体验更好。

3.新技术会倒逼基础设施能力提升

服务器、带宽、网速等基础设施的完善助推新技术的应用，但同时新技术的应用又会倒逼带宽、网速等基础设施的完善，无论是视频直播、VR、AR还是MR等新技术，不仅要求更高的带宽能力、更快的网速，还要求更大的数据和数据分析能力，这会倒逼高科技公司开发更好的技术。基于这些，未来更快的网速、更好的带宽、更好的数据挖掘能力也必将给用户带来更为极致的体验。

4.手机类智能终端助推在场化

手机类智能终端不仅使得用户可以随时参与视频直播，更推动了VR、AR、MR的发展：一是手机在推动小型高分辨率屏幕质量提升的同时使其成本大幅度下降；二是手机的计算性能媲美于过去的超级计算机，可以在手机屏幕上执行各类操作；三是手机中的陀螺仪和运动传感器可以用来很好地追踪头部、手部和身体位置。

（二）在场化能够带来更大的商业价值

相较于在线化，在场化不仅能给用户带来更好的用户体验，而且能够带来更好的商业价值。

1.互联网巨头的大力参与将助推在场化的深化

目前，所有的巨头，无论是西方发达国家的Facebook、谷歌、苹果、亚马逊、微软、索尼、三星，还是国内的阿里巴巴、腾讯和百度等，都在大力推进在场化实践。目前，国内的视频直播平台已经达到200多家，而Facebook在VR方面就有400多人的团队。全世界从事VR的公司更是如雨后春笋般的出现，他们不断地为VR、AR和MR等新技术创造硬件和内容，促进了软硬件的有机结合。

2.在场化的应用范围开始扩大

起源于电视直播的视频直播已经从新闻直播扩展到秀场直播，再到其他行业的直播。VR 也从实验室的简单体验渗透到娱乐和游戏领域，并将很快渗透到电商等领域，这也将大大提升在场化的商业价值。

3. 在场化将吸引更多的用户，进而创造更多的商业价值

在场化使得任何用户在任何时候、任何地点都可以使用它，其社交属性也将更为显著，这使得在场化比当前流行的 Facebook 等社交媒体更具有社交属性，这也必将带来更多的商业价值。

第三节 "互联网+"背景下市场营销的变革

一、互联网时代传播新环境的变化

如果评选对人类社会和生活影响最大的发明，互联网将会占据一席。互联网技术的发明和进步，不仅解决了不同计算机用户和通信网络之间基本的联系问题，而且更重要的是，互联网成了一种技术、文化和虚拟世界的代名词。在这个虚拟世界中，存在着与真实世界类似的个人主体、人际关系、经济活动、文化群体等，同时还拥有现实世界所不具备的技术、文化和群体模式。互联网脱胎于现实世界，却又在影响和改变着现实世界。

要探讨互联网新环境对营销发展的影响，首先需要明确互联网时代新兴的传播模式。互联网时代的传播具有以下几个突出特点。

（一）新型平等关系的确立

互联网时代，传统的传播关系结构正在重构，人与人之间的平等关系成为最显著的特征。以论坛 BBS 为例，由于每个参与者都是独立的存在，对其他参与者也没有了解，所以每个参与者都能够及时、大胆地表达自己的意见，并能够就其他参与者的意见进行讨论和辩解。但现实世界中，对某个问题的讨论，很容易产生明显的意见领袖，甚至在讨论开始之前，就已经产生潜在的意见领袖，并深刻影响他人意见的表达，导致出现以意见领袖为主导的跟随式讨论。另外，互联网作为开放的平台，其中的每个人都是平等、自由的，可以创造属于个人的内容，无条件地参与社会事件。互联网环境中，不仅人与人之间的关系是平等且能充分互动的，个人与企业或品牌之间也是平等的，这是由互联网自身的技术特点所决定的，在这样的平等关系中，每个人都可以成为重要意见的发表者，成为潜在的领导者。

（二）主客体地位的动态化和界限模糊化

传统传播学认为，传播的执行需要主客体的存在，传播主体通过制造内容、选择传播媒介，向客体传播特定的内容。在这个过程中，主体与客体角色分工明显，并且相互独立。但在互联网环境下，这种传播模式受到挑战。互联网具有大众媒介不具备的平等关系，而且互联网是开放平台，即使作为个体的消费者也能够使用，并可以主动传播内容。因此，虽然企业具有特殊的地位，但实际上已经丧失了作为传播活动发起者和内容制造者的主导地位，传播活动有可能是通过普通消费者的话题讨论发起的，企业仅作为相关者参与其中，此时的企业是客体。随着活动的进行，企业或许在某个阶段能够主导传播，从而成为传播主体，但主体、客体的地位仍然会发生变化。这就说明互联网环境下，普通传播过程中主体、客体界限模糊化，并且主客体处于随时变换的状态中。

（三）传播过程的"点—网"结构状

传统的传播模式是基本的"点—线"状（如图3-1），主客体明显，且单向、缺少互动，覆盖范围和影响度相对较小，媒介在其中发挥的作用比较大。但在互联网环境下，由于互联网自身具备的技术优势以及传播过程发生的变化，导致传播模式变为"点—网"状（如图3-2），其特点为传播主客体不定、多向传播、可互动。而且由于互联网信息传递的即时性和新型人际关系的构建，传播覆盖范围更大，作为传播参与者的个人在其中发挥的作用变大，个人可能成为传播的主体，并在传播的内容和方向方面有很大的主观能动性。

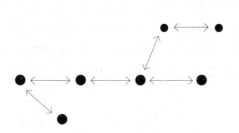

图 3-1 "点—线"传播结构

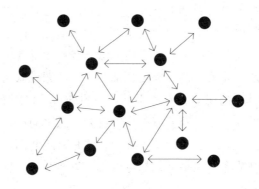

图 3-2 "点—网"传播结构

（四）人人皆媒体，事事为内容

最近两年，自媒体的发展很火热。在互联网环境下，个人的传播主体地位和能动性得到了极大的保障，传播媒介的公平、开放和免费特点，使得每个人都可以传播自己的声音。借助于互联网的媒介平台、新型人际关系以及社交平台建立起来的受众群体和传播渠道，个人便可以成为内容的制造者和传播的发起者。

互联网提供了海量的内容，信息的传递和获取也非常容易，而互联网环境中任何事情都可能引起人们的关注，甚至引起狂欢。即使是旧事件，通过一定的包装，找准引爆点，也能够再次吸引人们的眼球，这是互联网时代的显著特征。眼球经济的推动，使任何事都可以成为传播的内容来源。

互联网时代的传播新环境，是在传统媒体时代传播关系的基础上发展而来的，既具有共性，又产生了独特的变化。在互联网传播环境下，传统传播体系的解构和重构，新型平等关系的塑造以及"点—网"传播结构的塑造，是营销形态发生变革的环境基础和外力因素，而个人媒体的兴起和内容资源的极大丰富，则成为营销形态适应新环境的创新机遇。[①]

二、互联网传播环境启发的营销新思路

互联网带来的一系列变化，促进了社会政治、经济和文化等方面的变革。在变革传播环境的过程中，又为营销领域提供了许多非常好的机遇，激发了创新。

（一）"消费者"概念的重新认知

互联网传播环境下，传统的"消费者"概念已经不足以反映目前变化的传播环境、传播关系、市场状况等，我们需要对"消费者"的概念进行重新认知和梳理。

传播关系方面，传统营销时代，以4Ps理论为代表，生产者和产品处于导向地位，企业与消费者之间是单向的"卖—买"关系，传播过程也是简单的"主体—客体"单向过程。在当前阶段，企业与消费者之间已经开始实现平等、双向的互动沟通。

消费者需求方面，到了4Cs理论代表的消费者导向时代，消费者处于市场营销活动的导向地位，企业以满足消费者需求作为生产活动和营销活动的出发点，但也不可忽视的是，企业的最终目的仍是在满足消费者物质需求的基础上实现企业盈利，仅仅是满足消费者"马斯洛需求层次"中最底层的生理需求。随着社会的发展，人们已不满足于简单的"生理需求"，所以服务营销、关系营销才相继出现，这在互

[①] 李明亮．互联网传播环境下营销形态融合趋势应用研究［D］．济南：山东大学，2016．

联网时代更加明显。在互联网创造的环境中，个体的独特地位得到尊重，人们能够平等地追求最高层次的"自我实现"。在自我实现的过程中，个人需要获得各个方面的沟通和认同。个人不仅希望能从企业获得产品和服务，还期望与企业平等对话，并将得到企业的认同视为个人自我实现中的情感价值追求。例如越来越多的品牌开始在消费者群体中寻找新的代言人，就是企业认同个人地位的最佳证明。

在宏观的传播环境下，传播关系和消费者需求的变化，促使人们重新认知和解构"消费者"这一群体。传统的"消费者"概念不再适用于当前的市场营销环境，需要按照不同的标准将消费者进行深入的划分。虽然新型传播环境下营销目的逐渐转移到消费者关系和情感的维护上，但获取利润仍是最终目的，所以可以根据"价值"和"情感"标准将消费者划分为"客户""用户"两个不同的群体。从"价值"标准来讲，客户是指为产品付费的人，用户则是真正使用产品的人，客户是企业的价值来源；"情感"方面，客户与企业之间仅存在简单的交易关系，不存在用户在产品体验和品牌互动基础上产生的满意、好感，甚至不满意等情感。二者与企业和产品之间的关系存在明显的不同，市场营销活动则需要根据不同群体进行有针对性的沟通。例如：针对客户，需要更加强调产品的功能、价格等理性因素；而对用户，则需要通过感性沟通，为其打造独特、个性的产品使用体验，并与之维持良好的关系。

（二）重视消费者的主观能动性，实现有引导的平等传播和持续互动

互联网解放了传统社会中的人际关系并解决了沟通障碍，尤其使得信息的产生、传递和反馈更加便捷。在此基础上，网络生活中的每个人的能动性获得极大提升。作为企业营销目标的消费者与传统的消费者相比，具有了不一样的意义，因为在网络生活中的消费者具有非常强的主观能动性和行动力，加之在网络中执行成本的降低，每个消费者都有潜力成为最有发言权的领袖。具体到营销活动中，消费者在互联网传播环境中可以成为传播的主体，最终影响到企业的品牌。企业在与消费者沟通时，需要抛弃自己作为传播主体的固定思维，改变以往信息不对称的沟通模式，要开始重视消费者的主观能动性，与消费者形成良性互动。消费者在互联网传播环境中可以拥有主体地位，甚至可以由消费者发起和主导营销传播活动，所以企业的营销活动不仅要根据消费者的需求制定营销策略，还要在消费者身上寻找市场营销活动的内容来源并对消费者抱有认同和尊重。互联网传播为进一步实现"以人为中心的人文关怀"提供了更可行的环境和基础。

但值得注意的是，互联网也存在传播环境的瞬息变幻、内容的繁杂以及个体的不可控等因素，稍有疏忽，便会给企业和品牌带来负面影响。因此，在重视消费者主体地位的基础上，建立平等的互动关系，是企业需要把握的。同时，在互联网环境中，企业面对突发事件的反应速度也成为衡量企业营销能力的重要因素。

（三）关注个体，建立并维护良好的关系和体验

关系营销和服务营销是企业重视消费者个体的首次尝试，在互联网环境下，消费者概念的解构，凸显了用户的重要地位。同时，个体消费者需求的重要性、内容制造能力、主动传播能力等使得企业不能够忽视个体消费者的重要性。而互联网传播环境下，消费模式的转变使得企业与消费者在沟通过程中，体验所占的比重大幅提升，如在品牌的线上商店进行选购过程中的浏览体验，将直接关系到消费者消费与否和评价。同样，由于互联网在人们生活中所占比重的提升，使得企业难以直接接触到消费者，而消费者与产品的实际接触渠道也由线下向线上转换。在这个过程中，消费者体验的重要性则显得尤为突出。市场营销的发展，离不开人文关怀，而企业经济效益的实现，更是要求企业要与消费者建立良好、稳定的关系，即将短期、阶段性的营销活动，转变为长期、持续的情感沟通。要实现对消费者个体的关注，需要综合应用互联网传播环境下的各种优势平台，根据沟通目的制定沟通内容，选择沟通渠道和沟通手段。如借助微博，企业可以非常明晰地判断消费者对自身的评价和反馈，甚至具体到个人的意见表达，从而可以针对个人进行深度沟通。这种一对一的沟通更容易建立可靠稳定的客户关系，而且信息的传达也更加便捷、可信，传播效果得到明显的提升。互联网环境下，对个体的关注，改变了关系营销和服务营销阶段"一对多、以产品和服务为核心"的模式，发展为"一对一、以情感为核心、产品为外延"的新模式。在这样的模式中，企业针对消费者个体的传播，能够产生更加可信和广泛的口碑效应及自媒体传播行为，进而创造更多的产品效益，产生更好的品牌效应。

（四）不可忽视的大数据，人文基础上的理性

互联网的发展，促使大数据被广泛应用。以往倾向于根据经验判断市场，制定策略的情况，在大数据的精准分析之下，将会得到改善。同时，大数据为以往市场营销不能实现的创意提供了可能。市场营销作为一门科学与人文结合的学科，在发展历程中，理性因素和关注个体等人文因素都占据着重要地位，大数据的应用，则可以实现人文与理性的完美结合。具体来讲，大数据能够为营销领域带来三个方面的重要影响。

1.海量数据分析助力实现精准定位

精准定位包括多个方面，如对自身产品和品牌的准确认知，通过对互联网社交、资讯等平台的用户点击、反馈、评论的文本分析，可以把握用户对产品的评价和活动反馈的情况，甚至可以总结和分析具体评论的关键字词和情绪色彩，这在以往是不可能实现的。通过积累消费者多方面的资料数据，然后进行交叉分析，可以获知具体消费者的浏览习惯、兴趣爱好、媒介使用习惯等，这将对市场营销策划中的内容选取、活动上线时间的确定、媒介接触点设置有指导意义。此外，通过大数据的长期积累，可以实现对未来的预测和评估，如季节、天气变化对产品需求的影响，从而可以预测将来的市场需求状况，提早做准备。

2. 大数据基础上对消费者个体的关注

以往市场营销的目标定位，往往按照一个或多个因素，将消费者划分为不同群体，但很难实现对消费者个体的定位。在大数据的帮助下，不仅可以对消费者个体有比较全面的了解，还可以借助社交平台实现与消费者的个性沟通，如微博平台的粉丝管理和互动、微信平台的朋友圈广告投放。与消费者的个性沟通，在沟通目的、沟通渠道、沟通内容等方面均可以实现个性化和差异化。对消费者个体的关注，不可避免会导致营销活动的复杂化和成本的提高，但互联网环境中，多种社交平台、媒体平台的存在，智能手机的普及、APP 的广泛应用，以及新技术的提出和泛营销化的趋势，都使得企业对个体的关注和个性化营销越来越容易，其成本也在降低。

3. 市场营销流程的调整和适应

传统营销，无论从产品自身出发，还是从消费者角度出发，其营销流程都是在经过对营销目的和目标受众的把握后，再制订营销方案、形成创意，最终执行落地的。在这个过程中，营销方案最终落地时的环境与营销需求提出时的环境已经不同，市场状况、消费者需求、营销时机等都可能发生新的变化，那么，此时的营销方案能否产生当初预计的效果？在如今的互联网传播环境下，营销环境的变化更加迅速，执行延误往往导致企业错失营销时机。

互联网的实时传播环境、大数据提供的准确分析和预测，以及执行工具的便利，使市场营销的过程大大缩短，甚至可以达到"即时反应"的状态。如针对社会热点事件造势，可以借助微博迅速发布、传播内容，抢占热点和眼球。营销在新的环境中，成为动态和即时的行为。此外，市场营销中对目标消费者的了解、传播创意的构思等，都可以在大数据分析下更加科学有效，如借助品牌的目标消费者社交平台数据，挖掘潜在的关注话题。百事可乐借助百度平台大数据选取吴莫愁为代言人就是成功的案例。

大数据对市场营销变革的推动，仍然有许多等待发掘的地方，随着移动互联网更广泛的应用和大数据分析工具的普及，相信会有更多的创新。但不能忽视的一个问题是对个人隐私安全和数据的保护。在大数据的收集和使用中，如何有效避免个人信息的泄露，如何有效约束数据使用者的行为，还需要国家、企业和网络平台等方面的共同作为。

三、互联网助力营销实现跨步变革

在互联网新型传播环境提供的营销思路启发下，得益于网络技术、社交平台、移动智能终端以及大数据等的发展，营销形态出现了变革和创新。互联网时代的营销变革，可以归纳为两种不同的类型，一是对传统营销形态的进一步深化，传统营销在新的传播环境中被赋予新的内涵，二是完全基于互联网传播环境诞生的新型营销形态。在这部分，笔者将通过举例的方式，阐明在互联网传播环境中，营销形态的两种不同变革类型。在论述的过程中，明确互联网对营销形态变革的重要影响，归纳其对营销形态融合趋势的推动作用。

（一）个性化营销的极致发挥

互联网时代以前，个性化营销重点在于将市场细分原则发挥到极致，企业通过与消费者沟通，发现个体的需求，为个体提供差异化的产品，并在过程中与个体建立、保持良好的关系。以往的个性化营销仍然是以产品为导向，关注消费者的物质需求，关系维护仅作为附属。同时，限于资料获取和沟通手段的缺乏，难以准确把握大量个体消费者的个性化需求。在互联网时代，消费者的需求、喜好和媒体使用习惯等资料来源广阔，易获得，借助数据分析技术，可以迅速且精准地发现大量潜在顾客及其个性化需求。企业将大量消费者的个性需求数据进行交叉对比后，还能够发现多数消费个体的重合需求，无论对当前个体需求的满足，还是对未来新产品的开发，都具有非常大的指导意义。而且，互联网时代的信息发布、双向沟通等具有迅速、低成本的优势，这对企业个性化营销来说具有更强的可执行性。

（二）实时营销内涵的扩展

基于互联网即时、公开、交互的特点，互联网环境下的实时营销达到了真正意义上的"实时"。例如在微博平台，企业可以根据消费者对当前活动的参与、互动和评价情况，及时调整下一步策略和活动内容，甚至引导话题，并能够对消费者的反馈做出即时的处理，如同面对面地交流，这在以往传统媒介环境下是无法实现的。新时期，实时营销重点不仅在于关注消费者当前需求，还要关注其未来的需求。互联网和大数据的结合，为准确把握消费者未来需求提供了有力的保障。通过对消费者既往社交行为、发布内容的监测，可以预估其将来对其他事件的反应；通过交叉分析以往的产品需求、购物记录和社会事件、个人行为、创造的内容及人际关系之间的因果，就能够预估其将来的需求。而且，这个过程是动态进行的，积累的数据越多，做出的预测就会越准确。

（三）事件营销的重新定义

传统的事件营销具有非常明显的公关性质，执行过程一般是由企业根据特定的营销需求，策划或借助已有的具有影响力的新闻事件，吸引社会和消费者关注，提升品牌知名度、美誉度，进而提高产品经济效益。在这个过程中，新闻媒体作为事件的制造者和主要传播者，发挥着重要作用。但在互联网传播环境中，事件营销的模式发生了巨大转变。

首先，事件营销不再仅仅为了实现特定需求而开展，重要事件在日常生活中随时可能发生，因此在更大程度上，事件营销成了品牌的日常活动，如近些年借助社会热点，即时发布内容的借势营销活动。其次，事件来源不只是新闻或名人，互联网环境中人人皆媒体，事事为内容，凡是能够吸引眼球，并有助于品牌建设的事件都可以开展营销活动。在互联网传播环境中，事件营销不再是单纯的策划事件，而是策划、借势、包装等多种形式的综合运用。

（四）内容营销的执行变革

以往，内容营销的内容来源多是与企业相关的信息，承载形式多种多样，包括期刊、画册、广告，甚至手提袋、纸杯等。互联网极大地丰富了内容营销的内容来源、执行形式等。

内容来源方面，除了由企业自身制造和邀请媒体、名人创作之外，在互联网时代还包括由消费者主动创造的内容，如在论坛自主发布的产品使用体验文字。相较而言，消费者的UGC内容具有更高的可信任度和传播力，在形式上也具有更高的灵活性。

执行形式方面，企业在内容营销中不再处于主体的地位。一方面，由于消费者UGC具有更高的传播性，因此企业需要更多的消费者进行内容创作，对其进行引导和激励。另一方面，传统的硬性推广不再适用，消费者更愿意接受"软"的内容，"软"既指内容本身，由更加有趣、有用的内容替代企业信息的硬性植入，还指推广方式、沟通渠道的合理、合时，如在不干扰目标受众原有内容体验的基础上进行传达。

总体而言，当前的内容营销具有越来越强的娱乐化、原生化趋势，尤其是微信等自媒体的进一步发展，会使内容营销持续发生变化。

（五）口碑营销的持续更新

传统媒体环境下，一般使用AIDMA的营销法则，随着社会化媒体的广泛应用，人际分享对品牌知名度、美誉度产生重要影响，甚至成为消费者购买决策中的关键因素。因此电通公司提出了适应社会化媒体发展的 AISAS 模型（如图 3-3），即关注 /Attention—兴趣 /Interest—搜索 /Search—购买 /Action—分享 /Share。新的模型中，"分享"和"搜索"两个环节是对网络环境中搜索引擎使用和社交平台发展的积极应对，消费者在其中的地位得到重视，成为具有主动性的传播接收者。

图 3-3　AIDMA 法则与 AISAS 模型

但无论是 AIDMA 法则还是 AISAS 模型，两者都是单向线型的漏斗状，默认消费者总会按照各个环节的顺序相继发生行为。在新的传播环境中，消费者并非严格按照该模型的线型方向发展，因为潜在消费者在任何一个环节都可能进入。如电子商务中，促销和价格可能使消费者直接进入"购买"环节，因为情感因素在这种情况下将成为重要的影响因素，促使消费者跳过了信息获取和分析过程。此外，两个模型都忽视了口碑对消费者决策和企业能动性的影响，虽然分享会产生口碑并影响其他消费者的行为，但却未能指出企业对消费者分享行为的影响，也就无法控制口碑的产生和走向。

麦肯锡公司提出的 CDJ 模型（Consumer Decision Journey，CDJ）很好地关注和解决了这个问题。CDJ 模型是由"购买环"（Purchase Loop）和"品牌忠诚度环"（Loyalty Loop）组成的环状流程，其中包括考虑（Consider）、评估（Evaluate）、购买（Buy）、体验（Experience）、互粉（Advocate）、互信（Bond）6 个阶段。麦肯锡抛弃以往单向线型模型，改变了企业只能对其中某个环节施加影响的做法。在 CDJ 环状模型中，口碑的作用得到提升，认为消费者在产生购买前的口碑维护同样可以转化为最终的消费行为，除了口碑外，它还提出重视与消费者之间的信任、稳定关系的建立和维护。尤其在互联网中，企业通过社交媒体平台和数字渠道，维护品牌口碑和消费者关系，可以省略消费者考虑、评估的阶段，从而重塑消费者购买流程和决策行为。CDJ模型还凸显了企业的主观能动性，除了以往被动应对消费者行为，企业在体验、互粉、互信三个阶段大有作为，包括体验营销、粉丝经济、场景营销等。

（六）社会化媒体营销的广泛应用

社会化媒体营销是互联网环境下随着社交媒体平台的发展产生的新营销形态，是指借助社会化网络平台，如社区、论坛、微博、微信等，开展营销推广和传播的营销形态。社会化媒体营销的核心目标是通过生产具有高度可分享性的内容，促进用户的分享和传播，以提升品牌曝光度和客户传达率。

与传统营销形态相比，社会化媒体营销具有鲜明的特征。

第一，社会化媒体营销是以在互联网环境和社交平台中形成的平等、信任关系为基础的传播机制，受众基数大，参与积极性高，影响范围大。

第二，社会化媒体营销可利用的资源众多，如平台资源、内容来源、网络大V等，且信息的传播和更新过程快，时间成本低。

第三，可借助社交媒体平台精准定位目标群体，具体到个人，实现高效、个性化的沟通，更容易达到营销目的。

第四，营销的动态化和泛化，网络俨然成为人们现实生活中必不可少的组成部分，人们离不开社交平台，品牌与消费者的沟通也从传统的以营销活动为主导，发展为现在的日常化沟通，传播内容可以随时随地地进行更新，消费者互动也能及时反馈。而且由于任何社会事件、动态几乎都可以在网络中第一时间更新，这就要求品牌能够及时把握时机，对热点话题做出反应。

第五，消费者或用户在社会化媒体营销中的作用。因为内容制造者、传播者和接收者的多重身份，品牌与消费者的沟通模式再次得到新的改变。

社会化媒体营销对企业和品牌而言，具有非常大的优势。

第一，精准定位目标受众，传播渠道免费化，使营销成本得到极大的降低。传播内容的多样化、低成本和更高的可信任度，扩大了社会化媒体营销的覆盖范围。

第二，营销预算降低的同时，对营销效果的评估更加方便和准确，如对点击量、转载量和评论量的统计，对单人点击成本、转化率等数据的定量分析，以及对评论或反馈文字中正面、负面信息的定性分析和对相关问题的关键词语统计等。

第三，网络平台的跨媒体属性和综合性，使得营销体验能够无缝对接，如手机与电脑的联动等。

第四，通过社会化媒体营销，传播内容的话题性、互动性更容易吸引目标消费者、普通粉丝甚至潜在客户的关注和参与，既拉近了与消费者的情感，提升品牌好感度和忠诚度,还能够对潜在客户进行感性营销,从而获取新客户。

但是,社会化媒体营销同样存在一些不足。随着泛营销化的演变,如何防止企业的过度营销,以免引起消费者反感,需要企业在采用社会化媒体营销时慎重选择内容话题和时机,认真考虑消费者的情感。网络世界的虚拟化,法律制度发展的滞后,致使网络中极端现象的发生,而网民作为个体存在,具有独立、隐蔽、广泛的特点,导致企业难以对其进行合理有效的把控,这也对企业的关系维护能力和危机公关能力提出了严峻考验。

互联网是将来社会发展的重要势力,人类的生活与网络息息相关。在互联网传播环境下产生和发展的营销形态各有特点,对企业和消费者而言,合理利用会取得双赢。

四、互联网传播环境下的营销形态融合

通过上文的论述可以明晰,互联网发展的近十年,也是营销迅速发展的十年。网络的出现和发展,为营销注入了新的生命力,催生了许多创新和变革,在新的传播环境下,品牌和消费者形成了不同以往的沟通方式和关系模式。

需要注意的是,互联网传播环境下营销形态的发展,与20世纪传统媒体环境中的发展路径具有一定的共性,同时也有很大的区别。

20世纪,市场营销学基础理论得到不断完善,在这个过程中,业界和学者们对市场营销学的基础理论框架进行建设,市场营销学的研究从最初的附属经济学,发展为职能分离、学科独立,而后,随着市场营销学基本理论的完善,人们将营销学的研究从理论转向实务,4Ps、4Cs等理论成为营销实务的代表。在20世纪市场营销学的发展过程中,人们对营销学的关注点不断变化,这也是促进营销和营销形态发展的一个重要因素。在生产者导向阶段,营销学重视实务,将关注点放在产品、价格、渠道等方面,以4Ps为代表的理论,显示了人们对市场营销的认知仍停留在表面阶段。进入消费者导向阶段,以4Cs为代表的理论反映了人们对市场营销研究认知的加深,要解决产品销售、企业利润问题,需要从最根本的消费者自身出发,关注消费者需求,为其创造消费条件。在这个基础上,此后的关系营销、服务营销等,对消费者的关注进一步加大,并进行了提升服务、建立关系、维护长期联系等方面的努力。

纵观20世纪营销学的发展,营销关注点的变化催生了不同的营销形态和营销理论。另一个促进营销发展的重要因素,是技术的进步。简而言之,电话、电视的发展和普及,使得电视购物、电话营销等广泛应用;以数据库为代表的数据存储、处

理技术兴起，为关系营销、客户关系管理等营销实践提供了重要的基础条件。

技术变革和营销关注点的不同，在新世纪的营销发展中仍然发挥重要作用。互联网技术的发展，产生了众多依托网络的营销形态，如数字营销则在网络技术的基础上，融合传统媒介技术，成为一种全新的营销形态。在互联网传播环境下，技术的作用更加明显，如依托微博、微信平台的社会化媒体营销。营销关注点不同的作用，在互联网传播环境下营销形态的变革中同样有所显现。如随着对消费者关注的继续加大，在互联网传播环境中，营销者开始注重消费者个体的需求，为其量身定制产品和服务；企业在塑造品牌时也越来越重视品牌在消费者心目中的美誉度，"口碑"成为重要营销目的；而由于企业硬性内容和推广方式的不足，企业和从业者开始关注消费者对内容的生产和传播。

互联网传播环境下营销形态的发展，还具有明显的特点。互联网技术的发展，极大地解决了以往沟通和传播的问题，并且为更多独特的表现形式和沟通方式提供了实现条件。在这样的外部因素影响下，营销形态的发展能够融合多样的关注点和形式。以社会化媒体营销为例，它关注多个不同的方面，如消费者关系、内容、口碑、关系维护等，并且在社会化媒体营销的执行中，同时应用到了其他类型的营销形态中，如内容营销、关系营销，甚至个性化营销等。

因此，在互联网传播环境下，营销形态具有明显的融合趋势。以往市场营销行动中，各营销形态在策划、执行中相互配合，但相互独立。如今，在营销形态的融合趋势中，不同营销形态的界限模糊化，一种营销形态往往从策划环节就融入了其他营销形态，在执行过程中，更是在内容、策略、目标群体方面具有非常强的重合性。

营销形态的融合不是偶然的，这是营销学百余年发展历程的必然走向。在互联网环境下，借助互联网提供的传播新环境和技术，营销形态进一步演变和融合。回顾营销学的发展脉络以及其在互联网时代下的新发展，我们会发现，营销学始终围绕两个重要的核心发展，一是以数据为基础的理性科学，二是以人为中心的人文关怀。

以数据为基础的理性科学，在营销学的发展中具有非常重要的推动作用。从AC尼尔森代表的市场调查公司对市场营销效果的创新评估，到客户关系管理的应用，再到数据库营销、精准营销的发展，市场营销始终离不开对数据的理性分析和科学研究。大数据时代，数据的作用达到前所未有的高度，并且具有无限的可能。正是因为对数据的重视，才使得营销在面对独具特色、纷繁复杂的"人"时，能够寻找到科学有效的传播方式，保证沟通效果，最终实现企业效益。

对人的关注，使得营销学从初期的以生产者为导向和以产品为导向，发展为以消费者为导向，突出了为消费者提供超越产品的服务和建立情感为依托的关系的重要性。也是因为对个体的关注，才会出现精准营销和个性化营销等针对消费者个体的营销形态。所以，在互联网环境下，传播环境的改变是社会发展的趋势。在旧的传播模式重构的背景下，企业与消费者能够良好互动，促进重构的发展，并且消费者的地位再次得到提升，品牌和消费者实现了真正意义上的平等。

数据无法定义具有情感的人，也无法精确预测人的思想和行为发展，所以市场营销才需要具有人文关怀精神，二者相互结合，如同艺术与科学的结合，充满迷人的色彩。

五、互联网营销与传统营销的区别

随着计算机互联网技术的迅速发展，互联网经济已经成为一种新型的经济形式，而与之相关的互联网营销也迅速成为新的市场营销途径。互联网营销具有营销空间的无缝隙化、顾客的主导性、市场配置的协作性等特点，它与传统营销相比有很大的不同，这两种营销模式的差异主要表现在以下几方面。①

（一）营销理念不同

传统的营销管理强调4P即产品、价格、渠道、促销（product、price、place、promotion）组合，现代营销管理则追求4C即顾客、成本、便利、沟通（customer、cost、convenient、communication），然而无论哪一种观念都必须基于一个前提：企业必须实行全程营销，即必须从产品的设计阶段开始就充分考虑消费者的需求和意愿。

而在传统的营销模式下，这一点往往难以做到。原因在于，消费者与企业之间缺乏合适的沟通渠道或沟通成本太高。消费者一般只能针对现有产品提出建议或批评，难以涉足尚处于概念阶段的产品。此外，大多数的中小企业也缺乏足够的资本用于了解消费者的各种潜在需求，他们只能凭自身能力或参照市场领导者的策略进行产品开发。

而在互联网营销环境下，这一状况得到了改观。即使是中小企业也可以通过电子布告栏、线上讨论或电子邮件等方式，用较低的成本在营销的全过程中对消费者进行即时的信息反馈，消费者也有更多的机会对产品从设计到定价再到服务等一系列环节发表意见和提出建议。这种双向互动的沟通方式提高了消费者的参

---

① 康路晨.一本书读懂互联网营销推广[M].北京：民主与建设出版社，2015.

与性与积极性，更重要的是它能使企业的决策有的放矢，从根本上提高消费者的满意度，创造出更加符合消费需求的产品。

（二）营销目标不同

传统营销策略的重心更多的是围绕4P展开，其注重和强调的是企业利润的最大化，而不是他们的产品是否符合客户的需求，客户是否得到了满足。而互联网营销更加关注4C，其各环节的工作也都围绕4C展开，其强调以顾客为中心，通过满足顾客需求，为顾客提供优质、便利服务而实现企业价值，通过满足顾客的个性化需求，最终实现企业利润最大化。

（三）营销方式不同

传统的营销方式以销售者的主动推销为主，而客户处于被动接受的状态，这样很容易使顾客与企业之间的关系变得僵化，甚至给顾客带来很多不便和烦恼。从长远来看，这种营销模式并不利于企业的长期发展。互联网营销方式更加强调以顾客为中心，更注重维持与顾客的关系，通过分析顾客的喜好、需求，为顾客提供优质产品和服务，而客户在需求的驱动之下也会主动通过互联网寻求相关产品或服务的信息，从而使企业与顾客的关系变为真正的合作关系，有利于企业的长期发展。

互联网营销与传统营销相比，在方式上的最大区别在于是否以顾客为中心。在互联网时代，顾客拥有比过去更多的选择自由，他们可根据自己的个性特点和需求在全球范围内寻找满足品，不受地域限制。通过进入感兴趣的企业网址或虚拟商店，顾客可获取更多的与产品相关的信息，使购物更显个性。

（四）营销媒介不同

传统的营销活动主要是依靠营销人员与顾客的直接接触或以放送广告的形式对顾客进行轰炸，使顾客被动接受；而依托互联网的互联网营销，作为一个新的理念和营销方式，与传统市场营销相比，具有跨时空、多媒体、交互式、整合式、高效性、经济性和技术性等特点。这种营销方式主要是以互联网为基本平台，通过计算机、手机、电视机等互联网终端为顾客提供服务，从而达到营销目的。

（五）带给消费者的感受不同

在传统的营销中，从商品买卖过程来看，消费者一般需要经过看样、选择商品、确定所需购买的商品、付款结算、包装商品和取货（或送货）等一系列过程。这个买卖过程大多数是在售货地点完成的，短则几分钟，长则数个小时，再加上消费者去购物场所的路途时间、购买后的返途时间，以及在购买地的逗留时间，无疑大大延长了商品的买卖过程，使消费者为购买商品花费很多时间和精力。

随着生活节奏日益加快，人们消费产品的数量日益增多，而交通拥堵却愈演愈烈，传统的购物方式给人们的生活带来了众多不便。有时为买到想要的商品，一个消费者要花上半天甚至一天的时间。此外，由于受地点的限制，很多消费者在当地无法购买到最前沿的商品，这就限制了消费者的消费，而互联网营销则不会出现这些问题。

互联网时代，消费者迫切需要用新的快速方便的购物方式和服务，最大程度地满足自身需求。消费者价值观的变革，呼唤着互联网营销，而互联网营销也在一定程度上满足了消费者的这种需求。通过网上购物，消费者便可享受"闭门家中坐，货从网上来"的购物体验。

虽然传统营销与互联网营销相比具有很多弊端，但是两者并不能完全相互替代。因为互联网营销的全部过程都是完全虚拟的、不可视的，所以消费者与企业间很难建立信任，而在这一点上，传统营销则占据了更多的优势。所以，作为处于同一经济环境下的不同营销方式，二者不能互相取代，而是将长期共存、优势互补，并最终走向融合。

现实篇

了解现状

第四章　新经济下我国互联网营销的发展现状及发展方向

第一节　我国互联网市场营销发展史

网络营销是在互联网发展、普及的基础上产生的，没有互联网的发展壮大就没有网络营销。相对于发达国家，我国的网络营销起步较晚，大致可分为三个阶段：探索阶段、萌芽阶段、发展阶段。①

一、我国网络营销的探索阶段（1994—1996 年）

自 1994 年美国人利用互联网技术，通过 E-mail 的形式发布广告赚得第一笔收入之后，网络营销便风起云涌，一时间充塞各类市场。但这对当时的中国人来说，还只是一个传奇。1994 年 4 月 20 日，中国国际互联网正式开通，网络广告的诞生以及基于互联网的知名搜索引擎——Yahoo、Infoseek、Lycos 等的出现，使这一年被认为是中国网络营销职业发展的重要一年。

但在 1997 年之前，我国的网络营销一直处于一种蒙昧的状态。由于公众、企业对网络营销的概念及方法的不明确，因此当时我国的网络营销并非现在意义上的网络营销。

二、我国网络营销的萌芽阶段（1997—2006 年）

1997 年之后，互联网的发展已远远超过人们的预期，迅速发展成了真正的全球化网络。发生在这一年前后的部分事件，如全球最大的网络书店——亚马逊的成

---

① 杨兴凯 . 电子商务概论 [M]. 大连：东北财经大学出版社，2014.

立、网络广告和 E-mail 营销在中国的诞生以及电子商务网站建设的兴起等，都标志着中国网络营销已进入了萌芽时期，而"山东农民网上卖大蒜"的具体实践，更是我国网络营销史上的经典案例。

到 1999 年，以阿里巴巴为代表的一批 B2B 网站不仅让电子商务的概念在企业间成为热点，也为中小企业开展网络营销提供了广阔的空间。电子商务的另一个重要分支——网上零售（B2C、C2C）的发展也为网络营销概念的推广起到了积极的作用。1999 年之后，中国电子商务开始迅速发展。这些都为网络营销概念的传播起到了一定的作用。

2005 年，中国网络营销市场继续快速扩大，总收入达到 56.3 亿元，同比增长42.7%。其中，网络广告收入占网络营销总收入的 40.3%；商务平台营销、搜索引擎营销、在线网络营销和 E-mail 营销分别占到 31.5%、21.0%、4.6% 和 1.2%。

三、我国网络营销的发展阶段（2006 年至今）

2006 年，网络营销服务大部分还集中在基础应用和搜索引擎推广领域，随着传统企业对网络营销需求的不断增大，企业网络营销的应用逐渐成熟，网络营销开始出现多元化需求。此时，网络营销进入高速发展时期。从 2007 年开始，网络营销进入了井喷时代，搜索广告、B2B 平台、广告联盟、社区营销都开始以更快的速度蓬勃发展，营销效果的可控性、精准性也越来越高。这一时期，企业对网络营销的认识也开始趋于理性化，网络营销进入稳定的发展时期。

随着我国互联网的迅速发展，互联网经济规模也逐渐增大，其中网络广告是网络经济的核心之一。网络广告作为网络营销的主要方法之一，越来越受到我国各类企业的喜爱。

随着市场成熟度的不断提高，未来几年，国内网络广告市场的规模将放缓增速，平稳发展。未来网络广告的增长力主要体现在：核心企业不断提高自身实力，布局各类终端及服务器，提高影响力，创新营收模式；广告技术不断革新，RTB产业链逐渐完善，ADX 与 DSP 平台涌现；注重用户数据挖掘与内容创意的原生广告等新兴网络营销形式将进一步挖掘网络媒体的营销价值，等等。

2015 年我国网络广告收入规模达到 2 136.3 亿元，同比增长 36.5%，连续六年增速保持在 35% 以上，稳坐国内第一大广告媒体宝座，成为社会媒体的焦点。预计 2018 年我国网络营销规模将达到 4 000 亿元。

从营销产业发展趋势上看，互联网广告逐渐从最初的 PC 端向移动端迁移。2015年我国移动营销市场规模超 800 亿元，同比增长 71.45 亿元，连续三年增速在 70% 以上，成为网络营销中最亮的细分领域。可见，用户以及广告向移动营销迁移已经成为不可逆转的现实。另一方面，2015年移动广告占网络广告的比重上升至28%，与移动网络90%的渗透率相比相差甚远，可见移动广告市场仍有巨大的潜力尚待挖掘。

2016年第一季度，中国网络广告市场规模达543.4亿元，同比增长39.1%，但受季节性因素影响环比下降19.6%。其中，搜索引擎行业季度广告市场规模同比增长31.4%，达179.4亿元，其规模占整体广告市场规模的比例为33.0%，仍是网络广告中最主要的广告形式；在线视频行业季度市场规模达122.3亿元，同比增长高达81.5%，广告收入贡献58.5%，是其最主要的盈利模式。另外，据艾瑞最新监测数据显示，2016年3月，中国社交网络移动端月度覆盖人数为3.5亿，与PC端用户规模的差距不断缩小，且用户黏性不断增强，艾瑞认为移动端仍是社交网络发展的主力，未来营销方向也更加向移动端倾斜。

中国不同形式的网络广告中，搜索广告规模占比最大，为33.0%，但与去年同期相比，份额有所下降；电商广告占比较2015年有所下降，但同比保持稳定增长水平；视频广告占比首次突破10%，达到历史新高的10.1%，这与视频网站在网络营销方面不断创新，多样的优质视频内容不断增多使营销需求更加多元化有较大关系；同时，信息流广告的高速发展拉动其他形式广告份额进一步增加。

艾瑞分析认为，2015年以来，电商广告与品牌图形广告发展已趋于成熟，而随着二季度"6·18"等购物节的启动，受品牌广告主业务加速等因素影响，2016年二季度，电商广告、品牌图形广告份额或将有所回升。对于其他广告形式来说，视频广告、社交广告将继续作为网络广告的主要增长点存在。

2015年4月至2016年3月数据显示，中国社交网络PC端月度总使用次数在2015年第三季度出现下滑，与2015年4月相比，2016年3月月度总使用次数减少了30亿次；移动端的月度总使用次数整体呈上升趋势，2016年3月达到216.6亿次，PC端与移动端的月度总使用次数差距不断拉大。

艾瑞分析认为，2016年中国社交网络将保持稳定增长，移动端仍是发展主力。社交应用的形态将更加多元，商业化探索也将更加具有新意，跨界合作与创新营销将成为关键词。

第二节　新经济下我国互联网市场营销的发展障碍

尽管我国网络营销正如火如荼地开展着，但其依旧处于发展时期。与传统的营销模式相比，新兴的网络营销模式因高速、即时、互动、全球性等特点具有明显的优势。但与此同时，由于网络的虚拟性，它也不可避免地在实践中存在着一定的不足。

一、网络营销理论研究不足

目前，国外的网络营销理论研究还不够系统，国内的研究更是比较欠缺。从现有的学术期刊、商业杂志、著作等出版物以及网络媒体来看，与网络营销相关的议题虽然不少，但是真正对网络营销进行系统的理论研究，或者在某些方面有独到研究的内容却很少，许多理论的实践性不强。

二、对网络营销的观念意识不强

从企业来看，有些企业领导对网络营销的重要性认识不足，甚至不能正确理解什么是网络营销，开展网络营销的动力不足。有些企业虽然也进行了网络营销，但其网络营销很大程度上停留在网络广告和网络促销上面，它们仅仅把企业名称、产品名称、厂址和电话等信息发布到网上，而没有对企业形象、产品信息做具体、系统的介绍。另外，由于网络营销的方便性，一些营销手段已恶化为垃圾营销。当人们看到低俗、无聊的网络广告时，反而会对产品产生厌烦的心理。

从消费者来看，在传统购物中，消费者可以综合运用看、闻、听等多种手段对商品的质量进行判断，而在网络购物中，消费者只能从企业提供的商品图像和文字中获取有限的信息，这使消费者对网上商品的质量存在担忧。另外，网上购物也使部分消费者失去了上街闲逛购物的乐趣；传统的"眼见为实""一手交钱，一手交货"等购物习惯在一定程度上对消费者的网络购物产生了限制。人们对网络营销的认识不足、意识不强，很大程度上阻碍了网络营销的发展。

三、网络法制建设有待健全

网络欺诈是互联网出现后的新型诈骗方式，由于网络的虚拟性，网络营销面临着产品质量保证问题、信息安全和保密问题、消费者隐私保护问题等。倘若没有健全的法制对违法行为进行打击，虚拟市场的秩序将很难维持，网络道德风险问题将日益严重，会阻碍网络营销的实施和电子商务的发展。

四、企业网络营销缺乏策略

由于我国的网络营销正处于起步阶段，尽管网络营销的方法众多，但尚未形成完整的体系。许多企业并不完全理解网络营销，只缺乏策略地在网上发布信息、建立电子商务网站，或者是投资网络广告，致使我国网络营销市场规模不断扩大，但发展形势并不明朗。

五、网络营销的网络基础设施不足 ①

网络基础设施建设是开展网络营销的先决条件。这些年来，虽然我国网络基础设施建设进展顺利，成绩显著，但是还存在很多不足：网络速度慢，Akamai 2015 年第三季度的一项数据显示，中国平均网速只有 3.7Mbps，远落后于全球平均网速 5.1Mbps，排在全球的第 91 位，网速峰值可以达到 23.1Mbps，排在第 101 位；网络分布不均，东部发达地区在网络设施、网民人数、网民占比上都远远领先于内部地区。

六、中国网络营销信用问题

目前，我国的社会化营销体系还不健全，使得企业与消费者都对网络营销存在疑虑。对企业而言，网络营销刚刚发展起来，条件还不成熟，网络营销的尝试会面临较大的风险。同时，企业对我国消费者也缺乏信心，担心有些网民利用伪造身份订购商品扰乱企业的正常营销。对消费者而言，他们担心企业欺诈自己的血汗钱，担心企业使用假冒伪劣商品坑害消费者。

七、中国网络营销物流配送问题

由于互联网的开放性导致消费者所在地域分布不均，这就进一步提高了物流企业运行所需的固定成本，从而难以降低服务价格。因此，消费者在网上购物后，除了要支付商品价值外，还要支付运费，这就有可能使企业失去价格优势。网络营销可以大大缩短商品交易时间，但如果没有与之配套的高效的物流系统，消费者就有可能在漫长的等待过程中失去耐性，而网上购物的方便快捷也就无从体现了。因此开展网络营销最需要解决的就是物流问题，即"网络营销，物流先行"。

---

① 王冠宇 . 电子商务及应用研究 [M].北京：知识产权出版社，2013.

第三节 新经济下我国互联网市场营销的发展方向

一、移动互联网营销

2014 年 4G 夜宴拉开盛幕，4G 代表速度，更代表能量。4G 最大的数据传输速率超过 100Mbit/s，是移动电话数据传输速率的 1 万倍。形象地说，2G 是乡间小路可以通人，3G 是水泥路可以走车，4G 则可以当高速用。同时，需要注意的是移动营销不等于手机营销，而是所有移动屏幕的营销。4G 点燃可穿戴设备市场，可穿戴设备入侵人体。营销的母体是媒体，媒体强则营销强，可以预判移动互联网营销必一马当先。

美国数字营销圈有一句俗语："数字业务创造的是美元，而移动业务带来的只是便士。"2013 年中国消费者在移动终端的时间虽然高达 22%，广告主投放费用却不到 3%，行业预言的"移动广告元年"不仅没出现，多家移动广告平台还因资金链断裂纷纷出局。传统移动广告平台一直以 Banner 广告为核心形式，但受制于图文表现力、广告尺寸和互动方式，其价值空间被长期制约。因此，随着 4G 产业带来的移动互联网营销价值的核裂变，表现力更强的视频广告成为整个行业角逐的焦点。同时，对移动平台友好的内容将必不可少，无论是创建网站的移动版本，或者是利用响应性的网页设计，在用户通过移动设备浏览网站时提供正面的体验都至关重要。[①]

二、大数据营销

随着"互联网 +"趋势的发展，多元化大数据呈爆发式发展，如何使大数据所蕴含的价值最大化，让大数据为我所用，成为企业所面临的首要问题。大数据营销主要分为两个方面——数字品牌和效果营销。传统企业的数字品牌如知名度、美誉度等仅是一个基础，这里更重要的是品牌与消费共同产生出来的数字化价值，通过进行有效的导流和销售，达到数据商业化的目的。

当前，大部分企业并不缺少数据，影响决策的最大问题是数据太多且碎片化，不知道如何下手。信息部门只有把这些数据库打通、连接、共享，才能够使数据

---

① 邓少灵.网络营销学教程[M].广州：中山大学出版社，2015.

价值最大化，给决策者提供最有力的支持。比如某个新产品要推广，就可以利用大数据来整理用户需求，进而设计出新的产品，而这些"参与"新产品研发的消费者就是最原始的购买群体，这样某产品的销售渠道就打开了。大数据营销不仅起到了连接社交平台、精准抓取用户的作用，而且它通过数据整理，提炼大众意见去做产品，完成了社交平台营销中的最基础环节。

基于实时的数据挖掘技术，广告公司也可以根据其表现效果的好坏不断更换创意。新的规则出现，带来了新的可能性，改变了传统的生产模式。既熟悉网络媒体的特性，又懂得技术和数据挖掘，并且在此基础上提供内容创意，将是传统广告公司的转型方向。

三、视频营销

视频营销的优势在于它的传播速度很快，定位又十分精准，用户会对视频产生兴趣从而关注视频，再由关注者变为传播分享者。这一过程就是在目标消费者中精准筛选，然后传播开来。视频营销和软文营销、图片营销一样，都可以传播出去。网民看到一些经典的、有趣的、轻松的视频总是愿意主动去传播，受众主动地传播企业品牌信息的视频，视频就会带着企业的信息在互联网上扩散。要实现这样的营销效果，关键在于企业有好的、新闻价值高的视频内容。

腾讯移动视频社交网络产品微视于 2013 年年底正式上线；2013 年年底 4G 牌照发放后，优酷土豆集团 CEO 古永锵第一时间赴韩国考察当地移动视频行业发展，并表示移动视频将是优酷土豆 2014 年"四屏展露"中的重要一环。在近 9 个月内，优酷土豆移动端日均播放量增长 200%，率先突破 3 亿元。除了上述企业之外，爱奇艺与湖北联通达成合作事宜，发布爱奇艺联通沃卡；搜狐视频也重点支持移动视频；百度视频也在移动视频领域继续发力。

除视频网站和互联网企业外，三大电信运营商也很看好移动视频。中国电信的天翼视讯、中国移动的 i 视界、中国联通的悦 TV 等移动视频业务均已完成布局。但移动视频行业的前景，仍将取决于未来的 4G 资费水平。高资费或将成为行业发展的巨大阻碍。

随着资费的优化，4G 网络将改变移动用户只在 Wi-Fi 环境下联网的"半移动状态"，真正实现随时随地的全触点交互。接触时长的增加和卷入程度的深化进一步提升了移动视频的媒介价值，贴片广告、原生广告、互动广告将创造远超 PC 视频时代的收入。

四、微时代营销①

（一）微众

《小时代》有很多诟病，很多人说看《小时代》的"90后"不成熟。其实很多人看《小时代》是看郭敬明，《小时代》现象就充分说明粉丝经济的价值。这部电影可称为"中国第一部类型化电影"，它的主要目标群就是"90后"。他只给"90后"看，所以是微众。

（二）微个体

品牌不再活在广告牌上，而是活在粉丝中。微营销不再简单地指微信、微博、微视频，而是个体关注的回归与人性的释放。凡关注微个体、洞察微个体、满足微个体、激发微个体、绽放微个体，都属微营销的范畴。对应的是消费者通过微渠道将口碑、体验充分释放，品牌的弱化与碎片化，使粉丝经济显得更为重要。因此，产品、体验式营销和口碑营销越来越重要，售后营销服务将变得跟售前及售中服务同等或者更加重要。

（三）微营销

1. 智能服务平台，干掉呼叫系统

微信不是营销工具，而是服务工具。招商银行信用卡中心为了真正做到智能化，引入了"小i机器人"。这个机器人最大的特点是提供Siri那样的自然语音问答，还能进行自我学习。其服务项目每月更新，从最初的消费提醒到如今有基于LBS功能的网店查询、语音识别等功能。其头像设置成一个清新活泼的年轻女性形象，拉近了和用户之间的距离。据招商银行内部统计，一个比较熟悉电话银行菜单的用户，从拨通电话到查询信息需要60—80秒的时间，而微信则是3秒钟，大大提高了用户服务效率。智能服务平台的前期成本较高，招商银行信用卡中心专门维护知识库的团队就有10人，另外还要有项目团队、开发团队，才能负荷每天20万次交互以及60多万次交易提醒。除了招商银行之外，目前还有南航、东航（微信查询航班号、办理网上登机牌等）、上海大众（微信可预约试驾）等等。对于被各种品牌广告资讯包围的消费者来说，"便利你生活"这样的理由的确能让他们在一个私密社交平台添加一个企业账号。但这样的服务必须真正做到足够"智能"，同时又"不打扰"，否则人们会毫不犹豫地将其删除。

---

① 邓少灵.网络营销学教程[M].广州：中山大学出版社，2015.

2. 移动电商，微信买车不是梦

微信 5.0 更新的一个重要功能是安全支付，用户可以在微信应用内绑定银行卡进行支付。麦当劳推出 3 元的微信专享版茶点卡，用户可以购买自用或者赠送给微信好友。使用微信安全支付成功后用户会收到一个二维码，在一定期限内到门店刷二维码享受买一送一的优惠。但 AKQA 执行创意总监 Johan Vakidis 认为支付不仅限于小额消费："我觉得微信的未来是，你在上面可以定制一辆自己的车，分享到朋友圈，大家都留言给你建议，然后你就可以直接在微信上买下来，搜索到附近的 4S 店，预约好时间去提车就行了。"

3. 自媒体，内容营销决胜利剑

微信时代最稀缺的是内容，最宝贵的是粉丝的眼球与尖叫。当 2013 年微信公众账号功能化普及后，内容将成为决胜之利剑。自媒体，如传统媒体的盗火者普罗米修斯，用优质的内容子弹逆袭。当今的微信营销已进入内容营销、创意为王的阶段。

4. Mini 站或者应用的替代方案

微信的菜单功能让企业公共账号变成一个小型官网或者应用程序。这对于一些中小型企业或者创业公司来说尤其实用。与生硬的推送信息相比，把资讯和功能嵌入菜单里让用户自己去探索是一种更加温和有效的方式。不少品牌如今已经在底部放上了菜单功能。而且即便是订阅号，利用微信现有的 API 也可以发起一些简单的活动，包括发起话题讨论、在线调研、基于 LBS 功能的服务、在线预约等。

5. 视觉营销，触发病毒营销

在移动化、社交化、碎片化状态下的阅读内容更强调图像与视觉。谁会利用精心设计的图片提升内容的吸引力，谁能用漂亮简单明了的信息图表解释调查研究的统计信息或数据，谁就更容易抓住用户。传统的文本型内容不会完全过时，但显而易见的是，与图像结合后更有利于微信病毒式传播。

6. 客户数据管理

在微信中利用双方的数据库进行企业客户管理是所有品牌都在谈论的未来努力方向，基本上都是利用微信甚至腾讯的用户数据，结合品牌本身的数据库，对用户进行分类，精准营销，并对特定用户提供特定服务。Facebook 也有类似的系统。而且微信加入了支付功能之后，它们的数据也变得更有价值，不仅有线上的，还有线下的部分。对于中小企业来说，自己搭建会员平台成本太高，可以直接用微信作为会员平台。

7. 微视产生

2013 年年底，腾讯悄然上线了一个产品叫作微视，简而言之，就是一个 8 秒钟短视频分享手机应用。如果说 QQ 主要是文字社交工具，微信主要是语音社交工具，那么微视的定位就是视频社交工具。这样看来，微视的上线意义重大。8 秒短视频拍摄应用微视正在做打一场硬仗的准备。2014 年微视上线后面正好有两大背景，背景之一是 4G 网络的推出，背景之二则是社交性手机应用激烈的产品竞争。短信是 70 个汉字，微博是 140 个汉字，微信的语音平均也不会超过 60 秒，而微视是 8 秒。不同的社交工具在内容容量上限制不同，但是实际上，它们的出发点是一样的：那就是人脑在瞬时能够接受和处理的信息量。这样的限制能够使用户专注于核心内容。

五、网络营销成本向传统广告成本靠拢

流量作为互联网上最根本的"商品"，符合供求关系决定商品价格这一基本经济规律。无论是电商或者非电商，无论是淘宝内还是淘宝外，只有运营的网站具备了基本的日均 IP 或者日均 UV 流量，才具备基本的商业价值。上网人数的增长是整体流量供给的增长，而电商群体的壮大则是流量需求增长的表现，显然，在网民绝对数量增长有所放缓，而电商绝对数量却在不断大幅增长的大背景下，流量供不应求的局面只会加剧，流量成本的上升决定了网络广告成本的上涨趋势不会改变。

六、全域营销

随着包括手机、平板电脑在内的移动终端进入人们生活的方方面面，网购市场向移动端渗透的趋势越来越不可阻挡。一大波"全渠道消费者"正在逼近，地面营销、传统营销、互联网和移动互联网全域营销也将吹响集结号。①

传统零售与电商向全渠道零售转型的过程，是各自呼应全渠道消费者需求的过程，也是两者各自弥补劣势的过程，最终将相互融合。线上线下融合的全渠道零售，在几年前就出现过一些尝试性的形态。来自移动端的购物需求占据主导地位，只是一个时间问题。在购物的时候，消费者会使用移动设备去查询相关的信息，比如说商店的具体位置、商品信息、价格对比、优惠和促销活动等。而在移动互联网庞大且精准的数据支持下，通过人群定向、网站定向、关键词定向、行为定向等方式，就能准确寻找到目标客户。在避免为消费者带来诸多不必要的广告困扰的同时，也让商业整体的运营效率得到提高。通过移动互联网，可以实现线上线下信息的实时沟通，消费者也可以自由地实现购买行为在线上线下的转换。因此，面向未来的全渠道零售时代，移动互联网的作用，很可能是关键性的。移动互联网、产品设计、

---

① 牟世超，刘军，马青.管理信息系统 [M].北京：清华大学出版社，2015.

数据挖掘、云计算平台，将极大地扩展我们对用户体验的认知。谁能创造性地应用移动的威力，谁就有可能掌握并赢得下一场革命的"密码"。

七、云生态、云思维营销

（一）机构层

营销机构云生态式弥散，庞大营销机构"恐龙"遭遇小微公司"蚂蚁"雄兵。[①]互联网"自发组织"，也叫人人组织，这个特性是指大量的人会因为共同的价值观等因素，自发聚集在一起，这些人可能来自不同的层级、不同的公司、不同的领域，通过互联网化零为整，变成营销组织体系，当然也随时可以化整为零，回到各自的体系中去。这种业态的出现，其实是加剧了网络营销公司的微型化趋势，以云的形态链接。未来组建营销公司，组建投资团队的成本会更低。近年各大营销奖项颁奖舞台上出现了不知名小微公司获奖，这说明微力量正在裂变，未来会有越来越多名不见经传的小微营销公司涌现。

（二）资源层

营销活动的跨界、联盟越来越成为常态。资源整合更为重要，更为常见。

（三）表现层

万物皆屏，全域营销，媒体融合跨屏联动。未来将有更多的传统媒体借助新媒体的技术手段和传播优势倒逼改革，并加速向产业上下游延伸，争抢移动互联网入口，向更加开放、更好服务用户的方向转变。

（四）参与层

品牌将成为半成品，分散在全球的用户用云思维、云链接的方式与厂商共同打造品牌。

---

① 中国电子商务研究中心．2014 年中国网络营销发展八大趋势 [EB/OL].http：//b2b.toocle.com/detail--6203817.html.

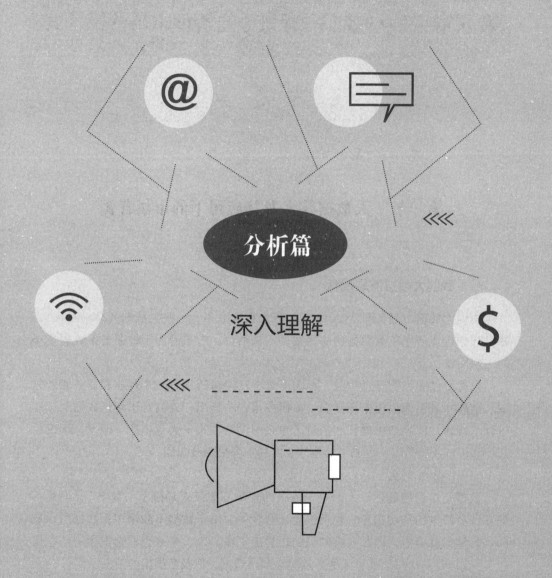

分析篇

深入理解

第五章 "互联网＋"背景下的新型市场营销模式

第一节 大数据技术及其应用下的市场营销

一、我国大数据发展现状

中国大数据市场元年为 2013 年，因为在这一年，一些大数据产品已经推出，并且部分行业产生了大数据的应用案例。据估计，未来的四年将迎来大数据市场的飞速发展。

数据已经和我们息息相关，不知不觉中已经渗透到每一个行业和业务职能领域。全球知名咨询公司麦肯锡在一项研究报告中指出，人们对于海量数据的运用将预示着新一波生产率增长和消费者盈余浪潮的到来。大数据这一概念，不仅引起计算机行业的关注，也成了其他行业内的一个重要概念。

（一）信息现状

数据是信息的载体。人们对于信息的理解不能仅仅局限于"数字"，而是存储在计算机里的一切信息，包括视频、音频等。由于数据不断增多，数据所承载的信息量也就越多，因此人类知识的边界会不断扩大，未来也许会发生"信息爆炸"。在海量的信息面前，人类必须学会利用数据，以及数据里的信息。[①]

大数据时代，是我国面临国际竞争的又一次挑战。我国的传统文化与国外有相当大的差异。我们的传统是重观点、轻数据的。举个例子来说，我们国家的社会学科是偏

---

① 赵伟.大数据在中国[M].南京：江苏文艺出版社，2014.

重定性研究，而国外则相反，比较注重定量研究。因此，当我们面临着数据带给我们的机遇和挑战时，能不能从中找到创新的方式，正视传统的不足，这是至关重要的。

然而当前我国身处的大数据时代并没有绝对的安全，网络安全需要政府部门制定专门的政策和法律来保障。隐私的边界在于个人对自己的隐私必须要有控制权，也就是人们可以任意地管理和删除自己的信息，并且不会因为担心别人窃取自己的身份信息而造成困扰。我国在这一层面上，做的显然还不够。中国社会要迈进大数据时代还有制约和障碍，隐私层面也是每个人必须要思考的问题。

（二）人的现状

与大数据时代相适应的，则是能够处理海量数据的 IT 技术人员。而随着大数据产业的迅猛发展，对 IT 技术人员的需求也与日俱增，不仅仅是数量上的需求，更重要的是质量上的需求。

在大数据世界论坛上，有嘉宾呼吁："与大数据相关岗位的人才短缺。欧美也在中国市场寻找这方面的人才，但是他们不知道中国这方面更匮乏。将来一个国家的竞争力很大程度上取决于分析人员，将来的决策都是通过数据来说话，通过数据分析得到的结果来做决策。所以，分析人员的水平对于国家的竞争力，对于一个企业的竞争力来说是非常重要的。"

根据调查，国内数据分析人员的薪酬水平远低于国外的数据分析人员，由于薪资水平等客观因素的影响，致使国内数据分析人员缺乏竞争的意识，薪酬的较低水平也使得国内数据分析人员更多的"甘于现状"，未能有更多时间与金钱提升自身数据分析能力及专业技能。在这样的市场竞争环境下，很难出现高水平的数据分析人员。

现在，各个企业（包括英特尔在内）都对大数据产业非常重视，因此这也对当前大学毕业生的职业发展道路产生了非常巨大的影响。很多大学毕业生决定将大数据平台作为自身未来发展的一个方向，大部分人都赞同这样一个观点，即无论是在科学理论研究，还是在产品开发层面，大数据的发展和快速的技术更迭都能满足他个人对新技术兴趣爱好的需求。此外，从职业发展层面，大数据也能带来更多机会。能满足这个产业发展需要的人才，将会得到更多、更好的发展空间。

要培养数据分析人才，需要做到以下几点：

首先，在大学本科的课程中，更加重视对学生一线实际数据的分析能力的培养。在教学方面给予足够的重视，是非常重要的一环。因为大学本科阶段是打基础的重要阶段，因此若想培养数据分析人才，对数据分析能力的教学是至关重要的。在人才培养阶段，绝对不能让学生轻易"糊弄"过去。

其次，企业主应该重视数据分析在企业决策当中的支撑作用。大企业不应该止步于使用 Excel 这样的统计分析软件，而是应该使用更加专业和精确的分析软件。另外，可以从国外引进先进的分析方法和模型，定期对员工进行培训，这样可以逐步提高研究人员的业务水平。

另外，政府也应该制定一些针对高水平数据分析人员的鼓励政策。为了防止人才市场上"劣币驱逐良币"的不良竞争出现，政府也应该科学地加以宏观调控。

在大数据时代，数据处理的能力相较几年前已经有了质的飞跃。如何将这些数据在各行各业中加以利用，并且做出正确的决策，是数据分析人才的工作。

大数据虽然已经在中国遍地开花，但它将来的硕果累累，还要取决于高水平的数据分析人员的努力。

（三）技术现状

大数据本身的特点，一定程度上也是其技术的必然要求。在处理海量数据的同时，对数据处理人才的需求与数据处理的技术需求是同样重要的。而大数据技术的真正价值在于对未来发展作预判，因为它本身的优势就是分析和预测。而对大数据的技术应用可以是某个企业，也可以是某个产业。

大数据的技术重点在于应用。在未来，大数据的战略将以应用为中心，以效益为导向，并且将更多地用于政府和企业。

然而，在大数据处理的技术应用方面，国内外还是有很大差距的。以美国为代表的发达国家已经开始把大数据的利用与大数据技术开发视为国家的一项战略性任务。我国对于大数据的技术应用还处于基本的起步阶段。我国作为一个发展中国家，若想在大数据的技术方面有非常重大的突破，必须在大量应用的基础上发展适用的技术，先学会如何把数据应用处理好。

我们国家在数据技术应用层面也有着特殊的国情，这一点是我们不得不考虑的。好的一面是，国内大数据市场需求广阔、后续增长潜力大、投资前景好等。然而与之相伴的另一面则是，人群庞大、复杂程度高，还要考虑到各种政策、理念和历史因素。

用宽带资本董事长田溯宁的话说："现代历史上的历次技术革命，中国均是学习者。而在这次云计算与大数据的新变革中，中国与世界的距离最小，在很多领域甚至还有着创新与领先的可能。"

面临如此复杂的时代环境，国内的互联网公司必须在这波数据服务浪潮中迅速找准自己的位置，把碎片化的数据整合起来并加以利用，增强自己掌握的数据结构性，加大数据关系性。这将会成为未来产业发展的一个显著走向。而这些数据则是在获取和整合更多的用户行为基础之上才能实现的，例如我们所熟知的云计算、各种木马防护、cookie之类的产品和服务等。

虽然这些尝试仍旧处于基础阶段，但是一些硬件层面的变革正在悄悄发生。而硬件层面的技术对于数据本身的收集、存储和分析是不可或缺的。

国际IT企业都推出了针对大数据的产品，并将其嵌入自身的产品服务之中，如IBM、EMC、惠普等。国内IT企业也认识到了这个问题，开始在原有的产品基础上加大对数据领域的研发和投入，并也有了初步的产品和方案。

具体来看，有两点非常有利于中国信息产业的跨越式发展。

第一，大数据技术以开发新资源为主，并且这项技术对任何一个国家都是开放的。到目前为止，尚未形成绝对的技术垄断，中国公司同样可以分享蛋糕。在过去的几十年中，中国信息产业长期处在产业链的末端，赚取微薄的利润，一直落后于国外。虽然国家大力扶持技术方面的创新，甚至会提出创新驱动的发展战略，比如对CPU、操作系统、办公软件的创新，但是鲜有成功的案例。然而大数据处理是一个新兴的领域，中外公司几乎站在同一起跑线上。因此，有业内人士表示，某种程度上，单纯考虑狭义的大数据处理技术，中外差距仅有5年左右。

第二，由于中国人口众多，经济增长迅速，因此决定了中国的数据资产规模一定领先于全球。数据资产规模巨大，客观上为大数据技术的发展提供了前提。然而如何能够有效地利用这么庞大的数据，则需要政府、学界、产业界、资本市场四方通力合作，这样才能最大程度确保利用数据资产，保障国家数据安全，促进数据的关联应用，从而释放大数据的巨大价值。

事实上，我国目前对大数据资源的应用，各地方普遍存在"数据割据"和"数据孤岛"的现象。政府、学界、产业界和资本市场尚待达成一致的认知。归根结底，除了技术上的欠缺，对大数据缺乏深刻的理解和认识，缺乏数据开放的理念，是阻碍我国大数据技术在各行业实现大发展的关键因素。

因此，数据开放的意识和能力是最重要的一点。在数据公开方面，代表公共利益的政府应该成为数据开放的潮流引领者以及政策制定者，而不能仅仅靠个人和企业。从过去的网络发展来看，未来应该是走向集成、动态、精细和主动的新阶段。

我国正处于现代化发展的新时期，联系到其中所面临的种种问题，要想实现中国制造到中国创造的改变，缓解教育、交通、医疗保健等各方面压力，就要通过大数据这种创新方式，创建新的产业群，为政府做出科学的预测。

大数据事实上是一条新的产业链，将其扩展开来，会形成规模庞大的基础产业。

虽然目前政府和一些产业积累了大量的数据资产，但是好多行业都缺乏行之有效的算法来充分发现大数据背后的真正价值。

大数据产业链包括：数据技术产业、数据采集业、数据加工业、数据应用业。数据处理的每一个部分都可以成为相当规模的产业，关键就在于如何实现信息化的转型，这关乎信息领域的生态链建设，对于大数据产业的发展也是至关重要的。

在大数据落地应用方面，国内厂商也有自己的创新。例如神州数码、东软等IT软硬件企业已经看到了大数据的力量，并且开始在原有的业务和产品基础上加大数据领域的研发和投入。浪潮集团基于对数据产业的认知与积累，采用新型技术体系架构，推出云海大数据一体机解决方案。

虽然我国在数据处理和应用方面和国外有明显的差距，但是从发展的观点来看，无论是政府、互联网公司还是行业用户，只要以开放的心态、创新的勇气拥抱大数据，大数据时代就一定有属于中国的机会。

（四）文化现状

大数据体现出来的首先是一种世界观，其背后是我们的文化思维所表现出来的力量，以及看待这个新时代的方式。

大数据专家维克多·迈尔·舍恩伯格在其相关书中解释，云计算在获取海量数据的同时，也带来了数据的混杂性，这给传统的数据分析带来了困扰。

以往，我们习惯于由数据得出具体结果。然而，在大数据时代，我们应当关注的是相关关系，而不是因果关系。大数据改变了获取整体数据的思维方式。它促使我们更加注重事物与事物之间的联系。

大数据带来的另一重要改变是：更多事物可以数据化。例如：社会热点的走向可以数据化，购物习惯可以数据化，社交关系可以数据化……未来我们的生活中会时时刻刻存在着对于各种大数据的分析，这也要求我们每个人都要有分析数据的能力。

从很多例子中我们能够看出大数据时代可以走得更远。

我们分析数据的时候，分析的样本由部分数据变成了总体数据，云计算能够帮我们搞定所有想要的分析结果；如果用户上淘宝，登录支付宝账户，点开电子对账单，用户就能看到自己一年的消费曲线图；当用户在当当网下单某本书后，它会提醒购买这本书的人中有30%也购买了另外一本书……这些都是基于对大数据的分析而得到的结果。

这些数据可以导出商业潜能，更能导出社会走向。这样庞大的数据分析，在小数据时代根本无法做到。

一些企业已经通过大数据的分析得到了很多有趣的分析结果，诸如天蝎座的男性在2012年平均消费额最高，上海人用支付宝缴纳水电费的频率最高，等等。7-11便利店通过分析零售终端的数据，得出了"温度低于15℃，暖宝宝的销售量便增加5%"的相关关系。于是，只要温度低于这一度数，店内的暖宝宝就会上架。

当然，任何事物都是一把双刃剑，我们身处大数据时代，在享受着大数据带来的便捷时还不得不担心我们的生活是否被它监控着。仔细思考一下，亚马逊、当当网、淘宝网似乎都在"监视"着我们的购物习惯，百度、谷歌似乎在"监视"着我们浏览网页的习惯，微博、人人网、朋友网似乎对我们以及我们朋友的关系无所不知。

如何才能够让大数据不侵犯我们的隐私，是我们每一个人需要严肃思考的问题。

（五）企业现状

马云在发表自己的卸任演讲时警告中国的企业家："大家还没搞清楚PC时代的时候，移动互联网来了；还没搞清楚移动互联网的时候，大数据时代来了。"马云在提醒中国的大众和决策精英：大数据时代真的已经来了。

Web2.0时代是以社交网络的兴起为基础的，因此大数据应该以人的关系为基础，通过信息的生产、交换，从而产生信息的巨大爆炸。对于中国的企业来说，最重要的是去改变企业的经营模式与文化理念，而不是怎么来做选择，来实施大数据分析。"第一个吃螃蟹"的企业可能将会保持领先，而跟随者很有可能错失机会。因此，数据将是下一个大的资源，将会区分每个行业的胜者与输家。

随着大数据时代的到来，企业应该在内部培养三种能力：整合数据的能力、探索数据背后价值的能力、快速实施行动的能力。正如某IT行业的精英所说："如果企业在信息治理上培养出这三种能力，对未来大数据时代的驾驭能力会增强，面临的挑战会降到最低。"

本质上说，基于大数据的处理和分析才能为企业带来巨大的增值价值，而大数据本身并没有太多价值。

1.落后是现实——中国企业需要更多的参与度

"国内IT尤其是软件企业在布局大数据方面，已经落后。"某IT行业高管认为，这主要是因为国内企业在数据库、数据仓库、商业智能等领域基础薄弱。

"国内企业在这方面仍有机会，但需要找准行业与切入点。我比较看好互联网公司，像百度、阿里巴巴、腾讯，这样的互联网公司比传统的IT和软件公司更有机会。"

2.蛋糕的瓜分——互联网公司走在前面

随着我国网民数量的增加以及第三产业的迅速发展，我国互联网行业取得了令人瞩目的成绩，在用户行为积累和数据处理方面积攒了一些经验，形成了覆盖数亿网民、辐射各行各业的全产业链。

然而就整个产业而言，与国外互联网行业的发展相比，我国的互联网行业仍处于大数据时代的萌芽初期，这也是我们所要面对的现实之一。目前，我国只有搜索引擎和电子商务才能在商业模式和经营水平的层面上对大数据进行有效利用。传统行业比如电信业、金融业等都没能开展有效的应用。

但是从另一个角度来说，互联网公司本身的业务和行业特征，使其能够在数据的分析上做得相对领先一些，更有可能直接形成突破。具体来看，国内这方面最有发言权的莫过于百度、新浪、阿里巴巴、腾讯等几大互联网公司。从这几大公司的大数据应用和发展的情况来看，我们能够看到大数据应用的一些前景。

百度对于大数据的应用莫过于在搜索的基础上推出的百度指数、百度数据、百度风云榜等等，通过对广大网民的搜索行为数据的分析为各行业提供网络搜索咨询报告，或者为广告商提供相关的搜索统计数据来赚取利润。百度的最大优势就在于其庞大的用户群和用户黏性。但问题也随之产生，比如搜索结果个人化，搜索结果与广告之间的相关度有限。百度的大数据应用是否能够走得够远？我们拭目以待。

有种说法："电商行业的现金收入源自数据。"阿里巴巴集团旗下的淘宝、天猫等电子商务网站，在大数据的应用上曾经研发出享有"巨大声誉"的阿里询盘指数，即买家在采购商品前，会比较多家供应商的产品，对买家采购行为的分析最终会反映到阿里巴巴网站统计数据中。阿里巴巴董事长马云曾在2008年初观察到询盘指数异乎寻常地下降，据此他为企业做出了科学的预测，从而帮助了成千上万的中小制造商。商家可以通过这一服务及时了解本行业内的各种情况，并且做出科学合理的经营决策。

腾讯作为中国互联网另一个当之无愧的巨头，又是如何在即时通信工具如QQ、微信上来实现大数据的应用呢？

事实上，腾讯在数据领域的布局主要集中在产品上，但是目前能够对外开放或者深度加工打造出的单独服务还不多。有两款应用分析工具值得注意：腾讯分析和腾讯罗盘。

还有其他互联网公司的大数据应用模式值得关注：携程网在用户习惯深度挖掘基础上形成了一套新型服务模式和服务体系；凡客在2011年成立了数据中心，研究新产品的上架与新用户增长的关系，希望能够实现互联网的系统化和数字化的管理；新浪微博则成立了数据部，初步形成了一个小型社交媒体数据分析挖掘生态……无数互联网企业开始重新审视自己的行业定位，在大数据时代的背景下，将数据资源和数据价值纳入自己的核心战略中。

综上所述，大数据的出现既为互联网公司带来了机遇，又为新兴的创业公司提供了巨大机会。

数据量的增加是每一个企业所面临的机遇和挑战，如果能够有效地利用，就可以进一步地去探索如何把个性化和智能化相结合，从而实现广告业务的增加，形成一种全新的商业模式；就可以寻找到增加用户黏性的结合点，有效开发新的产品和新的服务，从而降低运营成本。最好能够通过大数据来实现规模效益和经济效益，以大数据产业为纽带，进一步带动我国经济的发展，促进数据流通的合理循环。

二、大数据的营销价值

随着互联网以及社交媒体的发展，人们上网的次数越来越多，在网上留下的痕迹也越来越多。因此，人们会在网络上留下海量的数据。这些数据中包含着很多价值，值得经营者仔细分析，进而帮助企业发展。所以，大数据将带来全新的营销策略和过程。

在互联网上，用户会不断打开各种网页，在这些网页上，用户随时都能看到各种各样的广告。有的广告用户很感兴趣，但对其呈现方式表示反感；有的却是垃圾广告。在这种情况下，一种既能满足用户需求，又能用最适宜的方式呈现在用户面前的广告，才是最具价值的广告。而这类广告的产生，离不开大数据的支持。

面对这些海量数据，越来越多的企业希望通过多维度的信息重组以谋求各平台间的内容、用户、广告投放的全面打通，并通过用户关系链的融合，网络媒体的社会化重构，在大数据时代下取得更好的社会化营销效果。

大数据可以帮助企业找到最适合自己的营销方式，企业可以根据大数据的反馈，提供最符合市场需要的产品，改进自己的技术，创新企业的管理方式。

三、大数据助力精准营销

广告界有一句很流行的话："我知道我的广告费有一半浪费了，但是我不知道是哪一半。"这句话生动形象地道出了很多广告主的无奈，即明知广告浪费资金却又无能为力。然而在互联网时代，这个问题在部分领域已经可以得到解决。

传统的广告投放模式属于无目标投放，投放很多广告，但不一定能抓住真正的消费者，而且还会浪费大量广告费。随着大数据的发展，广告的投放更具有针对性。依托各种 IT 技术及相关工具，众多广告主可以得到访客访问互联网网页、移动应用行为的精确的数据分析报告，通过该报告，企业就能确保广告投入的精准度。

当前很多公司都从事了数据分析业务，最著名的就是谷歌、Yahoo、Facebook 等互联网公司，还有很多初创或者新兴公司在使用大数据技术，纷纷抢占市场份额，担当起了大数据运用中的重要角色。

为了给客户创造价值并与之建立良好的客户关系，营销人员首先必须及时并深入地了解客户的需求和需要。公司可以使用这些客户洞察的信息去展现竞争优势。一位营销专家指出："在今天充满竞争的世界里，竞争优势的比赛实际上是一场获取客户和市场洞察的比赛。"良好的营销信息则是获取这种洞察的来源。

尽管客户和市场洞察对创造客户价值和建立客户关系非常重要，但是这些洞察信息的获取却非常困难。通常，顾客的需求和购买动机不是很明显——消费者通常不能准确地告知他们需要什么以及为什么购买这些产品，营销人员必须从大量的资源中有效地筛选市场信息，从而获取更好的客户洞察。

今天的营销者能够轻而易举地获得大量的市场信息。同时，由于信息技术的爆发，公司现在可以生成大量的信息。事实上，大多数的营销管理者经常会由于数据过多而感到非常沮丧。

基于用户上网次数、流量、时间段等属性，可以给用户兴趣点贴上明确、合理的标签。针对较少上网的用户，可以通过已经标记标签用户的基础数据特征（如年龄、性别、流量、终端等基础资料），使用数据挖掘工具和方法，利用历史数据生成用户基础数据特征与偏好的对应关系的模型，来预测其近似的偏好标签。针对用户上网的不同风格，可把用户的偏好分为多种类别，以应对即时营销等不同的营销需要。①

虽然营销管理者能够获取大量的信息，但他们还是经常抱怨说自己所需要的信息不够充分，他们需要的不是"更多"的信息，而是"更好"的信息，并且还能充分利用已有信息。另一位信息专家指出："对于数字时代的营销人员而言，最大的挑战是如何将今天大量的、不断增加的消费者信息转化成可行的营销洞察力。"

因此，营销研究和信息真正的价值在于如何使用客户洞察。一位营销信息专家说："那些致力于搜集、传播并能有效地使用客户洞察的公司可以为它们的品牌赢得强势、盈利且持续的竞争优势。"基于这一考虑，现在许多公司正在对其营销

---

① 康路晨.一本书读懂互联网营销推广 [M].北京：民主与建设出版社，2015.

研究和信息的功能进行重新调整和命名。

大数据是大量、高速、多变的信息，它需要新型的处理方式去促成更强的决策能力、洞察力与最佳化处理。大数据为企业获得更为深刻、全面的洞察能力提供了前所未有的空间与潜力，同时为企业实现精确营销提供了可能。

虽然大数据展示了非凡的前景和巨大作用，不过，大数据营销仍面临不少问题与挑战。首先面临的就是技术难题。毕竟大数据技术尚处于发展初期，各方面技术并不太扎实，各项工具需要进一步完善。而对于真正启动大数据营销来真正地挖掘那座数据金矿的企业来说，面临的不仅仅是技术和工具问题，更重要的是要转变经营思维和组织架构的问题。

四、电商进行大数据营销必备的素质

（一）应用大数据的意识和能力

电商要进行大数据营销，必须具备真正意义上的应用数据的意识和能力。不同规模的企业，其数据量的大小也常常不同。对小企业来说，首先要有大数据的意识，这不仅是一种企业的发展理念，更展现着企业决策者的一种远见。拥有了大数据意识，哪怕规模再小，企业也会通过各种方式尽可能地去获得大量的数据，为决策提供客观基础。只要具备了这种意识，小企业也能拥有属于自己的大数据，这些大数据可以是小规模的，但只要能够满足企业的发展需要，就能为企业的发展带来巨大的帮助。对于电商而言，数据的采集不是问题，而是数据太多了难以处理，所以电商要具有数据分析的能力。电商必须深入思考如何将大量的客户数据、市场数据、销售数据及其服务数据进行筛选、分析和整合，并最终得到一套有益的大数据营销解决方案。一方面，这就要求电商企业的高层管理者必须具备大数据营销的战略意识；另一方面，电商企业需建立强大的数据库并引进优秀的数据分析人才。[①]

（二）扁平化的组织结构

传统观念认为，规模大的企业可以控制市场并可以拥有成本优势。将与企业有关的各种活动都统一在企业内部，实行内部化。内部化的结果是在企业内部形成高度集中的计划机制，但会造成组织失效。企业主管可以随意调动资源，指令某个单位以某种价位出售某种产品，或制定指令性财务指标，甚至追求与公司利

---

① 杨世杰.大数据营销在电子商务中的应用[C]//学术视域下的2015全国两会热点解读——决策论坛论文集（上），2015.

益不一致的个人目标，公司横向扩展的一个后果是对其成本的影响，当公司规模不断扩大并超过某一极限时，便会导致成本的上升，即出现规模不经济，规模不经济常常体现在公司扩大后的管理、协调、控制的困难上。公司越大，需要向上层经理提供用于决策的信息越广泛、越昂贵。此外，由于企业庞大、层次结构过多和官僚主义盛行，会出现权责不清、相互推诿的局面。这种类似中央机构的机制对集团经济是不适合的，为此大公司必须寻找一种有效的组织形式，在规模和有效性之间做出权衡。

近十年来的管理实践证明，企业已经认识到大规模并不等于大优势。IBM、美国 GM 公司、西门子公司这样的大公司过去曾从其巨大的规模经济、范围经济获得了压倒性的竞争优势，而现在与小而灵活的公司相比，规模太大反而成为竞争中的不利因素。

许多美国大企业将组织分割成许多规模较小的、具有独立经济责任的单位（企业群）。企业规模的削减所形成的扁平化组织结构，使企业的"大"和"小"共存。所谓"大"是指企业的经营覆盖全球市场；所谓"小"是指每个独立的单位负责某一特定的市场或经营活动，并因此而具有灵活性和创造性。组织的扁平化使知识员工更积极、有效地参与企业的运作。同时，扁平化组织便于知识员工组成各种负责创新、制定策略及销售产品的跨部门团队，提高了解决复杂问题的效率。

（三）不断更新的数据库系统

海量的大数据一方面给营销者提供了获取消费者真实行为的便利性，但另一方面，动态的行为变化也给营销者造成困扰。大数据并不是孤立与静止的，要想有效地运用数据库进行企业营销决策的制定，一方面必须进行快速的数据分析，并将分析的结果及时运用到营销的决策和改善之中，避免资讯和结果的分离。另一方面则要根据营销的结果和用户不断变化的消费行为及时地更新和完善数据库系统，最大程度地降低数据的滞后性，减少营销决策的错误。

第二节　全媒体时代的内容营销

一、内容营销的定义

内容是一个含义十分宽泛的术语，指的是任何通过互联网传递的信息，包括文字、图片、视频、地理位置、消费订单等信息。因此,官网、博客、电子邮件、在线广告、微电影、社交媒体发言等任何可以被消费者接收到的在线信息都是内容。[1]

内容营销就是不需要做广告或推销就能使客户获得信息、了解信息并促进信息交流的营销方式。它通过印刷品、数字、音视频或活动提供目标客户所需要的信息,而不是依据推销广告。比如你在饭店吃饭时,可以看到小店的墙上挂着一个关于小吃历史起源的故事,这就是内容营销。相对于硬广告而言,内容营销增加了故事性、情感性,使用户产生一定的认同感。

移动互联网打破了传播的边界,企业进入"品牌即传播,内容即广告"的时代。今天企业要考虑的不再是简单的广告覆盖人数、发布频次,而是如何让广告成为人们愿意分享和扩散的内容,让大家看到你的品牌后,愿意积极主动地通过移动互联网与他人分享。

随着媒体技术的发展和终端的多样化,人们被动获取的资讯越来越多,人们的注意力越来越分散。高度的多元化和碎片化导致品牌传播缺乏聚焦点,难以实现令人满意的到达率和影响力,品牌被用户记住的难度很大。而内容营销比传统的广告更重视与消费者的互动和价值交换。

内容是企业通过互联网影响消费者的重要武器。但要让内容吸引并影响消费者,并不容易。传统媒介有一定的强制性,传统营销因此可以轻易地将品牌或产品信息"塞"入消费者的大脑,即使这些信息是赤裸裸的商业内容。而互联网上的内容,无论是官网、博客还是电邮,只能依靠其内在的吸引力来影响消费者,而不能依靠机械、单调、赤裸裸的商业宣传。因此,让内容做到隐蔽、巧妙生动而不机械、单调,是内容营销的宗旨。所以,内容营销可以如此定义:

内容营销是为了适应消费者自主接收信息的互联网商业生态,避免机械、单调和赤裸裸的商业宣传,以含蓄、巧妙和实用的在线内容吸引消费者的营销方法。

二、内容营销的特征

含蓄、巧妙和实用是内容营销的三大特征。

(一)含蓄

内容营销之"含蓄"原则意味着在线内容应去商业化,要尽量避免赤裸裸的商业推销。今天的消费者不是为了被推销而上网。在互联网世界,推销、营销都是让许多消费者反感的概念,常被理解为"忽悠"。

---

[1] 谢导.互联网营销:理念的颠覆与蜕变[M].北京:机械工业出版社,2016.

（二）巧妙

内容营销之"巧妙"原则意味着在线内容应避免简单、机械的说教，须将品牌或产品信息巧妙地融入消费者感兴趣的内容形式中，化有形为无形，让消费者吸收了商品信息却没有感到被"营销"。

（三）实用

内容营销之"实用"原则则意味着在线内容应为消费者提供有价值的东西。传统营销突出宣传"卖点"，而内容营销强调实用"价值"并且要求让消费者切实感受到这一"价值"。实用价值是在线内容持续吸引消费者的关键所在。

含蓄、巧妙和实用是内容营销的原则和宗旨。但如何创建符合这一要求的内容却是个难题。事实上，对今天的许多企业而言，内容营销的一个现实难题就是不知道该创建什么内容。

三、内容营销的内容

（一）专业知识

消费者最关心的就是专业知识。

消费者在做出重要的购买决定之前，经常想了解更多的专业知识，但不限于书上写的专业知识。这些专业知识最初隐藏在商务人士、服务人员和技术人员的心中，他们经常不屑于与客户沟通，在他们看来，客户只是一个"门外汉"，不需要知道专业知识，只需要听他们安排就好。在互联网时代，这种想法将使公司无法访问潜在客户。因为与过去不同，今天的消费者习惯于在发现问题之后在互联网上"检测"企业。如果企业能在连接之前分享他们的专业知识，才有机会接触潜在客户。

不只是官方网站上，在互联网上，分享专业知识的舞台也比比皆是。产品销售平台、微博、微信等社交媒体、电子邮件等都可以成为企业与消费者分享专业知识的舞台。

分享专业知识也要求企业仔细收集、撰写、组织材料，这需要花费大量的时间和精力，短期内可能看不到直接的营销效果。有时这些精心制作的内容甚至被不道德的同行复制到他们的网站上。但今天的市场营销者应该知道"预先取之，必先予之"的道理。互联网时代，拿出一小部分知识分享（但需先通过一些技术手段来保护知识产权），企业将会受到市场的好评。

（二）与专业知识相关联的知识

专业知识是消费者关注的核心内容。然而，很多营销人员了解的专业内容不够丰富，他们长期积累的经验和消费知识几乎是一样的，行业内有时也缺乏新的动态、新的情况可以分析和评论。同时，专业内容往往比较严肃，不够有趣，这使得气氛更无聊。

面对这个问题，营销理念应该更加开放。虽然消费者关心的焦点在于专业知识，但消费者也可以专注于外部的知识和信息。经常阅读化妆品在线的女人很关心时尚。化妆品企业除了提供化妆品的专业知识内容外，还可以提供有关时尚的内容和其他女性关心的话题，仔细收集、整理、编制这些外围知识和信息，可以大大丰富内容营销材料，营销内容也会更丰富多彩。

（三）在线服务内容

除了知识以外，在线服务也能成为吸引消费者的内容。

在如何吸引用户下载使用手机银行 APP 这方面，招商银行走在前面。2012 年，招商银行成功上线招行 APP，APP 提供发现附近网点、观察附近网络排队次数、在线号码查询等在线服务，迅速吸引了大量用户下载 APP。

宜家家居是世界著名的家具和家居零售商，各种产品的功能和风格可谓多种多样，每天去宜家的消费者无数。由于商品数量众多，许多商品不在展厅内展示，消费者经常依靠图书上的图片进行购买。宜家 APP 可以让消费者直接扫描家庭图书上的图片，从而可以看到丰富图片显示的不同角度的家庭，甚至可以通过 3D 渲染显示匹配的组合结果。消费者还可以使用 APP 进一步查询消费者评论，通过视频观看安装指南，解决安装问题。可以想象，这些在线服务让去宜家买家具的消费者难以"抵制"。

服务一直是消费者感兴趣的内容。在今天，服务线往往发展枯竭，但互联网在线服务还没有完全开发出来，有一个很好的发展空间。企业可以通过在线渠道向消费者提供很多离线服务，或者允许消费者更及时、更全面地获取信息，然后添加一些互联网功能的在线内容。这些有用的在线服务内容对消费者非常有吸引力。

（四）社交内容

今天，通过互联网的社会交往很受欢迎。官方网站、官方销售平台、APP 终端不仅可以带来社交，也可以成功吸引消费者。

举个例子，男人在遇到女士的时候会紧张，想要请她们喝一杯酒的请求往往很难说出口，所以新加坡一个哈利酒吧为男人们提供了一个解决问题的方法。哈利酒吧打印啤酒标志的二维码，男人扫描二维码，下载酒吧客户端 APP，根据提示可以输入想对女士说的话。然后，服务员可以帮忙把啤酒带到那位女士身边。女士扫描二维码签字操作，双方就可以通过酒吧 APP 进行交流。Harry Bar APP 下载量很多，啤酒销量也大幅上涨。

（五）娱乐内容

今天的消费者，除了要求产品的性价比之外，还要求精神体验。其中，娱乐是最常见的精神体验需求之一。添加一些娱乐内容，可能会使我们的互联网营销更受欢迎。

娱乐无疑是重要的精神体验。但除了娱乐，消费者还可以追求美、善、新鲜、兴奋、文化、时尚等多种精神体验。这些内容虽然与实际价格没有直接关系，但也可以吸引消费者。

（六）视觉与视频内容

为了制造出吸引消费者的内容，引起消费者的兴趣，企业应该选择合适的内容形式。

互联网营销内容，可分为文本和视觉（图像和视频）两种形式，简单的音频内容比较少见。从营销角度来看，文本和视觉内容是不同的。文本擅长传递抽象信息，如客户意见和建议，以及产品说明。与文字不同的是，图像和视频可以提供更生动、更富有想象力的信息。对于一些行业（如时尚界、娱乐行业），客户关注的内容通过图像或视频呈现出来会更加生动、直观。

一般来说，在传统营销中，文字、图像和视频的重要性是一样的。而在互联网时代，消费者更愿意相信"有图有真相"，一个图片、一个视频往往比千言万语更能令消费者信服。同时，在今天的移动互联网时代，图像和视频信息拍摄上传比文本输入更方便，而且消费者分散的阅读习惯更有利于视觉信息的传播。因此，视觉内容越来越成为内容营销的焦点，视觉营销理念开始流行。

视觉营销，即更多地利用图像、视频，而不是文字来表达营销的内容。在移动互联网时代，视觉内容已成为内容营销的重点。

不仅如此，在视觉和视频内容中，视频内容的主导地位将越来越突出。

在互联网传播之前，视频的唯一来源就是电视。而电视观众必须在指定的时间内，观看喜欢的节目，与其他大众媒体相比，电视给消费者带来很多的不便。即便如此，电视仍然是大众传媒之王。电视吸引了消费者最多的关注。电视广告费往往也远高于报纸、广播和户外广告等传统广告，其原因是视频是生动、活泼的，由此可以看出视频的力量很强大。

在互联网时代，视频观看规则由于互联网的出现而发生了改变。消费者可以通过电视广播节目观看视频，并可随时从大众网络视频中选择节目。移动互联网时代，人们不用在指定的时间观看视频，这更容易让消费者接受。无论何时何地，消费者都可以自由地观看视频，视频成为"大众传媒之王"。

移动互联网时代将是视频营销的时代。今天，策划人员应该改变传统的规划习惯和思路，很多通过文字和图片营销的内容，都应该向视频营销转移。

这些形式的内容营销，不管如何变化，都与内容营销三个特征不可分割。通过以上分析，我们不难发现内容营销是提供实用内容的，而不仅仅是只卖"卖点"。内容营销就是把传统营销的重点"推"转为"吸"，依靠有吸引力的内容来实现互联网营销。

四、内容营销的三个关键因素

随着人们涌向社交媒体，如Facebook、Twitter、新浪微博、微信和QQ空间，人们访问和使用信息的机制也发生变化。对于专业人士来说，意义很明确：为了保持品牌和信息在互联网上的曝光，他们必须灵活互动，结合实时信息来快速调整他们的沟通策略，以抓住机会，从而建立品牌链接。

要获得搜索引擎的搜索结果，并产生积极的在线对话，必须要有优秀的内容和强大的品牌影响力。特别要注意搜索引擎，因为现在分配算法的权重是非常复杂、不断变化的，除了数量、内容等传统因素外，还越来越强调写作在自然语言、社交媒体中对细节的回应。这个新环境对于想要脱颖而出并建立自己的声音的营销专业人员来说是一个真正的挑战。我们可以发现成功沟通的三个关键因素。这三个关键因素是：了解营销听众，引起社会媒体的兴趣，培育信息可信度。

这三个因素是在网络上建立持久关注度的最佳方式。为了更好地了解这三个因素，以下进行进一步的讨论，以支持企业的营销策略。①

（一）了解营销听众

要做内容营销，我们必须先"听"。首先，观众在互联网上确定对话过程。在规划沟通策略并开始准备相关内容时，企业应将重点放在听众上。从听众的角度进行沟通是至关重要的，这可以给市场一个强大的信号：品牌善于倾听和回应。此外，营销人员也将有更大机会创造丰富的"黏性"内容。为了更好地了解观众，企业可以使用社交媒体监控工具来掌握在线对话的趋势，或参与具体论坛、讨论组内的互动；或对销售和客户服务团队做一个调查，找到客户的关键问题，及时解决一再出现的老问题。

（二）引起社会媒体的兴趣

社交网络是指我们在社交媒体上建立的个人网络，其涵盖朋友、亲戚和同事。

---

① 吴伟定，姚金刚，周振兴.网站运营直通车：网络整合营销[M].北京：清华大学出版社，2014.

毋庸置疑，品牌营销也需要"社会布局"。当内容在线共享以及人们做出是否购买的决定时，通常需要考虑如何使用这些信息。许多研究发现，人们在购买前会搜索产品和服务，无论是 B2B 产品还是 B2C 产品，都将借助他们自己的社交网络。

从品牌角度来看，这是一件好事，但需要注意的是，为了打造品牌的社会足迹，企业需要让人有理由在社交媒体中了解你、推荐你。

不花些时间让品牌和市场建立起联系，社会推广活动就可能浪费时间、精力和资源。一个企业可以全天发送信息，但如果没有人推荐、分享，那么商业投资回报将会很小。花时间与社会媒体生活的目标受众建立联系，让企业品牌建设持续在线曝光迈出第一步。

（三）培育信息可信度

另一个关键组成部分是可信度。品牌的内容必须是可靠的，以获得观众和相关方在这一领域的信任。

创建可信的内容在很大程度上取决于以上分析的第一个基石：听。如果企业正在倾听观众所谈论的内容，着眼于创造对他们有用的内容，解决问题或扩大对话，这个计划就会奏效，人们会注意发布的内容。从客户的角度进行沟通（如解决问题，使生活更轻松），而不是从品牌的角度（如只关心销售的东西），同时还要保持信息的透明度。当观众开始与企业互动时，让内容从企业的媒体中释放出来，企业的努力就会得到回报。

搜索引擎将在社交媒体中分享内容，并将此链接人们对于各种企业产品的意见和建议（百度与其他中文搜索引擎已经开始从新浪微博等社交网络实时捕获内容）。特别是 Google 通过其新的 "Search Plus Your World" 功能，将社交地图中共享的内容放入搜索结果中。可见，与那些有广泛人脉的意见领袖的互动变得更为重要了。

让信誉高的第三方发布市场营销的内容，如新闻媒体和微博，这是公共关系的重要目标。在今天的数字环境中，这些报告和对企业内容的引用与公司网站的链接一样重要。指向企业发布内容（例如新闻文章、白皮书、登录页面或反向链接到产品页面）的可信网站是有价值的，它们能通过搜索引擎为公司网站带来宝贵的流量。

其实这三个基石并不平行，而是相互关联、相辅相成的。例如通过"听"社交媒体，企业可以找到有影响力的品牌粉丝，然后通过与他们的联系来建立品牌的社会布局，扩大信息覆盖面。在网络观众中建立可信度，粉丝可以将链接分享到商业博客文章，还可以通过分享公司的新闻内容、转发公司的信息等来展示他们的身份，这些信号可以证明企业的权威性和可靠性，而搜索引擎会注意到这些情况并给予企业更好的排名。

五、"互联网＋"时代的内容营销策略

内容营销的走红，导致了各种受赞助的内容的爆炸。可惜的是，大多数的内容营销中所谓的内容，往往还是营销太多，内容太少，粗制滥造，平庸无奇，受众看过后根本无从建立品牌认知，也产生不了购买的冲动，无法达到预期的传播效果。

要使内容营销发挥出最大的效果，就必须创造足够精良、足够吸引人，并令受众体持续投入和保持关注的内容，将自身的产品、品牌、核心价值传递出去。要实现这一点，就得抓住一些做好内容营销的要领。[①]

（一）圈定重点价值客户群

从理论上来说，产品的受众群可以很宽泛，比如化妆品可卖给女性，也可卖给男性，但我们一定得从宽泛的群体中寻找到最适合的、消费力度最大的群体，这就是核心受众群体。在利用内容营销时，一定要圈定核心受众群，依据他们的特性去制订推广策略，以求实现营销的精准性。圈定了目标后，就要知道他们的购物路径，了解他们的原始需求是什么，痛点在哪儿，最在意什么。

（二）使用专业的编辑人员

在运用内容营销时，专业的编辑是不可或缺的角色，他们能够提供给读者真正有价值的东西，知道哪个想法适合制作为一条140个单词的推特信息，哪个想法能发展成一篇博客文章或报道，或是制作成一条3分钟的视频。专业的编辑可以跟那些有想法却不善言谈的人沟通合作，能把他们的想法变成吸引人的内容；即便是那些语无伦次的只言片语，在编辑的雕琢下，也能变成一篇严谨的、可读性强的文章。所以，想要优质的内容，一定要有一群出色的编辑。

（三）寻找合适的媒介来传播

找到了核心群体，制定了优质内容，接下来就要研究内容渠道了。如果没有好的宣传，内容再好也是枉然。所以，在项目规划前，一定要寻找到合适的媒介来为你助力，如自由撰稿人、合作伙伴的各种推广渠道，或者是合作的行业意见领袖、你的忠实粉丝和订阅者的转发分享，唯有寻找到全体效应的媒介，内容营

① 徐大佑，汪延明，刘芳梅."互联网＋"背景下的内容营销策略[J].经营与管理,2016(3)：54-57.

销才能体现出效果。

（四）突出你的特点与价值

内容营销的核心，就是在内容中凸显产品或品牌的价值。当读者看完你的内容后，能用几个关键词描述出来，那就是成功的。所以，你的内容必须要体现你的风格、你的内涵、你的价值，因为在产品同质化的时代，大家要的是个性和特点。当然，在凸显自身风格的同时，也要戳中客户的痛处，将心比心，有所共鸣，才能赢得客户的信赖。

（五）适当地重复和包装内容

一劳永逸的营销案例是极少的，多半都要经过多次包装和后期的完善。传播内容也需要机遇，读者不可能全天候着你的内容，有可能你在发布信息的时候，他刚好没有看到，而他却是有购买意愿的客户。所以，在不同的时间上反复使用、包装内容，是必不可少的工作。

（六）制造让用户行动的入口

有个词叫"趁热打铁"，内容营销也不例外。当读者被优质的内容吸引后，最好当时就有实现转发、分享、购买等行动的入口，如一键加好友、微信扫一扫、购买链接、收藏转发等等。如果少了这些入口，就可能错失一大批的潜在客户。

（七）多渠道进行内容扩散

信息碎片化导致内容营销很难通过单一渠道获得成功，唯有多渠道（如短期活动植入、付费频道插播、关系营销介入、短信电邮电话、月刊、社媒活动等等）地进行传播才能更有效地扩大传播效果。

（八）培养内容营销习惯

内容营销是一个中长期策略，需要坚持不懈，如果只是偶尔做做，很难有效果。所以，要培养内容营销习惯，持续做下去，如每天更新博客，陆续加入每个月的视频录入和回放，将优质内容变成动态的；从每季度的在线分享、电子书或实用性报告开始做内容散播。只有定期做这些工作，才是真正在做内容营销。

（九）找到适合自己的制作方法

适合的才是最好的，这句话用在内容营销的制作上，一样奏效。有人认为出书可提高自己的知名度，有人觉得拍视频能展现营销的乐趣，有人觉得演讲能彰显个人魅力，有人觉得写博客最具执行力……其实，无论哪种形式，只要你的内容能够被受众接受，那就是最适合你的。

（十）追踪衡量内容效果

追踪需要衡量以下几个指标：

其一，内容制作的效率。原本需要一周时间完成的，现在只需要一到两天，那么团队的工作效率就是在提高。

其二，内容传播的广度。之前只是熟悉的人在查阅点击，现在有更多的人参与评论和转发，那就证明内容已经开始扩散了。

其三，内容展现的次数、曝光的次数和数据，可直接衡量效果的强弱。

其四，转化量和网站的表现，用唯一码区分销售的来源，看客户是不是看到内容后下的订单，网站的流量是否增加，这些都可作为后续完善和改进的依据。

第三节　社群营销概述

一、社群和社群经济

一个时代有一个时代的组织形式，农业时代是村落，工业时代是公司，信息时代是社群。何谓社群？按照勒维斯的观点，每个人心中都有原始的部落情结。一个成功的营销必须迎合我们心灵深处的那种农业时代的部落意识。如果组织进行社群化，就必须产生一个结果以表示其合法性：资源会得到更加高效的配置。移动互联网正在让人类文明回归社群时代，社群是移动互联网时代最主流的人文特征，它让我们每个人和每个品牌都有机会找到与用户连接的路径。

过去企业是通过广告和人力的方式来获得海量的注意力，建立与用户的对话。然而到了"互联网+"时代，企业需要从广告思维走向社群思维，真正地为社群提供服务，真诚地帮助用户，只有这样，才能获取更多用户的信任与情感。

社群经济就是以社群为主体，管理自身经济和社会发展的经济发展模式。恩佐拉认为，一般来讲，经济主要由市场、非市场（商品和服务由行政机制配置）和家庭构成，但实际上还需要加入自愿形成的家庭和自愿形成的部门，结合起来从事和管理经济活动，就形成了社群经济模式。社群经济有两个基本特征：一是将市场机制、互惠机制（Reciprocity）和等级制度（Hierarchy）协调在一起，形成了一种折中的协调机制；二是作为一种民主组织，组织中的成员通过互动而共同参与到决策制定和管理之中，体现出政治协调机制。社群经济模式与传统的资本主义经济显著不同，资本主义的终极目标是实现货币利润最大化，它关注可预见的、基于市场的活动，而社群经济在考虑货币利润的同时，还优先考虑公平、可持续和参与性，重视复杂的、相互依赖的和非市场的相互作用。总之，社群经济更重视社群成员的投资、就业和需要，利用社群自身拥有的经济、社会、文化等资源，通过自身的努力来满足需求和提升社群自我发展的能力。[①]

二、社群经济的三种类型

（一）产品型社群

产品型社群核心在于"功能"和"需求"的持续性连接，以小米手机为典型。小米的社群形态是产品＋社群＋粉丝，产品是支撑整个社群存在的基础；社群是入驻商户，第一批忠实粉丝，也是整个社群运转的核心参与者；粉丝是来往的人流，是社群生态实现交易闭环的关键。从米1到米4、青春版、红米、红米note、电视、平板、盒子、路由器、充电宝，整个产品线覆盖面比较广，而且还在不断扩展延伸。理论上，只要有用户"需求"，小米的产品线上就会有匹配的产品出现。

产品主要在于功能性作用，满足的也只是用户的需求。这样一来，小米想要把自己与市场同类产品区别开来，就必须以高性价比为噱头，甚至让"利"给用户，让用户感觉到自己捡了大便宜，然后使用户快速积聚起来，持续关注小米产品，所以小米到目前为止，还是靠高性价比维持整个社群。由于是以产品为主，产品型社群要具备持续的产品更新和创新驱动能力，不断刺激用户的需求，保持必需的新鲜感。

（二）情怀型社群

情怀型社群核心在于"魅力人格"和"情感寄托"的持续性连接，互联网时代的品牌玩的就是一种"榴梿精神"——喜欢的会爱到骨髓，不喜欢的会完全无感。人们也会根据品牌偏好形成不同的小圈子、不同的社群。此类社群以"罗辑思维"为典型。"罗辑思维"应该是社群经济最早的定义者和实践者，自2013年首次试水付费会员制，6个小时内创始人罗振宇便从粉丝的口袋中"捞"出了160万元，第二次会员招募募集800万元也仅仅用了一天。目前风险投资（Venture Capital）圈对"罗辑思维"的估值上限已达1亿元，让人对社群商业的力量惊叹不已。"罗辑思维"之所以能够超越自媒体的局限成为传奇，是因为它产生的"连接"价值更大。

"罗辑思维"每期视频（媒体）的点击量超过100万次，微信粉丝达到了108万人。想一想这100多万微信活跃分子的社交链吧，去掉重复好友后，按每个人通讯录有100个好友计算，"罗辑思维"能覆盖1亿人。而且微信上大部分是非常活跃的、属于铁杆粉丝的、代表未来的年轻人。因此，"罗辑思维"具有巨大的商业价值。

---

① 杨龙.裂变式转型：互联网＋转型纲领[M].北京：机械工业出版社，2015.

"罗辑思维"的成功与它独特的社群运营模式相关。它采用娱乐节目的玩法，罗振宇们都是讲故事的高手，他们深知这个社会最缺少的就是简短而具备话题属性的内容，所以他们提出了鲜明的社群价值主张："有种、有趣、有料。""有种、有趣、有料"地讲故事是最贴近刚需的；"罗辑思维"产品背后的罗振宇本人"死磕自己，愉悦他人"，在互联网媒体中蹚出一条新路，毫无疑问是个异端。正是因为他的不同凡响，"罗胖"这个魅力人格才能吸引百万级别的用户，形成一个互相信任的社群。尽管"罗辑思维"的视频与微信内容免费，但在社群中，形形色色的商业模式有迹可循：比如"爱我就包养我"的会员招募活动，再比如互联网出版实验——"不剧透物品清单，不提前预热，不打折销售，仅以推荐人的魅力人格背书为核心的图书限量闪购活动"，8 000套单价为499元的图书礼包在90分钟内被抢光。

（三）结构型社群

结构型社群核心在于社群成员"人"与"人"之间的持续性连接，结构型社群还可细分为知识型社群和关系型社群。知识型社群，比如李善友的颠覆式创新研习社。关系型社群以正和岛、黑马会之类的企业家精英社群为典范。现在的消费主力是"80后""90后"，他们的消费观、消费权利乃至于消费话语在整个商业圈里产生着深刻的影响。因为他们接受了市场经济化、全球化和互联网进程的洗礼，因此他们的观念与老一辈迥然不同。腾讯QQ发布的《中国"90后"青年调查报告2014》显示，"90后"是具有强烈社交需求的一代人，因此各种社交工具火热流行。

社群营销主要就是针对这些人。一个社群中，仅仅是几个人，甚至是一个人发出的声音，就能迅速地成为100人、1 000人、1万人或者2亿人的共同声音。生物学家和社会学家早在几十年前就知道了这个原理，就好比一条鱼突然窜动就能带动整个鱼群转向食物或逃离危险一样，谣言可以三人成虎，漫天传播。如果知道了这个原理，那就对未来的营销战略即社群营销有了一定的了解。

全球最大的广告公司之一恒美广告公司总裁查克·布莱默在他所写的《点亮社群》中这样论述社群营销："社群的行为方式就像我们的祖先围坐在篝火前一样，每个人都受着相同的影响。所以当有人在某个在线评论网站上发表一个观点，或某个流行乐队在网上发布他们的新专辑时，就会触发整个社交网络的连锁反应，这种反应来得既突然又完全在意料之中。这种新型数字社群的本质在于个人的力量及群体的力量。"

有专家指出："群体互动这种营销手段要比宣传产品高明多了。这些社群会成为公司的一部分，而你也会慢慢渗入这些社群的生活。这些公司的做法非常直接，例如一家玩具公司就曾邀请它的消费者来帮助设计它的下一个产品套装，而有的公司则采用虚拟的营销手段，例如在《第二人生》的数字世界里为某位客户举办一次派对。总而言之，我们都是在从产品营销向真正的品牌族群战略转型。"

三、社群营销

社群营销是个人或群体透过群聚网友的网络服务，来与目标顾客群创造长期沟通管道的社会化过程。简单地说，社群营销需要透过一个能够群聚网友的网络服务来经营。这个网络服务早期可能是 BBS、论坛，一直到近期的博客、噗浪或者 Facebook。由于这些网络服务具有互动性，因此能够让网友在一个平台上彼此沟通与交流。

不过，这些网络服务也有演进的过程，从早期类似大礼堂式群聚的方式（如 BBS、论坛），渐渐地趋近于个人化专属空间（如博客、噗浪以及 Facebook）。也由于趋近个人化，网友彼此的系结形态也产生变化，从早期大家都是某个站的会员开始，一直到现在彼此可以拥有各自的交友空间，企业可以是对方的朋友，甚至是粉丝。

而个人或群体（包括企业）可以运用这样的网络服务，与目标顾客群来往、沟通并认识彼此。在此所指的目标顾客群，根据营销目标而有所不同。

移动互联网时代，社会网络的融合提供了人和人之间随时随地进行社交的平台，激发了人的社交和创造需求。人们可以根据自己的多元需求，自由地创建和管理社群，寻求满足感和归属感。另外，人们加入社群的主动性、满足感和归属感的强化，又会促进移动社群的进一步发展与活跃，人和人的实时交互和自由聚合变得无所不在和无所不能。

社群时代的社交关系是一种全新的信任关系，处于现实社交的熟人关系与虚拟社交的陌生人关系之间的交叉地带。一方面，社群工具的普及使人突破现实的"熟人社交"，向陌生人拓展，出现"半熟社交"的新圈子；另一方面，社群圈子的拓展又能使人找到真正的知己和合作伙伴，建立超脱现实的信任关系。

互联网实现了人与信息的连接，人们通过信息介质进行互联互通；移动互联网实现了人和人的连接，智能手机即时社交、位置服务等硬件软件结合、跨地域和本地化、线下和线上功能交融完善等，使得人们社会生活全面"社群化"。微信呈现爆发式增长，目前已有 6 亿规模的用户，这得益于在其社交、媒体、营销、电商一体化的平台战略和实施能力。以微信为代表的社群应用，在强化即时通信和社交分享的同时，激发了自媒体的生产力和传播力，并从信息分享延伸到生活服务，打通了产业链上下游、线上支付和线下消费，使虚拟世界和现实世界相互渗透，最大程度地释放了社群的商业和服务价值，并由此开启了社群经济时代。

社群成员的信任追捧、主动参与、口碑传播和消费买单，构成了社群经济的基础。社群经济是粉丝经济的进化，社群经济运营初期会有粉丝经济的基本特征，需要打造魅力人格和明星效应。但是，社群经济的核心本质在于聚集粉丝规模之后的再生产机制和价值增值系统。

社群组织的互动机制不是自上而下的、一对多的传递关系，而是社群粉丝之间的横向交互关系。信息、资源、创意，在横向交互中不断被激发出来，进行意义和价值的再生产，因此社群发展到一定程度会自我运作和自我增值。简而言之，社群经济的核心特征就是：自组织性和再生产性。

传统互联网时代的竞争，是基于用户规模的平台竞争。谁拥有用户谁就拥有一切。移动互联网时代的社群却有新的竞争特征。无限差异化的群体造成了社群平台的差异化竞争特征。个体的自由性和主动性，赋予不同社群多样性、灵活性的特点。社群运营者可以通过对人性的深入洞察和敏锐捕捉，进行特定需求的深入发掘，对人群进行精准定位，做无限多的垂直平台。寻找差异化定位，抓住最具痛点和引爆力的小需求，打造独具特色的社群，为最精准的群体服务，是社群营销之道。

四、品牌社群

作为社群经济最重要的体现，品牌社群是一个特殊的、非地理意义上的消费者群体，是对某一个品牌有共同爱好的消费者聚集到一起而形成的一个关系网络体，这个关系体可以是实体，也可以是虚拟网络社群。品牌社群一般不受地域的限制，它建立在使用某一品牌的消费者所形成的一整套社会关系之上，并表现出三个特性：共享意识、仪式和传统、道德责任感。

共享意识是一种集体意识，它指社群成员彼此间存在固有的联系，并和社群以外的人相区别。仪式和传统是重要的社会过程，品牌和品牌社群的意义在品牌社群中通过共同的仪式和传统得以复制和传递，社群所共有的历史文化和意识也因此得以传承。责任感是指社群成员感到自己对整个社群和其他社群成员有一定的责任或义务。

近年来，品牌社群成为品牌管理和消费行为研究的前沿领域。品牌社群影响成员的感知和行为，提高成员的参与和协作意识，培养高度忠诚的顾客。同时，品牌社群建立了品牌与消费者的关系网络，进而促进消费者对该品牌的消费。因此，创建品牌社群已经成为许多企业维系品牌与顾客关系、培育品牌忠诚度、提升品牌内涵的主要策略。

社群活动会促使社群成员产生强烈的社群认同和社群意识，进而提高消费者对品牌的认同和忠诚度。消费者对品牌社群的认同度越高，保持个人独立性的意愿就越弱，参与性就越强，所感受到的社群规范性压力就越小，就更乐意参与社群活动并长期留在社群中。

对企业而言，营销的关键是凝聚核心消费者并构建品牌社群，努力吸引更多的消费者参与社群活动，使消费者获得非凡消费体验，并努力满足消费者的相关需求，提高社群意识和认同，最终形成顾客对品牌的忠诚。顾客购买和消费的绝不是产品，而是价值。顾客加入品牌社群的动因是因为加入后品牌社群能满足顾客的一些价值需求。

第四节　场景化营销概述

一、场景化营销的内涵

传统意义上，场景存在于电影中，即电影特定情节下的场所及角色在场所中的言行动作，以及与之相配的周围景色。我们看完电影后很长一段时间，往往都忘记主角是谁了，但是一些场景却历历在目，其原因在于人心理的代入感。

场景化营销在过去就存在，比如星巴克塑造的第三空间，其实就是一种场景化营销。而在"互联网+"时代，场景化营销并不仅指线下的场所营销，也包括通过网络社区或平台进行场景营销，比如微信的春节抢红包。无论是建设一个线下场所，还是塑造一个网络社区空间，实质都是在营造一个场景来积聚用户人群，形成场景的连接与营销。①

二、场景化营销的现状

（一）流量模式明日黄花

"流量"，在传统意义上被认为是衡量互联网行业水平高低的重要指标。从 PC 到移动互联网，流量大约经历了 4 个阶段的变化过程。

---

① 刘红明. 创造增量市场：传统企业互联网转型之道 [M]. 北京：中华工商联合出版社，2015.

在互联网世界的门刚刚向世人打开时，无论搜索引擎、网址导航，还是电子商务，一切都是新奇的。在这一时期，基本上任何流量都能吸引大批用户进行关注，流量变现的转化率很高。这是第一阶段。

第二阶段是"导流"。在这个过程中，流量的转化率逐渐降低，原本单一、粗放即可"套现"的方法不再适用，互联网的设计运营开始细化提高，诸如"聚合搜索、导购"等模式盛行一时，但这一阶段仍属"流量生意"的范畴。

到了第三个阶段，移动互联网的出现开始改变社会生活，手机代替 PC 成为主要的信息接收终端，时间呈碎片化发展，消费者由此变得移动、分散，原本的流量模式受到很大冲击。人们更关心产品和服务是否足够满足自己的个性需求。曾经被追逐抢占的流量逐渐边缘化，据此构建的商业模式开始贬值。

随着"互联网 +"概念的提出，移动互联网概念妇孺皆知，智能工具的普及，使流量垄断的局面难见踪影。即使微信占据了人们的大量时间，但并不意味这批流量可以和 PC 时代的价值等同。换句话说，现在的流量在变现过程中的耗损高于以往任何时期。移动互联网世界，一切都开始要求精确。

（二）时间碎片化

"时间碎片化"是当今社会对个体存在的一种典型描述。现如今，人们拥有海量的社交渠道和媒介资源。空前的快节奏生活，使以往需要占用整块时间才能完成的事被拆分：乘车赶路，交友聚餐，甚至睡觉前和醒来后，大家面对的几乎都是手机，生活、工作的界限开始模糊……由此，如何在移动、分散和碎片化的环境中抓取用户眼球，第一时间在众多竞争者中脱颖而出，高效促成消费，成为摆在每个商家面前的难题。

三、场景化营销的特点

场景化营销中的"场景"与"空间"和"场域"多有不同。最为主要的一点是，"空间"和"场域"属于社会学研究中重要的概念范畴，而"场景"分析侧重市场营销领域。列斐伏尔和布尔迪厄的学术观点为分析"场景"的特征提供了多样的学术视角和丰富的思想素材。兼具"空间"和"场域"部分属性的"场景"有其独有的特征。[①]

（一）场景的客观实在性

与"场域"表示的建立在客观关系上的社会空间不同，场景具有客观实在性。

---

① 谢振宇，林徐.场景化营销中的场景构建及其信息作用机制探析 [J].东南传播，2016（7）：146-149.

场景知觉研究学者 John M. Henderson 等人将场景视作由空间分布合理的背景和离散的物体构成的真实环境（real-world environment）的连贯图像。客观实在的背景和物体成为组成场景的两个重要部分。场景中的背景是指宽广的、静止的表面或结构，物体是较小的不连续物，背景和物体是相对的，并没有固定的标准。例如图书馆场景中，墙壁、日光灯、窗户是背景，书架、书本、桌椅是该场景中的物体，背景和物体共同组成了图书馆场景。场景是一个由背景和物体构成的实体系统，具有明显的地理空间特征，场景的边界随地理空间的大小而变化，如校园场景和图书馆场景的边界就存在明显的差异。

（二）场景的生产性

列斐伏尔认为，空间已经在当前的生产模式中成为现实，与商品、金钱和资本一样承担着促进全球化进程的使命，空间不单是生产，而且是行动和思考的工具，还是一种生产方式和统治方式。具有空间属性的"场景"具备生产性，无论是运用已有的场景，还是搭建新的场景，场景化营销背景下的场景一方面是营销活动发生的场所，是生产活动进行的空间；另一方面促动了营销活动的发生和完成，借助场景的场景化营销成为一种新的生产方式。另外，场景的提出和运用丰富了现有的营销方式，成为推动商品流通、扩大消费的一种新的思维和行动模式。"场景"具有了生产工具的属性。场景的生产性是其主体能动性的反映，场景并非仅仅是被动构建的产物，其背后蕴含着巨大的生产性能量。

（三）场景的规则性

场景的规则性是场景存在的关键，也是场景间相互区别的基础，场景既包括特定的物理场所，也包括该物理场所背后的规则体系，物理场所和规则体系相互作用。主体介入场景后，受到场景内涵的规则的引导和约束。规则赋予了物理场所社会属性，规则对主体的规范并不具有强制性，主体对于规则背后意义的理解成为其行动的理由或动机。例如在背景和物体方面，图书馆和咖啡馆或许并没有多少差别，但是受到规则的影响，图书馆并不会等同于咖啡馆，在图书馆的行为和在咖啡馆的行为也有明显差异，图书馆和咖啡馆是两个彼此不同的场景。不同规则的存在使得具有不同特点的场景的存在成为可能，它丰富了场景的类型，也间接使得场景化营销成为可能。

（四）场景的象征性

象征所表示的是复杂的关系及其各方面因素的意义。场景往往有三种不同的存在形式和表达方式。一种是实际存在的场景，场景中背景、物体的组合与规则体系一同构成了实际的场景；一种是主体所看到和实际观察到的场景，主体将场景中的背景、物体和规则符号化，经过自身的认知体系重新编码和解码后，产生对场景的认知；一种是主体用语言和概念所表述的场景，是以语言和概念等象征性形式所表达的场景结构。后两种场景的存在形式和表达方式均体现了场景的象征性特点。理解场景的象征性特征一方面有利于深化对场景的认识和理解，另一方面对构建和利用场景的探索也有巨大的启发作用。

（五）场景的相对独立性

场景的相对独立性表现在不同的场景具有不同的"逻辑和必然性"，即每个场景都有自身的逻辑、规则和常规。场景间相互独立意味着场景间存在着差异，表现在场景中的背景和物体存在差异，也表现在场景中规则和逻辑的差异。作为表象，背景和物体的不同是主体直接看到和实际观察到的场景差异，这类差异明显、直白，具有先决性，决定着场景中的逻辑、规则。场景的相对独立性也意味着单个场景的相对完整性，场景能在自身内部形成系统，自行运作。场景相对独立的物理场所和逻辑规范保证了其自身的个性特征，但是并不意味着绝对的独立，场景无法在真空的环境中构建和发展。

除了上文中讨论的客观实在性、生产性、规则性、象征性和相对独立性的特征外，场景还包括多样性、可感知性等特征，这些特征让场景的概念更加清晰明朗。

四、场景营销的产生

场景营销究竟是如何发生的呢？那是因为人会创造与场景相关的心智模型（Mental Model）。

假设你从来没有见过 iPad，我递给你一台并告诉你，它可以用来看书，在你打开 iPad 前，你头脑里就会有一个在 iPad 上如何阅读的模型。你会假想书是如何在 iPad 屏幕上呈现的，你可以在上面做什么，以及大致如何看书。即使你从来没有使用过 iPad，但你也有一个用 iPad 看书的心智模型。心智模型就是一个人对某事物运作方式的思维过程，一个人对周围世界的理解。它的基础是不完整的现实、过去的经验，甚至是直觉感知。它有助于人的动作和行为的形成，影响人在复杂情况下的关注点，并决定人们如何解决问题。

而要让消费者对某个场所形成心智模型，就要让企业塑造的场景深入消费者的心智中，并通过体验、参与等活动，获得相关的场景概念，形成消费者自己的心智模型。

场景的概念模型就是真实的产品设计与界面所传达给用户的真实模型。场景营销就是要让概念模型成为消费者的心智模型。企业想输出的场景概念模型，一般有具体的场所，用户大多会基于场所的体验形成自己的心智模型。

如果场景所提供的概念模型根本没有成为消费者的心智模型，那么这个场景营销是不成功的，也是不能被消费者记住的。场景则是由企业所营造的场所中的人物与特定行为构成的可识别符号，这个符号与消费者心智模型一致的时候，场景营销就开始起作用了，企业就可以运用这个场景长期而持续地连接消费人群。

2014 年春节，微信红包一炮而红。从除夕到正月初八，800 万用户参与了抢红包活动。马云也在事后称微信搞了一次很漂亮的"珍珠港偷袭"。2015 年春节，22 点 30 分时央视春晚送出微信红包 1.2 亿个，微信支付直接与阿里巴巴的支付宝红包拉开了距离。移动互联网支付让 PC 支付瞬间过时：一家男女老少围坐在一起，拿着手机摇不停，成了除夕夜的独特风景。这就是微信支付的胜利。微信 2 亿用户，其中 30% 的人发 100 元红包，共形成 60 亿元的资金流动，延期一天支付，民间借贷目前月息为 2%，每天收益率约为万分之七，每天沉淀资金的保守收益为 420 万元，若 30% 的用户没有选择领取现金，那么其账户可以产生 18 亿元的现金沉淀，无利息。

这也意味着，中国的互联网竞争正式进入了场景营销竞争的时代。

这一趋势主要围绕用户，把看似无关的应用跟消费者所处的实际情境相连接，在移动互联条件下，基于大数据、云计算、物联网和人工智能，提供贴合用户体验的场景应用，如进行行业融合，依据用户的碎片时间整合各类产品、服务；根据不同目标群体的特性分类管理，对市场进行有针对性的场景设定。由此进行广泛推广和精准传播，让消费行为在潜移默化中完成。从某种意义上说，如何借助符合用户生活形态的场景化设计，重塑产品的渠道和链接方式，是在移动互联网条件下决定营销成败的关键。

五、场景营销疏解互联网焦虑

在移动互联网时代，涉及营销的流量转化率较低。吸引眼球的产品能够获取部分流量，但过分追踪用户，则使企业自身丧失主动权，企业也疲于应对个性多样的市场变化——无论多好的产品，总会被复制、超越。黏性需求丧失，成为企业互联网焦虑的症结。[①]

随着移动社交和自媒体的迅速崛起，简单粗暴的界面投放广告开始被抛弃。结合智能设备的各类 APP 应用，要想在移动、分散和碎片的条件下真正打动用户，

---

① 李光斗 . 场景化营销时代来临 [J].进出口经理人，2015（10）：52-54.

最好的方法莫过于即时互动：设置一个贴近用户实际生活的场景，让消费者的情感被触发，心甘情愿地接受商家提供的信息。

这为治疗企业的互联网焦虑提供了全新思路——营销推广由以往的信息轰炸向个性化的互动体验转变。饥肠辘辘时有"饿了么"，打车用"滴滴"，买电影票上"格瓦拉"……这些经典案例所代表的市场行为，正是在消费者需要时出现的。另外，菲律宾宿务太平洋航空根据中国香港的雨季特点，用防水喷漆在大街上喷绘广告，平时隐形，但雨天会显现"来菲律宾跟阳光玩游戏"的广告语，并附二维码提供入口。通过这种活灵活现的宣传，其飞行业务获得显著增长。

互联网思维的本质是开放平等，而非单向主导。无论是消费者驱动的C2B，还是企业产品驱动的B2C，你情我愿才是促成交易的最大捷径——在对产品优势和消费市场进行争夺的背后，其实是消费场景设计和平台入口营造的比拼。

在BAT三大公司中，阿里和腾讯在市值方面远超百度，其中有一个很重要的原因：在真正贴近、融入大众生活的场景设计中，阿里和腾讯相比百度更胜一筹。百度没有开发出如微信一样的超级APP，而数量众多的APP在移动互联网的入口之争中，基本不在人们的视野内，而微信公众号甚至大有取代百度APP的趋势。

有业内人士曾说："移动互联时代，以超文本链接为核心的Link模式完全失效，由此导致流量的碎片化，移动流量的核心特征是场景。"

六、场景化营销的发展趋势

在场景化时代，企业借助移动设备、社交媒介、大数据、传感器和定位系统，除了可以精确获知消费者的个人状态，对消费行为进行有针对性的营销推广外，还能从宏观角度抽象出相关领域的分布存在和发展趋势。在国外有一家名叫Bitcarrier的公司，它根据公共交通建立了一个场景平台：通过多种传感器和城市电网2 000万个端口收集的数据，推出了城市交通情报网。相关部门由此得知公共交通流的发展趋势和分布变化，并进行实时调整，这为城市治理提供了极大便利。

基于搜索定位和归纳分析的综合服务是场景化时代应用的一大趋势，并且早已超出商业营销的单一范畴。在国外，对场景的出色模拟甚至可以预测犯罪的发生，在公共安全领域成为警方的得力助手。而在国内，基于购物和社交的服务相对更为凸显。这主要是由不同社会的发展特性和企业在选定商业模式时的不同倾向所造成的。

不久前，腾讯在广州、上海等地启动了"智慧城市"战略；阿里与蚂蚁金融服务也在北京启动了"互联网＋城市服务"战略。两大公司的布局大致相当，主要是依托各自优势构建场景平台，向市民提供综合性的城市生活服务，涉及车辆交通、医疗挂号和生活类缴费等方面。随着技术条件的成熟，场景营销的大时代正向我们走来，社会生活将由此发生改变。

第六章 "互联网＋"背景下的社会化媒体营销

第一节 社会化媒体营销概述

一、社会化媒体的概念

从起源上看，"社会化媒体"的概念最先由 Spanmrworks 内容和媒体部门的主管 Antony May field 于 2008 年在 *What is Social Media* 一书中提出。最初这一概念主要是针对由社会性网络服务（Social Network Service，简称 SNS）所带来的新型网络信息交流空间进行的集合性表述，主要包括博客、维基、论坛、社交网络、播客、微型博客和内容社区等。社会化媒体是一种给予用户极大参与空间的新型在线媒体，是用户彼此之间用来分享信息、意见、见解、经验与观点的工具和平台，是一种社会化的沟通方式，它模糊了信息创造者、信息传播者以及信息接收者之间的区别，实现了用户角色的自由转换。[①]

从技术层面上讲，万维网创始人 Tim Bemers-Lee 更强调社会化媒体的技术性，他认为社会化媒体是一系列能够促进个体共享信息、协作、创建并发展在线社区的软件工具的集合。

Kevin Glasier（2008）从对话的角度概括了社会化媒体的概念。社会化媒体是一种通过人类语言进行的有机的、复杂的、在线的对话，这种对话由社交网络、网络书签、博客、微博客、视频分享、照片分享、留言板、维基、虚拟现实、社交游戏等驱动。

---

① 袁红.消费者社会化搜寻行为研究[M].武汉：武汉大学出版社，2014.

王晓光（2009）从技术与内容两方面总结了"社会性媒体"的概念。从技术上看，社会性媒体是一种完全基于互联网的数字化媒体，它以各种社会性软件为基础。社会性媒体中存在两类群体：一类是提供各种数字信息的生产、发布、存储、传播和交流平台的平台运营商；另一类是作为社会化媒体主体角色的普通大众，他们既是内容的生产者、传播者，也是最终的消费者。从内容特征看，社会性媒体的内容主要是个人意见、专业见解、工作经验等感性认知，而传统网络信息以硬性新闻和事实报道为主。

综上所述，本书认为"社会化媒体 = 社会 + 媒体"。所谓社会就是人与人之间的交流和沟通，而媒体即信息平台。社会化媒体是以 Web2.0 技术为基础，基于用户社会关系的内容生产与交换平台。它拥有大量的使用者，能为用户提供极大的参与和交流空间。在社会化媒体平台上，用户能自发地进行信息的创造、传播和分享；能够进行商品的搜寻、浏览商品的评价、购买商品以及分享购买体验等一系列行为。

二、社会化媒体营销的基本特征[1]

（一）以人为本

社会化媒体营销的核心是"以人为本"，社会化媒体平台打破商业与消费者之间的隔阂。企业通过社会化媒体平台可以直接与消费者沟通，了解他们的需求和意见，及时采取措施，弥补产品缺陷，满足消费者的个性化需求。以消费者为中心，始终为消费者提供优质的服务，是企业产品销售的保障。

进入社会化媒体时代，消费者有广泛的选择空间，企业必须关心他们对商品和品牌的兴趣，并把他们作为社交的朋友。社会化媒体营销大部分的目标受众，是企业品牌爱好者。企业在社会化媒体上发表了有吸引力、有价值的信息，会引起消费者的兴趣，在消费者主动联系商家后，企业要积极与客户沟通互动，从而达到良好的营销效果。

（二）真实性

传统营销依靠一些博人眼球的文字、图片等，来吸引消费者的关注。今天，这样的信息不仅不会引起消费者的兴趣，甚至可能还会令消费者感到厌烦。这类广告注定无法长久。社会化媒体营销需要粉丝们在参与一段时间后，通过相互信任的朋友之间的社会化媒体平台，自发转载和评论。所以这个信息有一定的真实性和可靠性，营销效果持续时间比较长。

---

[1] 刘晓伟. 社会化媒体营销研究 [D]. 济南：山东师范大学，2014.

传统营销通过广告代言人将产品信息灌输给消费者，这种营销使消费者越来越累。社会化媒体营销通过用户的真实体验和反馈，鼓励消费者发出最真实的声音。消费者发自内心的赞美会使企业的产品获得朋友圈的认可和信任。消费者参与社会化媒体营销，首先注册真实姓名，更加具有可靠性。

（三）强力参与

社会化媒体门槛很低，企业和消费者可以免费加入。消费者和企业之间的对话是平等的，企业鼓励消费者向他们提供产品使用经验和建议。消费者通过社会化媒体平台分享、转发、评论、回复，将自己的经验和感受传递给周围的朋友。传统的营销方式是内容的单向沟通，消费者只能看到，不能表达，只能被动接受。社会化媒体营销打破传统营销方式——企业单向沟通营销模式，利用企业与消费者之间的双向沟通营销模式，鼓励消费者参与营销过程，满足消费者的愿望。

每个消费者都渴望被重视，当用户主动参与企业的活动时，也想获得业务互动和反馈。因此，企业必须安排专门的负责人，及时回答消费者提出的问题，认真对待每一位客户。

（四）信息传播的速度

社会化媒体平台的核心是企业与消费者之间的人际关系。互联网用户通过社会化媒体平台连接生活中的朋友，针对有价值的信息，他们会主动通过朋友圈传播。消费者参与企业营销的过程中，产品信息不断传播，很短的一段时间就能在网络中流传开来。

互联网上的信息蔓延迅速，能很快成为互联网用户讨论的热门话题，能在短时间内影响到互联网用户的现实生活。在这个过程中，每个用户都是一个沟通者。只要是消费者认为有价值的营销内容都将在网络中被大量转发、评论，并迅速传播。

（五）精度高

消费者现在处于信息爆炸的社会，各种信息充满了人们的眼睛。而社会化媒体营销可以向客户提供有针对性的营销信息。例如网友在微博上关注了某个企业的产品，或者发表了对某种产品关注或需求的消息，马上就会收到相关的产品推荐信息或打折的消息。如果该用户有进一步的需求，营销人员将立即与他联系，为他提供独家服务。

社会化媒体是以现实生活中的人际关系为基础的，互联网主要是朋友、同事和客户形成的关系网。其中大部分通过社会化媒体平台填写真实姓名、年龄、性别和兴趣等，企业通过他们在社会化媒体平台上的状态和新鲜事，及时追踪他们的爱好和需求。通过关键字搜索到目标客户，在合适的时候将产品信息发送给他们。比如东风日产会根据客户所在的地点不同的情况，为他们提供专属的线下服务。

从社会化媒体营销的特征中，可以看到社会化媒体营销的核心特征是以人为本，其他的特征都与"以人为本"的特征紧密相关。

第二节　社会化媒体营销的基本策略

一、社会化营销的策略

社会化媒体营销并不能完全取代传统营销，它是对传统营销的扩展和延伸。企业想要长期发展，就要整合社会化媒体营销策略和传统媒体营销策略。

（一）精准营销

精准营销是社会化媒体营销的最大优势。社会化媒体营销可以让企业精准定位目标市场和目标受众，并进行精确的衡量。企业充分利用社会化媒体，将营销信息推送到比较准确的受众群体中，既节省营销成本，又能收到最大化的营销效果。在 Web2.0 时代，互联网上的信息将被高度聚合，受众也被深度细分，企业可精准锁定自己的目标受众，完全按照受众的需求和关注点进行个性化定制，低效的强制性硬广告将淡出市场。企业还可以了解每个受众的网络行为轨迹，归纳不同的细分群体，通过置入式的网络精准营销来传递信息。

在互联网时代，QQ 是标配的沟通工具；在移动互联网时代，微信是标配的沟通工具。微信因其可以发送语音的创新加上私密互动性的特点，成为人们日常生活中不可或缺的沟通工具，进而成为企业竞相加入的营销新平台。

微信公众平台可以实现包括用户分组、地域控制在内的精准消息推送，根据不同的分组和人群发送个性化的内容，让主动添加公众账号的用户都接收到自己想要的内容，与被强制推送短信、邮箱广告形成鲜明的心理对比。依托腾讯这一强大平台，微信可以通过用户的性别、年龄、职业、偏好等数据分析更精准地进行用户分类，实现信息精准推送。精准的信息推送加上 100% 的信息到达率使得微信成为社会化媒体营销界的新宠。

（二）关系营销

关系营销是社会化媒体营销的最大保证。在社会化媒体时代，营销是"强关系"的过程，它建立在人际关系的基础之上，是一种人与人互动的能力。与他人互动的目的不在于发展客户，而在于建立关系，社会化媒体营销就是深化与客户关系的过程。营销的目的是满足用户，要满足用户的需求就应该与用户建立长久的互信关系，信任是社会化媒体营销的前提，没有信任就没有关系。同时，信任还是购买的主要驱动力，只有用户相信企业能给他们带来个性化满足的时候，社会化媒体营销才可能有效。信任关系是需要通过互动来维护的，社会化媒体提供了一个渠道，使得企业有机会和用户进行沟通、交流，只有不断地互动才能了解用户日新月异的消费需求。建立信任需要时间，而维护关系更需要时间，这也正说明了社会化媒体营销不是立竿见影的，而是需要长期坚持和不懈的努力。和关系营销相对应的一个概念是交易营销，交易营销是指以完成与文化产品消费者的交换为目的的营销活动，实现与目标市场的交易被认为是传统市场营销理论的核心所在。交易营销专注的是交易，而不是顾客服务。

关系营销是一个循序渐进的过程，在实际操作过程中可以总结为三个重要的阶段：积累阶段、推进阶段以及扩张阶段。社会化媒体要积累关系，就得靠企业不断地与用户真诚地互动，只有有了足够的关系，企业才可以把重心从寻找新的网络关系转移到加强现有的网络关系上来。当然，企业维护与用户之间的关系不能依靠单一的社会化媒体平台，而应以立体化的方式扩张自己的关系网。关系营销是以时间成本为基础的，企业要建立并维护一段关系就不能吝啬自己的时间成本。关系营销给企业带来的不一定是直观的营业额的增长，但企业一定会得到一批忠实的品牌口碑维护者。

为消费者提供附加价值有利于消费者参与互动，持续地使用消费者喜欢的互动方式和经常性地提供附加价值有利于互信机制的建立。当消费者将企业看作一个可靠的信息来源，企业与消费者之间的信任关系也就确立了。企业强化与消费者之间的关系，让消费者为企业布道，企业就占据了未来的优势。因此，在关系营销的大环境下，社会化媒体营销不只是达到目的的手段，还是目的本身。

（三）口碑营销

口碑营销是社会化媒体营销的最大特点。很多人认为社会化媒体营销只是多了一个公关渠道去发布企业文化或产品和服务信息，而事实是，社会化媒体就像一个虚拟的营销部门，可以做品牌塑造、产品促销、公关发布、活动直播、客户服务、电子商贸等。它能实时跟粉丝互动；它的真正功能是能在社会化媒体中建立一个鲜活的品牌；它的真正目标是让企业或机构能够通过互动跟粉丝拉近关系，从而让粉丝成为企业的口碑传播者。

与传统口碑营销相比，社会化媒体平台的口碑营销传播速度更快、范围更广、效果更佳。企业利用社会化媒体进行口碑营销，具有宣传费用低、可信度高、针对性强的特点，具有提升企业形象、发掘潜在消费者、影响消费者决策、缔结品牌忠诚度的作用，更具有亲和力十足和避开对手锋芒等优势。

口碑最重要的一个特征就是可信度高，因为在一般情况下，口碑都传播在朋友、亲戚、同事、同学等关系较为亲密的群体之间。在口碑传播过程之前，他们已经建立了一种长期稳定的关系，而这个亲密关系群体在社会化媒体平台中得到扩展，很多现实生活中的陌生人被纳入社会化媒体平台中，口碑传播的范围得到极大扩展。现在，信息已经做到了全球实时传递，只是现在的信息与意见传播相较过去而言，最大区别在于它们的接收者更加关注将信息与意见发给他们的人。中间商、权威人士和发言人已经无法像过去那样垄断品牌或企业信息发布与传播，普通用户和消费者掌握了越来越多的话语权，可以随时随地自由发表自己的意见或评论，这也促进了口碑传播的发生。

同时，社会化媒体给文化企业提供了一个良好的平台去发掘那些潜在的口碑传播者，他们是主流消费者，热情洋溢，且为你的产品和服务能改善他们的生活而兴奋；他们是新闻搜寻者，信任你，宽容你，且是你的回头客。企业找到这些潜在口碑传播者，与他们进行一对一沟通，从而促进这些潜在口碑传播者转变为现实口碑传播者，这与危机公关一样重要。

社会化媒体营销分为基础营销和高级营销两种形式。基础营销即基本的社会化媒体营销维护，如某文化传播公司在新浪微博上注册了一个账号进行微博营销，在这个账号开始运营以后，精心编辑的每一条微博、每一条回复与互动都是为了让这个微博账号给公司带来效益，达到营销目的。而高级营销则是指大规模的营销策划推广活动，线上与线下相结合，各类媒体相互打通，比如某出版社即将推出一本畅销书的续集，出版社可以在报纸的读书板块宣传，可以通过微博认证账号进行线上宣传和有奖转发活动，可以在豆瓣读书发起讨论，还可以线下开展签名售书活动。

选择基础营销还是高级营销，企业在进行营销决策前需要慎重考虑这个问题。对于小企业来说，由于人力精力的限制，可以选择基础营销，或是目标受众群体的媒体使用情况非常单一，也可以采用基础营销方式。而对于大中型企业，其产品的丰富性和潜在客户的广泛分布性决定了其更好的道路是高级营销。社会化媒体营销必须要走向深度融合，不仅是社会化媒体之间的相互融合，更是社会化媒体与传统媒体的融合，因为社会化媒体不是传统媒体的替代品，而是对传统媒体的有力补充。通过高级营销，企业能够将自己的产品和服务在更大范围内进行宣传，在更大程度上提高企业知名度，与消费者以及潜在消费者之间形成更好的沟通互动，拉进与消费者之间的距离，有利于收集到更多真实的反馈，让自己的产品或服务更契合消费者的精神需求。

当决定要进行社会化媒体营销的时候，企业面临的第二个重要问题是公司自己做还是外包。自己做可能缺乏社会化媒体营销的相关经验与技能，外包则会因为对企业文化不了解而导致营销与产品的文化精神相去甚远。对于市场的社会化媒体营销，更好的选择应该是自己组建一个社会化媒体营销团队，如果没有相关的经验和技能，可以请专家进行专门的培训，因为营销技巧不是最重要的，重要的是文化内涵，一个了解公司文化的普通员工应该比一个营销公司的所谓专家更加值得被重用。

有些公司选择让公司内部做社会化媒体营销，但是会要求实习生去制订或启动社会化媒体营销策略，因为他们认为实习生是公司里的新生代，他们的生活和社会化媒体早已融合在一起。但是，他们熟悉社会化媒体并不意味着他们熟悉社会化媒体营销。短期的实习生不了解公司的品牌，不了解公司的道德标准和经营理念。特别是文化产品和服务具有复杂的精神含义，带给消费者更多的是精神层次的享受，消费者的精神需求和产品服务的精神内涵，实习生并不是很了解。更何况，实习生在公司工作的时间很短，也许营销活动还没结束就已离开。因此，企业在进行社会化媒体营销时需要选用专业人员，尽量避免用实习生。

二、社会化营销渠道

唐兴参照美国 Ross Dunn 的细分方法，在《社会化媒体营销大趋势——策略与方法》一书中将社会化媒体分为以下八类：社会关系网络、视频分享网络、照片分享网络、合作词条网络、新闻共享网络、内容推选媒体、商务关系网络、社会化书签网络。

（一）社会关系网络

社会关系网络即人们通常说的社交网络，在国内主要有豆瓣、微博等，在国外主要有 Facebook、Twitter 等。社交网络营销可以有效降低企业的营销成本，实现目标用户的精准营销，而且利用人际关系更有利于口碑传播。社交网络营销的核心是关系营销，重点在于建立新关系，巩固老关系。而关系的建立需要一定时间，不能一蹴而就，因此利用社交网络进行营销不能急功近利。

（二）视频分享网络

视频分享网站是指在完善的技术平台支持下，让互联网用户在线流畅发布、浏览和分享视频作品。国内主要的视频网站有优酷、土豆、爱奇艺等，国外主要的视频网站有 YouTube、NetFlix 等。利用视频网站进行营销具有感染力强、形式内容多样、传播速度快、成本低廉等特点。时下非常流行的微电影营销也是视频营销的一种形式。

（三）照片分享网络

照片分享网络是指利用图片的上传、传播与分享进行营销，国外的照片分享网站主要有 SmugMug、Flickr、Picasa、Photobucket 等，而国内的照片分享网站有巴巴变、好看簿等。

旅游业最适合利用照片分享网络进行营销，好看簿有专门的旅游板块。2013年 9 月 19 日，一组《新西兰游：奥克兰绝美海滩》的照片被放置在首推位置。穆里怀（Muriwai）和皮哈（Piha）是奥克兰郊外相连的两处海滩（Auckland Beaches），Muriwai 被称为"海鸟的岛"，是世界上为数不多的塘鹅栖息地；Piha 黑海滩则以世上不多见的黑色沙滩而闻名，更因获得第 46 届戛纳电影节金棕榈奖的电影《钢琴别恋》而名扬天下。绝美的海滩被美国《国家地理杂志》誉为世界上三十大美景之一，配上一张张精美绝伦的照片，让人无限向往，用户浏览过后纷纷赞不绝口，表示一定要去一睹真容。

（四）合作词条网络

国外主要的合作词条网络有 Wikipedia、Open Directory Project 等，国内主要的合作词条网络有百度百科、互动百科等。若百度百科上没有企业的词条，企业也可以按照百度百科的规划来书写自己的百科；若百度百科上对企业的介绍并不完善，企业也可以进行修改编辑。

比如人们想了解南京大学出版社，便可以在百度百科的搜索栏中输入"南京大学出版社"，打开南京大学出版社的百科词条，就可以了解到南京大学出版社的中文简介、获得荣誉、淮安中心、获奖作品、印制质量、企业培训、新书介绍等情况。若用户觉得这个词条有用，就可以点击右上方的"有用"按钮，这对其他用户具有参考价值；若用户觉得这个词条不完善，可以点击右上方的"编辑"按钮，进行修改完善；若用户想与朋友分享这一词条，可以点击词条右上方的"分享"按钮，将词条分享到新浪微博、腾讯微博、QQ 空间、豆瓣网、百度贴吧等其他社会化网络平台。

（五）新闻共享网络

新闻共享网络一般是指通过 RSS（简易信息聚合，也叫聚合内容）在线订阅，用户可以借此方便地订阅、收藏、分享自己关注的博客与新闻。读者可以通过 RSS

阅读器订阅博客的文章，把他所有感兴趣的内容从不同的网站上抓下来放在同一个界面下统一管理。其实这也是一种"定制营销"的体现，但是与传统"定制营销"不同的是，这里的定制不再是营销人员为消费者定制，而是消费者自己为自己定制。国外的新闻共享网络主要有 Technorati、Google Reader、Bloglines 等。

（六）内容推选媒体

内容推选媒体类似于社交网站，用户可以在博客、新闻等文章下进行评论回复和互动，而它的独特之处在于它没有职业网站编辑，编辑全部是用户。用户可以随意发表文章，然后由读者来判断该文章是否有用，认为有用的读者越多，则该文章出现在首页的可能性越大。国外著名的内容推选类网站有 Digg、Reddit 等。

例如著名歌星麦当娜即将举行个人演唱会，其经纪公司可以在 Reddit 网站上撰写一篇文章预告这场演出，并稍微透露此次演唱会的创新、创意或挑战之处，以及会请到哪些大牌明星助阵等。拥有大批粉丝的麦当娜的演唱会自然会吸引很多人关注，这也使得该篇宣传文章可以登至首页，吸引更多人去关注。

（七）商务关系网络

商务关系网络首推 Linkedin。在 Linkedin 上，企业可以结交和维护一些与公司相关的商务上的关系，个人也可以利用其来找工作，公司还可以在网站建立自己的 ID，完善用户配置文件，保持与招聘者和合作的商务人员的联系。

演艺经纪公司可以在 Linkedin 上注册自己的 ID，并贴出自己可以提供的演艺类型或演员阵容等，若有公司或个人需要演艺表演，则会有目的地到 Linkedin 寻找相关的演出服务机构。

（八）社会化书签网络

社会化书签可以将网站随时加入自己的网络书签中，用多个关键词标示和整理，并可以与他人共享。国外著名的社会化书签网络有 Delicious 等，国内有百度搜索、QQ 书签、易游等。

文化企业或机构，或是个人都可以把企业的网站、公司的新闻报道页面等，用相关的关键词来进行标注，并利用社会化书签进行推广，可以收到意想不到的效果。

三、社会化营销的安全策略

社会化媒体在带来便利的同时，也不可避免地带来威胁。文化企业在选择社会化媒体进行营销之前，必须要做的一点就是评估社会化媒体的安全性，这是实施战略性的社会化媒体安全措施的第一步。评估社会化媒体安全，即定义目前已经确定的社会化媒体战略和工具以及使用情况，并确定所使用的社会化媒体安全措施，评估整个环境并确定漏洞所在。美国三位社会化媒体专家 Gary Bahadur、Jason Inasi 和 Alex de Carvalho 在他们共同出版的《社会化媒体与企业安全》一书中提出了一个战略分析的灵活方法，称为 H.U.M.O.R 矩阵法，即人力资源（Human Resource）、资源和资产的利用（Utilization of Resource and Asset）、财务考虑（Monetary Consideration）、运营管理（Operation Management）、声誉管理（Reputation Management）。无论是人力资源、资源和资产的利用，还是财务、运营和声誉管理，在对社会化媒体的安全战略分析中，这五个方面都非常重要，而每一个方面都需要通过评估当前环境和度量当前状态来进行分析。

社会化媒体平台中遇到的威胁和传统 IT 遇到的威胁大为不同，传统 IT 可能遭遇的威胁包括黑客、病毒、恶意软件、企业间谍活动等，而社会化媒体平台遭遇的威胁更多的是来自心怀不满的员工、客户和竞争者。

（一）人力资源威胁

人力资源威胁分为三个方面：违反政策、解雇和个人使用。

违反政策：员工可能违反社会化媒体或者社会化媒体安全策略，但这是建立在公司实际上已经拥有相关的限制策略的基础之上的。违反政策是一种内部威胁。

解雇：人力资源必须开发和传达解雇政策，应对心怀不满的前雇员造成的潜在威胁，作为公司对违反这类政策的特殊响应。

个人使用：员工个人使用社会化媒体，在张贴不恰当照片或者有关公司的机密信息时，有可能影响公司的信誉。

（二）资源利用威胁

资源利用威胁主要集中在可能因为社会化媒体而处于危险之中的资产上，包括技术、知识产权和版权三个方面。

技术：技术威胁很容易识别，包括恶意软件、特洛伊木马、仿冒网站和网络骗局的所有攻击技术。

知识产权：对知识产权的威胁可能来自员工、供应商或者竞争者。员工可能意图明确地泄露知识产权，也可能只是无意地通过社会化媒体渠道泄露了知识产权。供应商可能有权通过企业协作应用访问知识产权。竞争者可能在社会化媒体渠道中收集不应该泄露的知识产权，或者可能使用社会化媒体渠道泄露有关你的公司的知识产权，甚至植入虚假的知识产权破坏公司的名誉。

版权：版权的威胁更加广泛，但大部分攻击一般是无意的，破坏力很小。人们可能在未经你特许的情况下使用你的标志和其他公开可用信息，他们还可能为了自己的目的对其进行"重新混色"或修改。大多数情况下，这些非法使用现象很难被发现，但是有时候会被快速传播和广泛分享。大部分版权攻击都发生在公司外部。

（三）财务威胁

财务威胁主要在四个方面：财务损失、资源成本、恢复时间和机会损失。这些威胁会通过恶意盗窃、安全补救措施导致的资源成本、资源低效使用或者分散公司注意力导致的机会损失等形式，造成财务上的损失。

财务损失：社会化媒体可能被攻击者利用，通过冒用和访问员工账户获得直接的经济利益。这种财务损失可能全是员工的疏忽导致的。

资源成本：为了对社会化媒体攻击做出反应，可能需要购买新的系统、监控工具和其他仪表盘及实用工具。工具是必要的，但是员工培训也极其有用，这能够减小对技术控制的需求。

恢复时间：花费在从数据泄露中恢复的时间可能极其昂贵。

机会损失：响应社会化媒体威胁很容易分散公司 IT 或者 HR 人员的注意力，使其无法从事生产率更高的活动。

（四）运营威胁

运营威胁通常直接影响 IT 的运作、市场沟通以及 HR 部门，日常活动可能受到干扰。

停工：若企业依靠许多社会化媒体出口，则任何可能使市场活动下线的威胁都会影响企业的运作。

数据丢失：侵入社会化网络的账户非常容易，被攻击者接管的企业账户可能包含有关客户的机密数据和销售清单。

（五）声誉威胁

声誉是购买产品或消费服务的关键驱动力，如果企业的声誉被破坏，不好的口碑传播就会影响消费者对企业的信任，哪怕企业提供的产品或服务是最高档的，最能给人们带来精神享受，最能给人激励启发的，消费者都不会再去消费。声誉威胁比较分散，但是危险性较大。社会化媒体消息传播速度之快、范围之广，令人难以想象。企业负面消息经社会化媒体传播后，企业品牌将受到前所未有的打击，品牌价值会下降。

竞争不利：攻击者非常容易发起对品牌的匿名攻击。他们可以隐藏在某处，散布诽谤式评论，发布有关公司的虚假信息。社会化媒体出现之前，这种现象很可能是竞争对手发起的，但是在社会化媒体平台中，这些不太可能是竞争者所为，因为社会化媒体是个透明的平台，总有人会发现这些消息的来源，若被人发现是竞争对手所为，那这个竞争对手将名誉扫地。

不满的客户和员工：心存不满的客户和员工可能会撰写和传播充满失望情绪的产品和服务体验的博客、微博或其他社会化网络帖子。

激进分子攻击：消费者集团或者基金组织可能对你的社会化媒体资产发动攻击。

虚假信息：客户和客户提倡组织可能张贴有关产品或服务、来源和用途的错误信息，这种误传会导致错误的认知，可能严重地影响产品或服务在市场上的竞争力。

管理危机：没有结构化的方法，社会化媒体很容易失去控制。

（六）解决方案

要想有效地解决以上涉及的社会化媒体安全问题和可能面临的威胁，文化企业或机构必须制定有效的社会化媒体安全策略。它包括以下几个关键组成部分。

（1）社会化媒体使用可能影响安全的任何规章和法律要求。在当今的新型社会化媒体环境下，许多法律风险推动了企业对安全策略的需求，包括歧视投诉、诽谤投诉、泄露机密、违反规章等。

（2）内部和外部托管应用的管理，包括监控和报告工具以及测试和审计技术。

（3）企业范围内的协调，即必须在全公司范围内计划。

（4）行为准则和可接受使用。对于任何策略，都有员工必须坚持和理解的基本要求。

（5）社区管理员的角色和职责。无论社会化媒体在企业或机构是由哪个部门负责的，或是起到什么样的作用，社区管理员都必须负责指导与社会化媒体出口相关的战略、战术和运营活动，并且实施日常规范、计划、临时活动，监督围绕多平台社区伸缩性的资源和流程。

（6）教育与培训，对员工的教育和培训能够减少因员工疏忽而造成的漏洞，从而减少风险。

（7）策略管理、报告和监控。社会化媒体与众不同的地方在于它无论是网站、技术、功能还是过程，其改变的速度非常快，因此社会化媒体安全策略一旦就位，必须持续更新。

从 H.U.M.O.R 矩阵来看，加强社会化媒体的安全性应该从密切关注员工使用这些新的媒体工具和技术交流与协作的人力资源战略开始。人力资源部门管理着企业或机构的整体战略，并在 IT 部门的辅助下驱动和执行社会化媒体安全策略。

社会化媒体安全策略面对两类员工：社区管理员和其他员工。社区管理员，即在日常工作中通过聆听客户或潜在客户的意见并与之交谈的员工；其他员工，即对社会化媒体的使用是基于个人目的或者特定专业目标的员工，当然也包括在工作中不允许使用社会化媒体的情况下仍然参与社会化媒体的员工。因此，人力资源部门必须对这两类员工进行社会化媒体安全策略的专业培训，以期他们在日常的社会化媒体使用中避免任何安全威胁。

加强资源利用方面的战略与协作。首先，要确定通过社会化媒体引导业务的最佳合作方法，因为IT部门对传统的通信方式非常熟悉，而社会化媒体在必要的安全工具方面尚未成熟。新的合作方式包括共享在线工作空间，如内部Wiki页面或者讨论项目所用的共享论坛。必须利用现有IT安全工具加密所有到内部社会化媒体平台的通信。其次，利用技术的清点、能力和策略映射三方面来支持最佳实践的需求。再次，通过监控、培训、拦截和报告预防数据丢失，尤其是知识产权。最后，对员工进行有关社会化媒体版权限制的教育，可以有效避免侵权诉讼。

加强财务方面的社会化媒体安全战略和协作，要对实施控制的成本进行监控，该成本包括：安装社会化媒体工具的成本、员工培训的成本、社会化媒体监控和报告工具成本、培训成本、持续维护成本、工时成本、内容制作成本和法律成本。一旦确定了实施控制的成本，接下来就要根据社会化媒体活动的实际情况估计所面临的威胁造成的损失，并找出应对威胁的策略。对于威胁造成的损失，可以根据处于风险中的资产、可能发生的事故、可能性、严重性、估计风险、每年发生率、每次事故的直接损失和年度总损失列出表格进行分析；对于制定策略的成本，可以根据对策、每个对策的预付成本、每个对策的维护成本、采用的可能性、采用的后果和年度成本来进行分析。

运营管理战略提供了了解关联人们在社会化媒体圈中的日常活动信息的一种途径。通过集中化工具（如Radian6、Social Mention）编辑来自所有部门的信息，来应对来自社会化媒体渠道的威胁并做出反应，限制对公司的破坏，并减少风险。同时，还需要关注负责各种操作的人，明确他们的角色和职责；关注需要管理的资产，定期备份，加强内部和外部应用程序的安全性，并联合IT部门、市场及法律部门一起检查对知识产权的潜在威胁；关注管理运营和通信所必需的培训，通过Web研讨会、PPT演示、策略、现场培训等方式对员工和第三方开展信息安全培训；关注网络管理，严格控制对信息和实际社会化媒体网站及工具的访问，最好记录下对这些网站和工具的访问；关注访问控制，对应用系统的访问必须根据个人的角色和职责，以及底层业务应用需求进行；关注符合性管理，IT无法独自负责、确保系统符合所有认证标准，因此法律和人力资源部必须和IT部门一起确保合适的控制措施就绪，以符合公司的所有规章法规；最后还要关注安全测试过程，对于大多数文化企业来说，开发用于社会化媒体的内部应用不是首选方案，因为使用免费应用容易得多，在这种情况下，企业还要确保托管该应用的系统能够免受攻击。

一旦实施社会化媒体策略并部署了控制措施，就必须有一致性的审核措施来审核员工社会化媒体使用的工具、实际业务流程能力的工具以及社会化媒体的业务流程。

社会化媒体营销与传统营销的一个显著区别在于，传统营销方式靠的无形资产是企业形象，而社会化媒体营销靠的无形资产是企业声誉。因此，声誉管理对于社会化媒体安全维护非常重要。对于声誉管理，企业必须主动。成功的在线声誉管理需要不断监控公司的相关活动，以及掌握以正确方式参与并对机遇和察觉到的威胁做出反应所需要的技巧。

追究声誉风险的源头，一般都是消费者对有缺陷的产品、糟糕的服务或者恶劣的客户服务产生不满，而这些问题完全可以得到控制甚至可以避免。在危机发生之前便将其解决，这是事故处理的第一阶段。事故处理的第二阶段即危机发生之时，这需要通过培训、授权和监控员工，当场确认和解决问题，立即解决问题并能够将消费者负面的体验转化为正面体验。事故处理的第三阶段即危机发生之后，这部分危机的解决需要企业或机构实施在线监控。

当社会化媒体上出现有关企业或机构的负面消息时，首先要判断这个消息是否属实。若属实，不能删帖，不能回避，要与消费者立即对问题做出反应，诚恳地承认错误，并及时反馈更多信息。同时，要与消费者保持有关问题的沟通，积极回应问题，解释调查的方法，在更多信息可用时立刻传达。对于希望私下与公司交流其忧虑、意见、问题和建议的人，应该建立新的沟通渠道，让个体消费者合理的诉求得到公司的解决。在处理这些问题的同时还可以利用搜索引擎和社会化媒体的优化功能将负面影响降到最低。若该负面消息不属实，则可以联络帖子的作者要求删帖或诉诸法律。

一、微博在社会化媒体营销中的应用

（一）制定微博营销方案：为微博营销找到方向与目标

同传统的营销方式一样，微博营销必须在开展之前制订方案与计划。微博营销是企业营销的一部分，依赖企业的整体营销战略而存在。因此，微博营销方案的制订应该保持这种一致性，以企业的整体营销目标为依据，满足微博营销需要的同时，也能促进企业整体目标的实现。

制订计划之前，企业首先需要进行大量的准备工作，其中最重要的是对开展营销活动的目标人群有所认识并进行主动选择，这是营销的基本常识。通过微博对目标客户和潜在消费者进行认定是一门学问，微博与传统媒体相比最大的好处是，企业能通过它直接、清楚地看到消费者的所思所想，看到不同于目的性较强的传统商业调研背后消费者自然的活动状态。传统市场调研中，消费者可能表现得与日常行为不一致，心理学认为这是人们在复杂情景当中的一种自然趋向性反应，消费者在心理上会出现一种"为了完成调查问卷而填写调查问卷"的情况，因此相比普通问卷调研的数据，微博更能真实反映消费者的相关状况。事实上，微博用户都有体会，如果长期观察一个人的微博发言，很容易确定他的知识范围、喜好、社会地位甚至个性等信息，这对营销者来说，都是研究消费者行为、获取潜在消费者信息的机会。当然，这只是潜在的机会，有待进一步深入讨论。因为微博功能化的趋势有放大某个人某方面爱好或者倾向性的嫌疑，这一点尤其值得注意。

每个用户的发言千差万别，使用微博的习惯也各不相同。企业进行微博营销如果要做到精准的定位和信息投放，仅仅对微博用户进行这种年龄范围的粗放定位和划分是远远不够的，微博提供给我们直观可参考的信息也远远不止这些。如何从几百万上千万的用户中去定位企业的目标客户，以下几个指标需要着重考虑：关注数、粉丝数和微博数。

（二）微博营销的内容策略

最近在和一些企业进行交流的时候，被问得最多的问题就是微博应该写些什么内容。这个问题并不能用简单的一两句话来回答。新浪的草根微博中，排在前十名的微博中有超过一半的是靠内容取胜，这在一定程度上体现出微博运营中内容选取和整合方面的一些原则。

1.运用内容策略的原则

（1）趣味性

为什么草根名博中排在前三位的都是搞笑的内容？因为用户喜欢看有趣的内容来放松自己。企业在进行微博营销时，要把内容做得有趣，这是最基本的原则。当然，这里所讲的趣味性，并不单单指发一些笑话之类的内容，而是要为用户创造一些有价值、有意思、有创意的内容。一旦企业微博中的内容趣味性强，自然能受到用户的喜爱和追捧。

趣味性强的微博，更容易吸引广大用户的关注。趣味性并不单单指好玩儿，而是能够让用户在阅读的过程中学到知识、感受到快乐。只有用户通过企业的微博感受到快乐，他们才会长期关注这一微博。

增加微博的趣味性能够在很大程度上让更多的用户参与进来，这一点对企业品牌的推广和宣传有重要作用，也是微博营销中最为基础的环节。

（2）实用性

现代人做任何事情最基本的原则就是实用性。在进行微博营销的时候，所写的内容要对用户有一定的帮助。对普通用户来说，他们更加关注对于自己有帮助的信息。比如关于育儿或健康的微博内容，用户一般会转发或评论。

这些实用的微博之所以能得到用户的关注，是因为它们为用户提供了一些切实可用的知识，这些知识和技巧能够运用到他们的生活中。比如：在夏天的时候发一条夏日美白的10个技巧，用户就会感到很实用；在冬天的时候发一条防止冻伤的8个需注意的事项，用户同样会觉得有用。只有用户感觉微博内容有价值，才会进行转发或评论。

（3）相关性

发布微博可以看成是与用户的交谈，但并不是毫无目的的交谈。微博的内容要与自己的品牌、产品、行业属性等各方面内容有相关性。如果不具备相关性，再幽默、再好玩的微博也不会有太多的用户关注。

在微博中，企业转载几个冷笑话、几篇星座运势，确实能吸引一批用户。可是，这些对品牌的推广有多大帮助呢？如果忽略了品牌的相关性，单纯追求粉丝数量，就背离了微博营销的初衷。

在发布微博的时候，要注意考虑用户的需求，找到自己要传达的信息与用户兴趣点的交集，保证发布内容的相关性，这样才能达到营销效果。在这个信息爆炸的时代，只要打开网络，铺天盖地的信息就会扑面而来，用户会感觉像在大海中游泳一般，面对泛滥的信息，他们在选择上更加困难。

因此，企业在进行微博营销的时候，要注重微博内容与自身企业的相关性，每条微博都要和自己的企业有关系，不能泛泛而谈。记住，只说相关内容，把自己的微博打造成相关领域的权威。

（4）多元化

每个用户都有自己的爱好，有的喜欢看视频，有的喜欢看文字，有的则喜欢看图片。所以，企业在做微博内容的时候要从多个角度考虑，尽可能多地为用户提供多样化的内容形式。在发布的微博中，能拍成视频的就拍成视频，能做成图片的就做成图片。这样，当用户看到企业的微博上既有图片，又有视频，还有实用的文字时，他们自然会愿意成为这个微博的粉丝。

如果不同的用户能够在企业的微博上各取所需，那他们就会频频光临企业的微博。我们随便点开一个热门话题，发现那些评论和转发最多的大多是图文并茂甚至是有视频的微博。

对一些企业来说，如果他们某一方面有天然的优势，就可以充分发挥这一优势来吸引用户。比如旅游类企业可以在微博上发布景点的照片，服装类企业可以在微博上发布漂亮的衣服，汽车类企业可以在微博上发布汽车的图片。要知道，漂亮的图片比优美的文字更能打动用户，更能吸引他们的目光。

（5）有序性

想让微博变得有序，就要从细节做起。如果把别人忽略的地方做好了，就能为企业带来巨大的方便和关注度。比如大多数人对微博的标签并不是很在意，可是，在很多情况下，一条微博往往不能说明一件事情，如果不用标签把微博内容串接起来，用户得到的信息就不完整。而且，用户在搜索微博的时候，可能会因为标签而发现企业的微博。

另外，在微博的内容上也要注意有序性。前段时间，笔者看到一个酷爱旅游的朋友发布的微博，他几乎每天都发布一张或几张照片，照片上有的是蓝天，有的是绿水，有的是名胜古迹。但由于他拍到什么发什么，使得他发布的微博看上去杂乱无章。虽然图片很美，但得到的转发和评论并不多。于是，笔者建议他把图片按类别集中在一起进行发布，这样看上去会井然有序。他采纳了建议，把拍到的蓝天整合成一张图片，把拍到的绿水整合成一张图片，把各种名胜古迹集中在一起发布。不到半个小时，他的微博就得到了很多网友的评论和转发。

可见，让企业的内容变得有序，能够在很大程度上吸引更多的用户。

以上五点是微博内容选取和整合的五个原则，是判断和评估微博内容的依据。当企业在发布微博的时候，要注意遵守上述五个原则。这样才能得到更多用户的关注。

对微博营销而言，方式固然重要，内容却是基础。如果一心想着靠形式吸引用户转发和评论，就很难把营销活动做出效果。因此，任何形式和手段，都必须有优质内容作为依托。

2. 应涉及的内容

根据具体发布内容的不同，本书将企业微博发布的信息总结为以下几种。

（1）企业的产品信息

企业的产品信息用户需要吗？答案是肯定的。用户在购买某项产品之前，自然希望对该产品能有更详尽的了解。现在人们逐渐习惯了通过网络了解更多的产品信息，相对于其他渠道，用户也更倾向于可信任的官方信息——企业微博就提供了这样一个良好的平台。当然，单纯的产品信息介绍有做广告的嫌疑，企业在发布的时候要注意言辞和时机，也可以适当结合其他类型的信息。当需要表达有关产品或商业元素时，要融合趣味性、知识性或者启发性。

（2）企业对外发布的企业相关新闻

企业通常会有一些重要信息需要传递给大众，这些消息包括企业的日常经营事务、涉及大众利益的公共事务，甚至有关企业内部领导层的变动等。大型企业一般有自己的新闻发言人，通过媒体发布企业的权威消息。然而小企业难以做到这一点。及时发布那些并非机密的企业内部信息，有助于加深用户对企业的认识，从而使企业更容易得到用户的信任。国家机关最近也掀起了注册微博的热潮，将微博作为信息公开和交流的平台。

在重要信息的发布上，良好的运作可以给企业带来一种可以信任和权威的形象。这也是使用户对企业微博建立信任的重要组成部分。

企业在公开相关信息的时候应该注意词句的选用。对于重要的信息，要注意表现出正式和权威，但是在平时的沟通中则要尽量友善和真诚，尤其是出现突发危机、微博上大量流传关于企业的负面新闻时，企业所发布的信息不能"高高在上"、一味为自己辩解，内容要展现出企业的责任感，以用户的利益为重，言辞要尽量谦逊，并且可适当交由第三方信用机构解释和评定。

（3）企业行业有关的信息

在企业进行微博营销的时候，最应防止出现的情况是把自己的微博界面变成一个企业的广告栏。只有发布多元化的信息，才能够使企业的微博有更强的吸引力。发布一些和企业有关的行业信息，可以使用户把企业的微博作为一个更广泛的信息获取渠道，如IT产品企业可以在微博上介绍业界的最新科技发展成果，房产企业可以在微博上及时发布国家关于房地产业的政策变动，服装企业可以介绍最新的时尚流行资讯等。当然，此类信息的发布要控制在一定的比例内，发布过多会使企业微博失去重心，反而影响微博营销效果。

（4）与企业相关的娱乐信息

在全民娱乐的时代，无论是从传播度来说，还是关注度来说，娱乐信息在微博上都具有绝对的领先地位。娱乐明星微博以及发布"冷笑话"和各种趣闻的草根微博，占据了用户大部分的关注视野。此时，恰当地利用娱乐信息，可以使企业微博知名度得到跨越式提升，也会对企业微博营销有极大的帮助。

（三）微博营销的互动策略

在明确了开通微博的目的，知道了内容如何规划之后，接下来就是具体的营销执行了。微博营销的核心点就是最大程度地互动。

要知道，微博不同于企业的官方网站，不是建立后就一劳永逸的。一家公司的官方网站就像公司自己的小花园一样，要通过精心设计来吸引用户的访问。微博却不是这样，它更像一个没有围墙的花园，用户可以足不出户就感受到你花园里的美景。如果你做得足够吸引人，他们会愿意关注你，并接收来自你的信息。

在这个过程中，内容的设计是基础，达成沟通的核心是互动。那么，如何通过微博更好地与用户互动呢？

1.开展活动

很多时候，仅仅依靠企业单纯的单向信息传递很难引起用户的兴趣。为了吸引更多的眼球、获取更多的关注，企业在进行微博营销的时候要考虑开展一些趣味性的有奖活动。活动主要是通过奖品效应和明星效应激发用户的参与主动性，从而达到企业期望的信息传播目的。

使用奖品吸引关注的具体操作方法一般是企业首先在微博上公布活动的参与办法和抽奖模式。例如，企业规定对某一条微博进行评论并且转发"三个以上"好友的用户，即可获得参与抽奖的资格。然后规定一个抽奖方法和截止时间，按部就班地进行。这是目前国内的微博平台上最为常见的互动方式，大多数人对于这类信息经常是抱着"试试看"的态度，认为参与基本不需要付出成本，也不会带来任何损失。但是随着抽奖诈骗的发生及各类抽奖信息集体轰炸导致的审美疲劳，人们对此也逐渐开始理性地对待。而且普通用户频繁转发企业的抽奖信息，也可能会引起关注者的反感，从而使自己粉丝数减少，担心此类情况发生的用户对于这类信息的转发可能更加谨慎。因此，这种活动虽然见效快、反应强烈，能给企业迅速增加大量粉丝、带来高的评论和转发数量，但也存在着持续性差、信息传递不到位的缺点。人们可能更多地去关注奖品而忽略了企业真正想传达的信息，在抽奖活动结束之后就取消了对企业的关注，使得活动达不到预期效果。

企业和明星合作在微博平台上开展活动也是微博营销常见的方式。明星的高关注度可以使企业的营销信息得到广泛的传播和关注，而且从我国微博现在的发展情况来看，整个微博关注度排行榜上，明星占据了排名靠前部分的半壁江山，时尚类产品的推广和明星合作获得好效果的例子也较多。

2.关注他人

在规划微博定位和设计内容的时候，微博的运营者就要明白自己想要吸引哪种类型的用户，接下来就要通过互动来找到这些用户并找到与他们进行沟通的方式。

如果单纯地在微博上发布内容，就相当于在自己家的花园中孤芳自赏，别人自然不会关注你。想要别人关注你，首先就要去主动关注别人。

比如，想要吸引女性白领，就可以在加班的时候发一条关于加班的关怀内容，并表示出自己的关心。然后，搜索并选择一些粉丝数量较多、较活跃的女性进行关注，当她们发现自己多了一位粉丝之后自然会点击页面，她们发现你的微博内容很贴心，会很自然地和你互相关注，并转发你的微博。

可见，在进行微博互动的时候，先要主动去关注别人，这样才能吸引更多的人来关注你。当关注你的人达到一定数量的时候，你用微博进行营销，成功的概率就会大大提升。

3.及时回复

当用户需要你的时候，你要成为一顶降落伞，哪里需要就在哪里降落。如果你忽略或怠慢了用户，他们就可能再也不需要你了。微博的碎片化特征决定了信息的时效性，对这些时效性强的信息需要高度关注，以便即时和用户进行互动。

试想，对于一家承诺着客户服务品牌的微博，用户发出信息后，这家公司出于慎重，层层上报，开会讨论，研究方案，十几天才做出回复，这个时候用户早已经因为得不到回复离你而去了。

最好的方式就是用户反映了问题之后，在第一时间就对他们进行回复。这需要微博运营者随时坐在电脑前，关注并解决客户提出的问题，反应速度要快，回复问题要及时。当企业能做到及时回复用户的每个问题时，才能得到用户的信赖。

这样，用户的忠诚度不但会增加，他们还会介绍更多的用户关注这家企业，这等于为企业打了一次免费广告。企业从而会得到更多的用户。这样良性循环下去，积累的优质用户会越来越多，企业从中获得的价值也会越来越大。

4.注重发布时机

在使用微博进行营销的时候，发布微博的时机也特别重要。在这里需要特别强调一点，就是要善于利用非工作时间，因为你的用户并不是只有工作时间才使用微博，一般情况下，多数用户工作繁忙，工作时间无暇上微博，只会在工作之外的时间登录微博。

对于大多数用户来说，登录微博的时间通常是在下班的路上、吃饭前的空闲时间、周末在家休息的时候。这个时候的用户比较悠闲，比较容易接触。

在这个时候，微博运营者就要抓住用户的兴趣点，想办法吸引用户的目光，并让他们参与到互动中来。这样既帮他们打发了时间，又能增进彼此的感情，最重要的是还能收获用户对品牌的好感。

微博的发布时间在微博营销中占有十分重要的地位。当然，这一切的前提是微博拥有完整的营销内容。当你设计好了内容，并且这些内容足以吸引用户的目光，接下来就是选择发布时间的问题了。如果你能选择好发布时间，会受到用户井喷式的访问。这对推广和宣传公司的品牌大有裨益。

5. 调查与反馈

互动并不仅指企业利用奖品和明星来吸引消费者的注意力，以提高其评论、转发积极性的活动过程，互动也可以是企业利用其品牌影响力来带动忠实拥护者对某个主题的积极参与，从而引发更广泛的讨论；也可以是企业就某个问题同用户进行深入的访谈和讨论；也可以是企业对某个问题向广大的微博用户征集意见和方案。通常，知名企业注册的微博一般都会引来其忠实爱好者的关注，他们是企业进行微博营销信息传递的强大助力。企业可以利用这种优势，开展一些和品牌有关的开发、设计、销售等活动，让粉丝们真正投入到企业的微博营销中，让其感受到一种品牌归属感和参与感。

当然，这里所指的企业调查并不一定出于获得某种信息的需要，还可以把它看作同用户进行沟通的一次机遇。平常这样的机会很少，企业就要主动在微博上创造这种机遇，以期同更多潜在的消费者"邂逅"。

企业在微博上进行营销并不是一定要说自己的产品。企业可以适当改变自己对普通微博用户的定位，把他们从顾客、潜在顾客变为自己的朋友，而朋友间的话题并没有一定的局限，只要有利于促进和顾客的关系，可以涉及任何合礼合法的内容。当然，话题也要有所关联，要避免给人"没话找话说"的感觉。

"投票"是微博上一个很有用的功能，由于用户基数庞大，通过投票，用户通常可以获得各个领域的广泛信息。但是，投票有几个注意事项：第一，要有话题性，投票的内容要贴近用户的生活，让用户有主动抒发意见的基础；第二，要有一些趣味性，过于死板和专业的话题通常很少有人关注，获得的信息反馈效果也就很差。投票可以就企业想了解的某个问题进行设置，也可以就企业或者行业自身存在的问题向用户征询意见。

问题问完了，投票也投过了，企业是否就完成互动了呢？答案显然是否定的。互动并不是一个简单的两回合制，双方一人"过一招"就结束了。企业要将微博作为一个持续交流的平台，这种互动是一个你来我往的良性循环机制。对于从调查和投票中获得的信息，做出正确和恰当的回应是互动策略中一个十分重要的环节。例如，对于用户提出的关于企业不足之处的批评，谦虚地接受并表示企业整改的决心，这能让用户有受到重视和尊重的感觉，这是培养用户黏性的重要因素，而这些因素通过其他途径是很难建立的。

一、微信在社会化媒体营销中的应用

（一）问答营销的概念

问答营销是借助于问答社区进行口碑营销的一种网络营销方式。问答营销是近两年比较热门的新型营销方式，是企业鉴于第三方口碑而创建的网络营销方式之一。问答营销方式既能与潜在消费者产生互动，又能植入商家广告，是做品牌口碑营销的不错的营销方式之一。

目前国内比较知名的问答社区有百度知道、天涯问答、搜搜问问、爱问知识人、雅虎知识堂、搜狗问问等。

（二）问答营销的特点

问答营销具备以下几个特点。

1.针对性

问答本身便具有针对某些问题的特点，所以有助于调动目标客户群体的积极性，使得更多的目标客户群体参与进来。

2.广泛性

问答营销中，每一个有价值的问题总会引来不同的人进行讨论，而企业的品牌影响可以在这种讨论中逐渐增强。

3.互动性

问答营销可以有效地补充企业官网内容的相对不足，通过与读者互动，增强营销推广的针对性与广泛性。

4.可控性

在问答营销中，企业可以通过相应的平台与媒介对一些评论进行审核，从而进行一定控制，使得那些重复、不符合规则的评论被屏蔽，有利于保证问答的内容更加健康。

5.媒介性

比如我们可以把相关文章或者问题发到一些大型问答网站上，然后借助这些媒介，使得阅读到我们文章及问题的人可以不同程度地了解我们的企业及产品的信息，从而在一定程度上起到推动营销的作用。

（三）问答营销的问答方式

1.自问自答

这种方式需要在各个问答社区注册大量的ID马甲，也需频繁地更换新马甲，防止自己所提问和回答的内容被删或被举报为广告。

2.选题作答

此种方式需要平时多关注与所需关键词相关的问题和受众行业人群的提问，在回答的内容上需注意精练且隐藏营销的内容，巧妙回答很容易被提问者采纳，从而为自己的马甲加分。此种方式也需要频繁地更换马甲，否则回答很难避免被删或被举报。

3.只提不答

此种方式的侧重点在于问题的设计。设计的问题主要可以分为企业信息类、产品概念功能类、顾客症状需求类、销售信息类（渠道信息、促销信息）、对比询问类。此种方式的优势是提问可带链接，按顾客需求而设计的提问效果最好。

（四）问答营销的实施技巧

1.选取关键字

做搜索问答推广，首先必须要明确我们要推广的是哪些关键字。选择正确合理的关键字，会让问答营销更具有穿透力和目的性。

2.注册问答平台的账户

这种营销方式需要不断地更换ID，所以需要注册很多的账号。但需注意的是，问答推广分为两个阶段：第一个阶段，我们需要大量的账号，频繁地更换账号来提问或问答，但是有一条，提问账号与问答账号要分开，不要既提问又回答，否则不便于账号的管理。第二个阶段，我们前期做了很多的工作，各个账号中积累了很多的积分，接下来就需要将这些账号的积分汇总到几个账号里，为的是得到几个高等级的账号，因为高等级的账号可以让问答的权重更高、更有力度，推广的效果更好。

3.设计问题和答案

在此种营销方式中，最常见的方式为自问自答。需要事先设计好关键字的位置、提问的方式和关键字的布局数量，当然如果有网友提供了更好的答案，我们也可以采纳。

我们在设计问答的过程中，很容易失去方向，同样的提问方式会出现很多次，这样就是语竭词穷的结果。能够使用不同的方式对同一个点进行提问是一种很重要的能力，这需要一定的文字感觉和基础，新手们在这个环节一定要好好地研究。

设计问题的技巧主要有以下几种：

（1）简单模式：根据自身的条件进行提问。

（2）联想法：也叫衍生法，根据行业的特点衍生出更多的问题。

（3）事件法：在事件前后分别作问答推广。

（4）主动发难法：在行业内，难免会遇到竞争对手的栽赃陷害，或者遇到公关危机，所以要掌握主动权。

另外，一个完整的问答包括题目、补充问题、答案、参考资料、评价五部分，所以在植入关键字的时候，在这五部分都应该植入关键字。

4.发布问题

不同的平台有不同的审核标准，审核尤其严格的是新浪爱问平台，所以新浪爱问里的信息质量比较高。审核不严格的是天涯问答，里面充斥了大量的垃圾广告，没有人去管理，这不仅让提问的网友很烦，也让回答的网友很烦。不规范的管理会让平台失去更多的网友和浏览量。

发布问题的技巧主要有以下两个。

（1）给予奖励积分

天涯平台是必须给予奖励积分的，最低是5分；而有些平台没有规定，由用户自己决定是否给予奖励积分；有些平台则没有积分奖励。

很多人会觉得反正是自问自答，给不给积分都行。其实不是这样的，如果回答的人多了，企业的这个问题的权重会增加，浏览量也就上去了，所以建议给予奖励积分，最低10分，当然也不能太高，太高的话会让管理员起疑心，认为是在转积分而封掉该账号。

（2）把握补充问题

设计的问题可以很简单，但是补充问题必须要写，而且要多写，要养成这个良好的习惯，这不仅仅是为了满足新浪爱问这样的具有严格审核标准的平台的审核需要，还是为了利用补充问题进行深入推广，不可以忽略掉。

5.回答问题

选择回答账号，用事先设计好的答案回答问题。

6.关闭问题并反馈

这一步就很简单了，把自己的回答设置成最佳答案。关闭平台后，把该问题的链接整理到相应的文档里，做好备案。

（五）问答营销的实施作用

第一，实施问答营销可以充分地补充企业网站内容的不足，也能让读者扩大知识面，这种方式不仅收到了针对性效果，还能收到广泛性效果。

第二，问答可以针对某个目标群体，根据群体的特点选择关注的焦点，充分调动这个人群的力量，从而收到具有针对性的效果。回答也可以针对话题做讨论，让更多的人参与，以收到整合人群的效果。

第三，问答营销本身的特点决定了问答营销的广泛性。一个问题或一个事件可以引来不同人群的讨论或评价，好的建议往往从问答中得到。

第四，我们可以通过文章或者问题的形式在各大平台或者媒体投稿，只要稿件通过或者是问题通过，就可以借助媒介达到更好的效果。比如，企业是做发电机的，可以把发电机的技术指标在相关的论坛发布，那里会有很多高级工程师，可以从他们的评论和回答中借鉴经验。

第五，如果企业是做平台或者是做媒介的，评论可以通过审核的方式来控制，去除重复的、不符合规定的评论，从而达到对读者有益、让内容健康的效果。

三、百科营销在社会化媒体营销中的应用

（一）百科营销的定义

所谓百科营销，就是借助百科知识传播，将企业所拥有的对用户有价值的信息（包括行业知识、产品信息、专业研究、企业文化以及经营理念等）传递给潜在用户，并使其逐渐形成对企业品牌和产品的认知，最终将潜在用户转化为用户的过程。目前，比较著名的百科网站有维基百科、互动百科、百度百科、360 百科等。可以说，百科不仅是工具书，更是一种知识性的营销媒体。[1]

（二）百科营销的优势

百科营销在营销体系中主要有以下几点优势。

1.百科营销是深度营销

传统广告营销比较依赖广告的"狂轰滥炸"，这使得受众对传统广告推广方式的排斥心理越来越强。相对来说，百科通过传播知识来传递一种营销理念，突破了传统营销的思维模式，是一种绿色的营销方式。百科营销改变了人们过去对企业与产品的物化认知，强调了产品的知识属性，无形当中挖掘了产品的内在价值，因此是一种深度营销。

2.利用百科提升品牌形象

相对于新闻、论坛、博客、SNS（社交网络服务）等网络内容来说，很多网民查找相关概念时会比较倾向于查看百科里的介绍。所以，百科在网民心目中的公信力和权威性是比较高的。正因如此，百科也被认为是互联网上的"定义媒体"。可以说，谁拥有了百科词条，谁就拥有了更好的品牌形象。

---

[1] 王浩.企业网络营销实战宝典及决胜攻略 [M].北京：北京时代华文书局，2015.

3.利用百科传递权重

网站权重是由搜索引擎给网站（或网页）赋予一定的权威值，因而提高网站权重，不仅利于网站在搜索引擎中的排名，还能提高整个网站的流量与信任度。相比较来说，百科内容的权重一般比较高，把企业的链接放在这样的页面中，能够潜移默化地提高企业网站的权重。

4.向精准人群提高企业的知名度

百科营销不同于其他营销方式的一个显著特点是，网民如果需要重点了解某些概念，通常会主动在搜索引擎中搜索这些概念。这样，凡是看到百科词条的，一般都是产品潜在的精准客户人群。从这个角度上看，百科营销是成本极为低廉的营销方式。

百科营销作为一种绿色的知识传播性营销方式，它的核心是内容的质量。因此，百科词条的内容要足够丰富、可用，具备一定的公益性，不能变成纯粹的广告，否则就会失去百科营销的意义。毕竟每个人都希望获得更多的知识来服务于生活，如果这些知识是公益性的科普知识，就能够作为润滑剂，来有效拉近商家与顾客之间的距离。所以，内容的实用性很重要，是知识营销成败的关键。

因此，百科营销人员在收集知识、编辑知识的时候，一定要真心投入、用心编辑。这样，营销人员才能以优质的内容吸引众多潜在顾客的注意。

（三）百科营销的主要形式

1.词媒体营销

词媒体的代表就是"词条"了。"词"自古以来就是信息传播中最为浓缩的因子。比如，我们平时说的"80后""90后"这些词就鲜明地代表了一个时代或一种人群。这在企业营销中仍然有重要的作用，举例来说，苹果公司就很注重词媒体营销，很少有人记得苹果公司所做的广告，但苹果公司给大家创造的"iPod""iPhone""iPad"等词却给人们留下了深刻的印象，具有很强的营销穿透力。

2.企业百科营销

如前所述，百科媒体具有树立企业比较权威的定义权，所以企业的品牌可以以百科知识的形式进行权威表述。举例来说，企业推广产品时用的一些"广告语"，大家看后未必会信，但如果从百科中也看到该企业简介中的这条"广告语"，感受就会大不一样，人们会觉得该"广告语"是企业自身属性的一部分，从而改善对该广告语的认识。可见，在百科中进行企业简介，并融入企业相关的广告语，将具备独特的作用。

3.行业百科营销

任何行业、任何产品都是一个细分的知识库，顾客在选购商品的时候通常会更加青睐产品所属行业中的优质企业。基于此，企业在进行百科营销时，可以积极支持行业百科的建设，并在百科中为消费者答疑解惑，这有助于确立企业在行业中的领军地位。假如顾客搜索某一个行业，在对这个行业的介绍中就能够出现本企业的名字，这在一定程度上能够增强顾客对企业的好感。

4. 特色百科营销

在百科营销中，还有些特色百科营销吸引人们的注意，如一些地方关于本地介绍的百科建设、名人百科建设、企业家姓名百科建设等，都可以作为企业进行百科营销的阵地。

（四）百科营销的手段

1. 企业首先要为自己建立一个"企业百科"

无论企业的历史是否悠久、企业的品牌影响力有多大，一个正规的企业介绍文档总是被消费者作为重点参考的。在这里，很多企业会重视企业网站的宣传作用，但相对来说，企业网站传播的内容毕竟是"一家之言"，在顾客看来，公信力和权威性稍微弱些，但顾客从百科知识中获得对该企业的认识后，信任度会在一定程度上得到提高。

因此，企业可以在百科媒体上创建自己的企业百科。创建时既可以用词条形式，也可以用小百科形式，然后把企业网站的简介部分直接连接到百科媒体，从而获得更大程度的权威证明。

2. 适当投资于行业百科

表面看来，企业投资于行业百科，仿佛是企业在花自己的钱为整个行业服务。其实，无论哪个企业，只有先把自己放在行业代表的位置上，才能逐渐成为本行业的佼佼者。

因此，企业不仅要投入一定资金，还要用心进行行业百科的编辑，在建设一个行业百科时，以行家的身份参与内容建设，并亲自回答用户关心的问题。

3. 适时推出新产品、新概念

由于产品逐渐趋于同质化，当今的市场竞争日益激烈，不断创新已经成为各个企业的共识。在这种情况下，企业只要有创新的举动或理念，就需要向用户诉说，彰显出自己的差异性。因此，企业应当选择适当的时机，在百科中创造相应的产品概念，这在一定程度上可以增加产品的影响力。

（五）进行百科营销的注意事项

有些企业进行百科营销时，只是直接将公司名称创建为百科词条或小百科，这是不够的，还需要进一步完善，因为用户通常是按自己的需求进行查询，所以，企业应该紧紧把握行业信息、生活知识，这是百科营销的前提；在撰写百科时，由于这是一种知识性的营销方式，要给人权威、客观、中立的感觉，所以在百科中一般不要加入广告，否则会让阅读者感到不信任甚至厌恶；在撰写百科时，要掌握知识量的投放，如果知识过于深奥，读者就难以理解和消化，要是过于简单，又会让读者觉得有些浅陋，所以百科营销讲究"简而精"，越简单易懂越好，越精越好。

第七章 "互联网+"背景下的搜索引擎营销

第一节 搜索引擎营销概述

一、搜索引擎营销的工作原理

搜索引擎营销（SEM）是一种以搜索引擎作为平台，利用互联网用户使用搜索引擎来获取信息机会，使企业的产品信息能够作为最大目标被客户搜索，增加潜在用户的数量。搜索引擎的营销目标是通过搜索引擎搜索结果，增强企业网站和品牌知名度，寻求最佳营销模式。在广义上，只要基于搜索引擎的营销计划就是搜索引擎营销的一部分。其最大的优点是能够产生较高商业价值，因此其逐渐成为广泛使用的营销模式。

企业使用搜索引擎实现营销目标的过程是：首先，企业产品推广信息在网站上公布，形成网页形式的信息来源；然后，企业营销人员使用各种搜索引擎来满足自己的需求，促进网站URL包含在主要搜索引擎中，并尝试将其放在页面顶部；之后，用户进行关键字搜索，并查询条件匹配索引信息及其链接URL，以便在搜索引擎页面上显示；最后，用户访问和查询结果，根据自己的偏好和需求选择对自己有价值的信息，然后点击URL链接进行访问。企业搜索引擎营销的全过程将企业、搜索引擎和用户三者有机地结合在一起。

总之，搜索引擎营销是搜索引擎工作原理的一个环节，企业和互联网用户进行连接，最终既可以达到企业的营销目标，又可以满足用户的需求。[①]

---

① 陈怡.企业搜索引擎营销的决策模型及其应用研究[D].开封：河南大学，2014.

二、搜索引擎营销的特征

与传统网络营销模式相比，搜索引擎营销能够在激烈的市场环境中快速发展壮大，这是由于其具有独特的优势。

（一）进入门槛低，性价比高

由于搜索引擎是无限制、平等的推广平台，比较容易进入，且搜索引擎的使用不受企业规模、品牌实力、品牌知名度的限制。所以任何企业在搜索引擎营销中，只要推广适当，它们就有机会在搜索结果中位列推广信息中的第一。另外，利用搜索引擎网站来宣传，广告少，效率更高。

（二）定位精度

搜索引擎将用户的 Web 浏览点击行为和其他信息记录在自己的索引数据库中，并根据不同的标准将其分为不同的类别。企业在实施搜索引擎营销时，应根据产品对应的目标人群的需求选择搜索引擎，使营销目标的定位更加准确。在广告营销方面，企业通过关键字广告的方式吸引使用关键字搜索用户，而那些没有检索关键字的用户看不到这些广告信息，所以公司的促销信息应尽可能准确地让潜在客户看到。此外，应针对内容定位广告，搜索引擎将根据用户在互联网上的点击行为对广告进行排序，并在用户搜索关键字时匹配广告。在实施搜索引擎营销时，要保证用户可以根据自己的需求和业务发展，更准确地检索信息，然后点击最高匹配页面，使用户的目的更加清晰，以便达到提高营销效果的目的。

（三）广泛应用

今天，搜索引擎是用户访问信息和过滤信息最直接有效的方式。一方面，用户通过搜索引擎快速方便地访问所需的信息；另一方面，搜索引擎通过特定的程序和技术，尽可能让用户的检索结果和他们的搜索需求更多地匹配。搜索引擎营销已逐渐成为各类企业营销策略的重要组成部分。

（四）观众独立选择，信誉度高

搜索引擎营销是以用户为中心的网络营销，营销结果与用户的搜索行为和点击行为有很大的关系。在这个过程中，企业是被动的，搜索者是活跃的，也就是说用户在使用搜索引擎浏览网页、各种广告时得到的搜寻结果是相对独立的，企业无法控制用户的选择结果。正是由于用户搜索行为的主动性，其对企业搜索引擎广告的信任度也将会更高。

（五）用户主动查询，针对性强

搜索引擎被互联网用户作为信息检索工具广泛应用，在"眼球经济"时代，搜索引擎作为网络营销的平台肯定会取得良好的效果。而企业实现搜索引擎营销目标的一个重要前提是将信息在搜索结果中尽可能地提前。搜索引擎营销不仅不受时间、空间、地域限制，而且成本低、目标明确，这些都是传统营销模式无法比拟的。因此，越来越多的企业采用搜索引擎进行营销并从中获利。

第二节　搜索引擎营销决策的影响因素分析

一、搜索引擎营销的外部因素分析

外部因素是对企业的战略决策和生产经营产生直接或间接影响的一系列因素。本书将从政治法律因素、经济因素、社会文化因素和技术因素四个方面研究影响搜索引擎营销的外部因素。

（一）政治法律因素

政治法律因素是指影响企业经营的现有和潜在的政治力量，限制和要求经营活动的各种法律法规。特别是政治因素包括国家和地区政治稳定；国家和政府的政策以及这些政策的连续性。这些政策主要包括产业政策、税收政策和政府补贴政策。企业在搜索引擎营销过程中，不仅要考虑到国家和地区的宏观经济政策，而且还要重点关注两个方面：一是利用搜索引擎推广的产品要与国家推广产品的网络型号和质量等要求一致；二是企业的搜索引擎广告要符合国家有关广告在互联网上推广的各项政策法规。

（二）经济因素

经济因素是指影响商业活动实施的一些宏观经济指标。企业在搜索引擎营销活动中，不仅需要注意国家宏观经济政策和经济发展趋势，而且要准确把握互联网经济和搜索引擎营销市场的发展现状和前景。具体来说，当互联网经济状况良好时，企业可以加大搜索引擎营销策略的实施力度，实现市场拓展，增加销售额，获得更多的利润。相反，在互联网衰退期间，为了避免风险，为了防止企业利润下降，企业将根据自身情况适当调整甚至放弃搜索引擎营销策略。

（三）社会文化因素

社会文化因素是指影响企业经营活动的社会背景和文化特征。互联网信息遍布全球，覆盖范围广泛，不受地域限制，因此企业搜索引擎营销将涉及不同地区。由于不同地区的文化差异，不同地区消费者的消费模式和购买偏好将不同。因此，实施企业搜索引擎营销，要充分考虑到该地区的社会、文化、人口等因素，制订有针对性、定位准确的搜索引擎营销策略。

（四）技术因素

技术因素是包括新技术、新方法或新产品等能帮助公司通过搜索引擎营销获得利润并实现战略目标的因素。搜索引擎营销是随着搜索引擎的发展而兴起的，因此搜索引擎技术的水平直接影响到搜索引擎营销策略的发展。具体来说，企业应从以下三个方面评估搜索引擎的技术水平：一是其功能和服务是否可以促进企业的快速、稳定发展；二是是否有利于企业的搜索引擎营销实现目标；三是新技术、新方法或新产品是否可以提高产品的市场份额，起到很好的作用。技术水平逐渐成为企业选择搜索引擎的重点。在这种情况下，搜索引擎公司必须不断更新和优化其搜索引擎技术，以获得企业的青睐。

二、企业广告预算及其影响因素分析

搜索引擎营销的一个重要部分是企业向搜索引擎发布产品宣传广告。当用户使用与企业广告主题相关的关键字搜索时，目标客户搜索可以使企业产品信息最大化，以增加潜在用户的数量。搜索引擎广告投放要解决的核心问题是在广告预算一定的情况下如何将资金合理分配在不同的搜索引擎上。因此，对搜索引擎营销决策有重大影响的内部因素是广告预算成本及其影响因素。

（一）企业广告预算的内涵

广告预算是企业广告的资本成本计划，包括广告费用总额、使用范围和分配方式。科学合理的广告预算是企业广告顺利进行的前提。广告预算是一个系统的项目，为企业的有效管理提供手段，以确保广告目标和业务营销的目标一致。制定合理有效的预算分配计划对于降低广告的费用并增加广告的经济效果非常有用。

广告预算规划在实施广告活动的过程中起着重要的作用。第一，科学合理的广告预算计划，可以使广告费与商业条件适应。对于企业来说，有必要在合理的范围内控制广告费用，以全面实施整体营销策略。确定预算，需要考虑企业生产和流通的规模。预算设置可以协调两者之间的关系。第二，通过广告预算，可以有效地评估广告效果的有效性。广告效果是指广告在多大程度上涉及广告的目标。由于预算明确规划，可以确定每个运动的成本与效果之间的关系，并比较运动的经济效益。第三，控制运动。广告商通过广告预算、广告支出、使用范围、经济利益来制订合理的计划。通过预算和绩效评估方法，企业可以有效地控制和管理广告，以确保企业的广告不偏离企业的业务营销目标。第四，广告的使用变得更为合理和有针对性。广告预算能确保广告费用合理化，避免随意使用广告资金造成的浪费。第五，能达到最佳的广告效果。通过广告预算，尽可能地利用资金和配置来做出系统的科学规划，确保有限的成本得到最大的收益。

（二）企业广告预算因素的影响

全面仔细考虑内外部业务发展，可以对有助于制定科学合理的广告预算的各方面因素产生直接或间接的影响。企业的广告受各种因素影响，这些因素也会对广告预算产生影响。

1. 市场因素

市场因素是指目标市场的范围、规模和趋势，目标市场的集中度，品牌的消费者群体和市场份额。这些因素将直接影响广告费用的分配。区域越集中，广告活动的投资越少，经济效益越高；相反，投资越多，效益越低。品牌的消费群体越好，市场份额越多，广告成本越低；相反，市场份额越小，广告费用越高。通过对这些市场元素的分析，可以在一定程度上将预算控制在合理的范围内。

2. 企业的广告目标

企业的广告目标，包括销售目标、信息传播目标和品牌形象目标。销售目标、销售收入、销售利润等因素将影响广告预算的高低。产品的销售方面，销售和利润率越高，广告预算越高。广告目标的差异也可能导致不同的广告预算。一般来说，增加市场份额的广告目标比提升品牌知名度的广告目标导致的广告预算高。

3. 企业实力

企业的实力不仅指有形实力，也指无形实力。有形实力指企业的财务实力和生产能力；无形实力包括企业的技术水平、管理水平、销售能力和员工综合能力。其中，企业的财务实力是企业实力最重要的部分。经营情况良好的企业财务实力雄厚，广告支出也较高。相反，如果企业的财务实力不好，广告预算就会减少，从而影响产品市场份额的增加。广告费用越高，经济效益就越高。但是，过多的广告费用会导致企业资金的浪费，增加成本负担，不利于实现良好的广告效果。

4. 竞争对手的实力

竞争对手实施的广告策略直接影响企业的广告策略。在竞争激烈的广告活动中，在市场竞争激烈的情况下，企业为了吸引更多的客户，占有更多的市场份额，就必须投入更多的广告资金来提升竞争实力。如搜索引擎广告中的竞价排名，排名越高，成本越高，所以企业为了使自己的营销信息在更显著和有利的位置吸引更多的用户，就必须不断增加广告成本。因此，企业如果希望自己的预算水平在市场上更具竞争优势，就有必要了解竞争对手的综合实力、市场份额、广告成本等。

评估竞争对手的实力通常使用两个目标：媒体份额（即企业广告成本与行业广告总成本的比例）和市场份额。市场份额和媒体份额相互关联，产品市场份额在一定程度上取决于媒体份额。一般来说，媒体份额越大，市场份额越大。

5. 产品生命周期

产品生命周期是指产品从生产到消失的整个过程，一般分为四个阶段：进入期、增长期、成熟期和衰退期。广告预算水平在产品生命周期的不同阶段呈现巨大差异。在进入期和增长期，由于产品刚刚上市，产品销售量小，销售增长缓慢，必须通过大量广告吸引消费者，提升产品知名度，从而提高销售利润。进入成熟期，由于产品占有了一定的市场份额，消费者已经对产品更加熟悉，所需的广告将逐渐减少甚至停止。

当企业产品在进入期期间，为了快速建立品牌的消费群体，广告投入较高，但随着销售收入的增加，广告业务将逐步减少。在成长期，品牌知名度有所提高，销售量不断增加，此时为了进一步拓展市场，仍需要不断增加广告投入。进入衰退时期，广告投入逐渐减少甚至停止。因此，企业在进行广告预算时，要考虑到自身的实力、竞争对手、产品生命周期等因素，使广告预算更科学合理。

6. 媒体因素

广告媒体投放是广告支出最多的部分，通常占广告总费用的80%以上。一般来说，广告费用随着媒体出版成本和广告频率的增加而增加。信息技术和互联网的快速发展使得越来越多的企业在广告宣传活动中拥有更多选择。其次是广告媒体传送成本不断增加，目标受众将受到广告媒体的影响。因此，企业需要充分考虑各种媒体的特点和目标人群的基本情况，合理安排广告媒体。

7. 产品风险和可替代性

产品风险是指消费者购买产品可能承担的风险，包括两个方面：一是产品的实际成本受到风险的影响，二是产品是否可以满足用户的需求或解决问题。一般来说，产品风险越低，市场竞争越激烈，越有可能被其他产品所取代。那么为了保持产品现有的市场份额或提高其市场份额，公司应该适当增加广告预算。相反，如果产品很难被替代，所需的广告费用则较低。

三、搜索引擎质量的影响因素分析

搜索引擎营销是通过以搜索引擎为基础的平台实现的，为保证搜索引擎营销的有效实施，除了科学合理的广告预算外，企业还要根据实际情况选择合适的搜索引擎作为其网络营销的媒体。具体来说，在搜索引擎营销过程中，为了使自己的产品推广最大化，加大用户检索量和增加观众成为潜在用户的机会，公司必须选择良好的服务，使用性能优异的搜索引擎作为媒体的网络营销。所以，面对大量的搜索引擎，如何评估搜索引擎的质量，然后选择合适的搜索引擎作为企业的营销途径，已经成为影响搜索引擎营销效果的关键问题。

企业评估和比较搜索引擎质量，有助于清楚了解不同搜索引擎的优缺点，然后选择最符合自身营销目标的搜索引擎，提升搜索引擎营销基础的有效性。

搜索引擎的质量在很大程度上取决于以下因素。

（一）纳入信息的全面性和合理性

搜索引擎数据库要求包含更全面的信息，其搜索功能更加完善，能够更加满足搜索用户的需求。因此，搜索引擎数据库的大小是确定搜索引擎有用性和功能性的基本元素。信息的全面性是指搜索引擎的数据库中包含大量信息，涵盖了丰富的信息类型。包含的信息的合理性在于索引数据库中包含的信息是真实的、权威的、有价值的。由于互联网上信息资源的复杂性和多样性，搜索引擎收集的信息资源中不可避免地有无价值的页面或链接。因此，为了提高搜索引擎的质量，不仅要确保索引数据库信息的大小和范围，还要保证信息的合理性。

（二）更新频率

内容更新的速度是衡量搜索引擎质量的重要指标。搜索引擎因为可以快速、准确地访问信息，优于传统媒体，因此搜索引擎的索引数据库的更新速度直接影响到内容的及时性。网络信息是不断变化的，索引数据库必须及时更新，才能成为用户有效的搜索工具。测量索引数据库更新频率的指标数量，是以在搜索结果中显示重复链接和死链接的次数为参考的。如果更新太慢，可能会出现死链接。虽然搜索引擎索引数据库的更新频率会有所不同，信息和网站类型也会不同，但必须保证内容的及时性和链接的可靠性。

（三）搜索功能

搜索引擎的检索效果、检索数量和搜索功能的使用直接相关。因此，为了提高互联网上搜索引擎搜索结果的准确性和有效性，必须采取一系列措施。除了要有诸如布尔检索、截词检索、区分大小写、邻近词检索、限制检索、词组或短语检索等基本检索功能之外，还要具备加权检索、模糊检索、自然语言检索、多语种检索、多媒体信息检索、概念检索、专题检索、相关信息反馈检索、智能检索等高级检索功能，如表7-1和表7-2。

表7-1 搜索引擎基本检索功能

检索方式	是否具有二次检索功能
布尔检索	检索词被布尔运算符连接，由计算机进行逻辑运算，从而检索到所需信息。布尔运算符包括：逻辑或"OR"、逻辑与"AND"、逻辑非"NOT"
截词检索	将检索词分为若干词语来查询信息
限制范围检索	把检索范围限制在标题、URL、锚文本等部分，以缩小检索范围
词组或短语检索	将词组或短语作为一个独立的运算单元进行匹配的检索方法

表7-2 搜索引擎高级检索功能

大小写敏感	检索词的大小写是否会返回不同结果
自然语言检索	通过问句形式输入自然语言提问，一般是以什么（What）、什么时候（When）、什么地方（Where）、怎么样（How）、谁（Who）和为什么（Why）等开头的语句
多语种检索	跨语种检索或检索结果的翻译
专题检索	是否支持检索新闻、论坛、大学、黄页等某一专题领域内的检索
多媒体信息检索	是否支持图片、音频或视频等多媒体文件
文件类型	是否支持对于特定文件类型的检索
同义词检索	是否支持检索同义词
相关信息反馈	从现有的搜索结果中选取与检索关键词相关的词作为下一轮检索的入口词
概念检索	用户输入一个关键词，概念检索工具不仅可以获取包含这个关键词的搜索结果，还能搜索到与包含的这个关键词含义相近的检索词的搜索结果
高级检索	是否包括高级检索以及高级检索所包含的内容

（四）搜索效果

搜索结果是搜索引擎质量的核心要素，召回率和精确率是搜索引擎搜索性能最有说服力的指标。随着搜索引擎技术的发展，用户对搜索结果的要求越来越高，因此，为了提高评估系统的有效性，还要引入响应速度、重复率和死链接率等指标。查全率是指检索出的文献数量在全部相关文献中的比率。查准率是指检索出的相关文献的数量占检索出的文献总量的比例。响应速度是指从发出搜索命令到搜索结果返回的时间。重复率是搜索结果中重复的数量与检出结果数之比。死链接率是死链接数量与全部检出结果之比。

（五）检索信息的准确性

搜索引擎是否可以准确检索到与用户查询的关键字匹配的信息，将直接影响搜索引擎的性能。衡量检索信息准确性的一个重要指标是精度。如果搜索引擎检索信息的准确性非常低，使用搜索引擎的用户无法从互联网上的信息中查询到有价值的信息，就会降低搜索引擎搜索结果的有效性。所以，无论哪种类型的搜索引擎，都应该着重于搜索技术的优化，确保用户能准确地访问所需的信息。

（六）用户界面友好

用户界面友好是测量搜索引擎易于使用的重要标准。搜索工具最大的功能是为网络用户提供最方便有用的信息检索通道。对于用户而言，选择易于使用的高效运行搜索引擎可以更快速地获取所需的信息。页面设计美观、搜索操作清晰、详细的帮助信息、强大的交互模式、个性化搜索功能，体现在搜索引擎用户界面友好的因素上。另外，互联网上信息资源的复杂性，导致用户难以快速准确地访问自己的信息，所以搜索引擎能够过滤和屏蔽垃圾信息，也是评估其用户界面友好性的根据之一。

四、网络用户点击行为及其影响因素分析

企业实施搜索引擎营销的最终目的就是将产品信息尽可能让更多的使用搜索引擎的用户看到进而将浏览者转化为顾客，促使业务达成，实现其营销目标。因此，企业在实施搜索引擎营销的过程中，不仅需要制定符合企业实际状况和发展目标的广告预算和分配计划，还需要科学合理地选择搜索引擎作为其网络营销平台。选择搜索引擎需要明确网络用户对搜索引擎的偏好并对其以往的点击浏览行为进行分析。在搜索引擎营销中，用户在检索关键词、搜索引擎的选择上，在网站的选择上，以及是否购买产品等方面具有很强的自主性。为了增强企业网络营销的主动性，企业需要调查分析网络用户的点击浏览行为的特点及其影响因素，进而制定出符合网络用户行为习惯的搜索引擎营销策略。

互联网的深入发展使得网络用户规模越来越大，而人们在互联网上进行的大部分活动都是以网页浏览行为为基础的，可以说浏览行为已经广泛存在于人们的日常生活中。人们在互联网上的各种活动基本上都要通过搜索引擎来完成。大量的用户行为研究结果显示，用户对互联网上大量网站的访问行为是通过点击超链

接来完成的。网页上大量的超链接直接与其他有用的相关网站和网页相联系，用户通过点击超链接，就能够直接进入到相关的网站。通常，用户会先选取一个网页作为他们检索信息的开始，再通过网页内的超链接直接跳转到另一个页面内继续检索相关信息，重复这个步骤，直到获取到足够的有用信息为止。但是，用户并不能准确地判断出网页中大量的超链接是否与自己的检索需求有关，只能通过逐一的点击来进行信息的筛选。

根据对现有的文献和研究结果的归纳总结，搜索引擎用户点击行为的影响因素可以归纳为以下几个方面。

1. 主题的相关性

该因素是用户点击行为最基本的影响因素，主要是指网页显示的信息主题是否与用户需要获取的信息是一致的。

2. 信息质量

网络用户对该因素的关注度很高，因此要求搜索引擎网站链接的网页内容和标题清晰明了，观点明确，可信度高，符合实际情况。

3. 可用性

该因素是指网站链接是否易于被用户发现和使用。此外，网页是付费还是免费浏览也在一定程度上对用户的网上点击浏览行为产生影响。

4. 新颖性

新颖性是指用户使用搜索引擎检索出的相关网页中，这个页面具有独特性，或者是唯一的信息来源，或者该网页的内容是自己创造的、独家的，是其他同类型网页所没有的。此外，对搜索引擎的偏好程度也是影响网民点击浏览行为的一项因素。

5. 及时性

这个因素是指信息是否是最新的、及时的。

6. 表现特征

这个因素包含四个方面的内容，网页显示的内容包含有价值的信息，页面内容长度符合用户的偏好，网页内容全面综合，网页内容能够提供细节信息。

7. 来源特征

该因素包括网页的设计美观，内容清晰明了；网页帮助信息详细具体，有助于用户进行操作；网页在用户中的口碑很好。这三个方面都会影响用户的点击行为。

8. 信息特征

该因素主要是指网页的描述方法与技巧很好，或者网页中带有图片、表格等辅助元素，或者网页提供索引和相关链接。

9.信息的吸引性

该因素是指网页上的内容对用户具有吸引力，能够引起用户的关注。目前，对搜索引擎用户点击行为的特点的分析一般是通过调查问卷的方式来进行的。

第三节　用户行为影响下的搜索引擎营销策略分析

鉴于搜索引擎在网络用户中的重要性，对企业来说，无论是搜索引擎营销，还是在其他形式的网络营销中投入时间和金钱，只要有自己的网站，搜索引擎登录就是必要的，这些是网站建设者的一个常识。根据搜索引擎的工作原理可知，搜索引擎之间会相互影响，网站在搜索引擎中的权重（搜索引擎对网站重要的评级等级，权重越高，搜索引擎网站质量越好）也将影响其在其他搜索引擎中的排名。因此，企业在搜索引擎登录时，应尽可能全面，至少要记录一些主流搜索引擎，这将起到加强网站流量的重要作用。接下来，启动搜索引擎营销还需要更多的精力或金钱。

在决定开展搜索引擎营销之前，企业必须根据自己的情况分析目标用户和市场环境，以确定营销形式和与之相应的策略。但不是片面参考其他企业的经验，因为成功往往是不能有效地被复制的。

一、搜索引擎优化的主要策略

随着搜索引擎优化越来越受欢迎，大多数现有网站公司将根据自己网站的实际情况进行不同程度的优化，其他企业在网站建立过程中将参考相关规则进行搜索引擎优化，使网站结构和内容安排最大程度地达到搜索引擎标准。

搜索引擎优化的主要策略如图 7-1 所示。

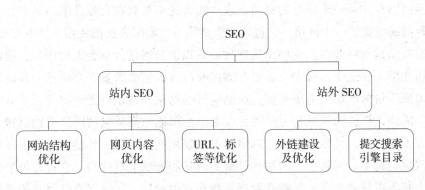

图 7-1　搜索引擎优化策略

事实上，即使企业从高排名中获得更多流量，这些访客也不一定会转化为客户。因此，在这个意义上，网站内的优化比外部优化更为重要。搜索引擎只是网站的常见访问者，从网站抓取的方式、网站或网页的价值、用户体验的角度来看，任何可以让用户获得良好体验的行为，都是对搜索引擎的改进。

在所有搜索引擎优化策略中，最重要和最常用的策略是：站点结构优化，网页内容优化和外部链接建设优化。

（一）站点结构优化

网站结构应明确合理，网站的深度和宽度应适当。一般来说，一个站点的列不超过 8 个，深度不超过 3 个级别，否则不利于搜索引擎搜索；一个好的网站应该有一个网站导航系统（网站地图），为搜索引擎提供便利。网站导航系统属于网站内部链接，也可帮助搜索引擎进行网站内容检索和收集。

（二）网页内容优化

对于企业来说，优化网页内容不仅是提升网站排名的重要途径，也是吸引用户、留住客户的有效途径。首先，为网站的每个页面设置相关的标题，使用户可以快速找到必要的信息。标题应尽可能包含关键字，而不影响用户识别。标题中的关键字非常重要，可以提高搜索引擎的准确性来确定页面的内容。其次，在网页设计中应该使用静态网页和动态网页，其中以静态页面为主。目前的搜索引擎机器人程序通常用于静态文本信息检索，因此网页设计应尽量使用文本描述。然而，在用户体验中，图片和动画的效果比文本描述更好，所以除了考虑搜索引擎的搜索规则，还要考虑用户体验，补充一定的图片和视频。另外，文章的内容在页面中定期更新频率，这是搜索引擎衡量网站质量的重要标准之一。

（三）外部链接建设

在促进网站权重方面，外部链接建设无疑是最有效的武器。被很多网页设置了链接的网页才是一个很好的页面，这意味着这个页面在自然搜索结果中会获得显示在前面位置的一个链接。它包括交换链接（或购买方法的使用）和发布外链。交换链接是指与行业内其他网站的链接，或提供与网站外部类似的服务，通常位于页面底部。在这个过程中，需要考虑到外链的质量和数量。高质量的外链网站比许多低质量的网站外链更有效，而低质量的网站外链也可能对搜索引擎有负面影响。因此，外链的质量是主要考虑因素，尽可能与高质量的网站交换链接。如果对方不想交换，可以根据自己的情况考虑使用购买方式。外链数量越多，用户的访问机会越多。如果一个网站在外链的质量和数量上有优势，它将在每个搜索引擎上获得更好的排名。外链的发布是指在相关论坛、社交网络以及其他具有关键词链接的在线社区发表的文章。其原理与外链相似，但需要花更多的时间和精力。现在由于这样的 SEO 泛滥网络，造成很多文章质量严重下降，许多知名网络社区拒绝发布与关键字锚链接的文章，主要论坛也加强了对新文章发表的审核力度，增加了企业发布 SEO 行为链的难度。不过，企业可以通过网络媒体的形式发布新闻稿，以配合 SEO 外链发布。

二、关键词广告的主要策略

图 7-2 展示了关键词广告的一般实施流程。企业在关键词广告发布前，首先要分析企业本身的实力和市场环境，确定营销需求。之后根据目标用户行为特征选择合适的搜索引擎和关键词。再为选定的搜索引擎制订相关的生产促销方案和推广计划，然后执行程序和后期优化。最后，评估营销效果是否达到目标，并总结出本次营销的经验，为未来营销提供帮助。

图 7-2 关键词广告的一般实施流程

（一）关键词选择策略

公司必须根据自己的情况决定选择哪种类型的关键词。高频词的选择将面临激烈的市场竞争，适合预算充足的营销计划；选择低频词会获得较低的流量，适合有限的预算和较长的营销计划。

具体的关键词选择，必须基于要挖掘的企业页面情况，以确保两者之间的高度相关性。这是广告的排名与访问用户的质量之间的直接关系。除了具体页面的产品字，自有品牌词和竞争对手的品牌名称也很重要。另外，为了避免选择一些范围太广泛的关键词，企业可以使用限定符或描述性的词组来获取相对较低但更准确的关键词的流量，也就是使用长尾词策略。例如上海一家制衣厂商在选择关键词时可以考虑"上海服装批发""服装制造商"这样的关键词，而不是"服装""衣服"等范围广泛的关键词，甚至可以将否定关键词（搜索引擎的关键词形式，用户搜索这些关键词，系列不会出现在广告中）添加到宣传系列中。另外，要站在目标受众的角度来选择关键词，例如可能的关键词变体、短语顺序等。在执行营销方案时，根据各个关键词的不同表现来确定是否需要删除或扩展关键词。由于企业不是用户，无法穷尽所有相关的关键词。因此，有必要根据搜索引擎提供的搜索查询报告不断地查看和整理触发广告的关键词，并优化现有的关键词。

（二）投放策略

第一个是投放期的选择，不同的时间投放效果不同。互联网用户搜索高峰时间为 11：00、16：00—17：00、22：00，搜索低谷出现在 2：00—8：00。搜索量在工作日的 9：00—17：00 更高，在休息日 19：00—24：00 较高。相应地，在搜索周期的高峰期，对信息的需求也更大。根据互联网用户的搜索习惯进行有针对性的投放，营销可以变得更加有效。另外，不同行业针对不同产品的投放时间也略有不同。企业在投放过程中也应该根据具体的时间进行调整，达到最佳效果。

第二，投放设备的选择也比较重要。目前，搜索引擎关键词广告基本上提供了两种投放设备：电脑（PC 端）和移动设备（手机）。随着 PC 端用户不断迁移到移动端，移动端的营销价值逐渐凸显。虽然搜索营销仍然是基于 PC 的，但移动端的流量不能忽视。特别是一些特殊行业，如移动应用开发商、移动设备游戏厂商，对他们而言，移动用户的流量尤其珍贵。

此外，在广告排名方面，要根据企业的预算和关键词的重要性做出合理安排，不一定非要占据第一位，而应根据企业的预算情况以及关键词的重要程度进行合理安排。具体策略如表 7-3 所示。

表 7-3 关键词广告排名策略

重要程度 / 预算情况	重要	一般
预算充足	排名靠前（至少左侧前三）	不必高价竞争前几位
预算有限	排名尽量靠前，重点放在优化关键词质量上	保持低价，从广告和目标页面等方面进行优化

三、内容定位广告的主要策略

以内容为目标的广告是基于关键词广告的形式，其策略与关键词广告具有相似之处，如一般实施过程、投放策略等。但作为一种新形式，它有一些特殊的策略。

在早期营销中，利用受众较为广泛的定位形式来提升网站流量，做到广撒网。内容定位广告远远低于关键字广告，为广告客户提供了广泛的受众群体，增加了用户流量的基础。然后使用统计分析工具根据企业的不同需求对用户行为进行分析和分类，然后对用户的有用类别进行精确的广告宣传（图7-3）。

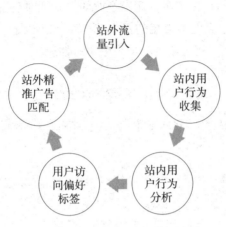

图7-3 内容定位广告的实施策略

以 Google 的内容定位广告方案具体实施流程为例：在具体方案实施之前，企业先将 Google Analytics（GA）系统提供的统计代码安装到企业网站相关页面，不同产品页面、不同转化步骤页面使用不同的代码，然后创建主题定位、兴趣定位、关键词内容定位等（根据具体情况选择一种或多种）定位形式吸引用户访问网站，GA 系统会按照预先设定好的规则统计各类人群的数据，最后企业利用再营销的形式针对这些不同类别的用户群体投放相应的广告。

对于以品牌宣传为主的企业而言，利用网站定位和主题定位的形式，采用CPM 的付费模式来提高用户的认知和兴趣，关注广告的展示情况，既能节省成本又能产生广泛的品牌效应。对于以业务推广（产品销售）或活动促销为主的企业而言，为了获得用户的直接反应，需要采用关键词内容定位、再营销等相对精确的投放方式来精准吸引用户点击广告，利用PPC 的付费模式达到成本的精确调整和控制。有数据显示，超过半数的消费者在形成购买决策前都会访问网站4—6次，多次营销就显得非常有必要。因此，综合采用多种内容定位广告形式是极为有效的营销策略，它不仅能有效地挖掘潜在消费者，还能对广泛的受众进行多次针对性的营销，这就大大增加了企业的营销机会。

尽管每种营销形式都能达到不错的效果，但单一的营销形式都有其局限性。

企业在进行搜索引擎营销时，应适当结合使用多种营销形式，在企业或产品的不同发展阶段采用不同的形式组合和营销策略，发挥各自的长处并弥补各自的不足，从而使整体营销效果最大化。

从表7-4的对比可以看出，各种营销形式各有优劣，但它能相互弥补。搜索引擎登录会提高网站的自然排名，而当企业的网站同时显示在自然搜索和付费搜索结果中，搜索者点击企业的链接的概率就会在90%以上。很明显，将多种搜索引擎营销形式整合使用，将会给企业带来更大的收益。

表7-4　各种搜索引擎营销形式比较

营销形式	专业程度	带来流量	访问者质量	效果及时性	需要的花费
搜索引擎登录	低	低	中等	慢	免费
搜索引擎优化	高	中等	高	中等	* 中等
关键词广告	中等	中等	高	快	高
内容定位广告	中等	高	中等或高	快	高

（*：搜索引擎优化需要耗费知识和人力成本）

四、搜索引擎营销的评估

企业想要知道搜索引擎营销是否有效，就必须对其进行评估。不仅要对营销过程进行评估，以便对营销方案进行优化，还要对营销结果进行评估，以考量营销计划是否成功。这是企业进行搜索引擎营销的重要环节。由于行业性质不同，企业所应采用的搜索引擎营销效果评估体系也大不相同。

搜索引擎优化的效果评估方式主要有两种，一是查看企业需要的关键词在搜索引擎中的排名是否有所提升，二是监测网站流量及其有效性是否有所增加。而对于付费广告而言，效果评估方式要复杂得多，以下针对其过程和结果分别进行分析。

（一）对搜索引擎营销过程的评估

企业在进行搜索引擎营销的过程中需要分析以下数据：

展示量（Impression），是指广告展示给用户的次数，它是营销效果的最基本指标。主要由目标用户群体的数量和营销形式所决定，企业需要根据具体数据来判断是否实现了目标市场的最大化覆盖。

点击量（Click），是指广告的被点击次数，它是计算营销费用的重要数据。主要影响因素有关键词的搜索量、广告的排名及对用户的吸引程度。

消费（Cost），是指营销计划在一定时间内耗费的金额，它主要受到出价和点击量的影响，需要根据营销预算进行适当控制。

平均点击价格（CPC），是指平均每次广告点击产生的费用，计算方式为消费／点击量。

点击率（Click–Through Rate，CTR），是指广告被点击的频率，等于点击量／展示量。它是评估营销账户和广告文案是否良好的主要指标。

访问量（Visit），是指用户通过搜索引擎营销渠道访问网站的次数。理论上来说，访问量应该与点击量保持一致。但在实际情况中，由于网站打开速度、用户误点等原因会导致用户在网页还未加载完成就离开，或者统计工具本身存在的一些缺陷导致统计不完全，这些原因使得访问量总是低于点击量。还有一种访问次数的统计方式，就是唯一身份的访问量，它是根据用户 IP 地址对访问用户进行去重，即一个用户的多次访问仅计算一次。

浏览量（Page View，PV），是指到访用户访问网站的网页数量，体现了用户访问的深度和广度。

注册量（Registration），是指通过在线注册系统收集到的注册用户数。这是企业构建用户数据库的有效方法。

订单量（Order），是指用户在网站上购买产品的订单数量。一般只适用于电子商务网站或其他具有在线订购系统的网站。

以上数据中，展示量、点击量、消费、平均点击价格和点击率都由搜索引擎直接提供，其他数据则需要借助专门的工具来监测统计，一些较大的搜索引擎也提供这类工具，如 Google 的 GA 统计、百度的百度统计。

本书将与流量相关的数据分为四个层级，如图 7–4 所示。一般来说，由下至上数据会逐级递减（同级不作比较，且浏览量因数据主体不同，不纳入比较范围）。对于企业而言，层级越高价值越大。从这个结构中可以清晰地看出用户在每一层级的流失量。企业可以根据这个数据结构来监测搜索引擎营销计划开展的有效性，并及时对不足环节进行优化。比如针对用户流失最为严重的环节查看其相关影响因素，找出导致用户流失的原因并制订解决方案。另外，这些数据也可以作为搜索引擎营销结果的评估指标。

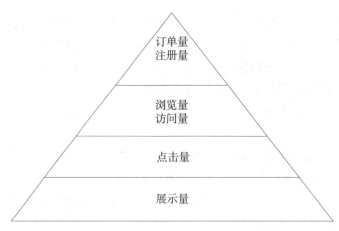

图 7-4　流量数据层级关系

（二）对搜索引擎营销结果的评估

对搜索引擎营销过程的评估是为了找出营销过程中存在的问题并及时予以解决，从而使营销效果最优化。而对营销结果的评估则是为了了解搜索引擎营销这种方式对于企业是否有效，主要有以下两种方式。

1. 转化率

转化率（Conversion Rate）是一种比较常见的搜索引擎营销评估方式。通常是根据点击量和转化量来进行计算，转化率 = 转化量 / 点击量 × 100%。其中，转化目标根据企业自身情况进行设定，比如访问量、注册量、订单量、电话咨询量等。对于具有销售价值的网站，企业应根据自身情况计算出每个转化大致能够带来的利润，称为客单价，然后结合临界利润（即投入与产出平衡）计算出对应的转化率。如果实际转化率高于这个数字，则说明企业获利了。以转化率为标准来评估营销效果的方式，根本原则是事先设定好转化目标和相应的转化率，为之后的数据对比提供依据。在具体的市场环境中，情况往往比较复杂，因此这种评估方式具有一定的局限性。

2. 投资回报率

投资回报率（ROI）是目前市场环境中最主要的搜索引擎营销效果评估方式，也是相对而言最有效的评估方式，其计算方式为搜索引擎营销投资回报率（ROI）=（搜索引擎营销销售额 – 搜索引擎营销的总投入）/ 搜索引擎营销的总投入（Investment）× 100%。同样，企业需要根据产品的利润情况来计算出投资回报率的临界点，确定需要达到怎样的投资回报率才能盈利。对属于电子商务行业的企业来说，投资回报率可以直接用这个公式算出，简单而有效。对于一些不能准确计算出营销利润的企业来说，投资回报率需要运用其他数据来结合计算。例如品牌产品销售企业，需要同时考量用户的注册量和产品的订单量（假设企业的在线订购系统只能统计订单数量而不能统计具体金额，实际上现实生活中也确实存在这样的企业），因为注册用户基本可以认为是企业的潜在顾客，企业根据以往的销售情况分别预估每个注册用户和每个订单可能带来的销售额，然后根据具体的注册量和订单量计算出营销利润。虽然采用这样的评估方式并不精确，但对于企业而言仍然是有效的。

在企业的搜索引擎营销评估中，往往需要用到不止一种评估方式，而是多种评估方式综合运用，形成系统的评估体系。这样不仅能更有效地指导营销过程，还能更全面地评估营销效果。需要指出的是，对搜索引擎营销的评估并不是独立的环节，而是应该贯穿整个营销方案的执行过程。

第八章　"互联网＋"背景下的移动媒体营销

第一节　移动媒体营销概述

一、移动营销的定义

移动营销就是利用手机、PDA 等移动终端为传播媒介，结合移动应用系统所进行的营销活动。移动营销的目的非常简单——开展主动、精准的营销，从而提高企业的营销效果，降低营销成本。

二、移动营销的特点

由于手机的特殊性，决定了移动营销具有三大特点，即精准传播、便捷互动、即时效果。[①]

（一）精准传播

相对于传统媒体而言，移动营销在精准方面有着先天优势。因为手机是贴身的个人独占的私有物品，这使得移动营销的精准性毋庸置疑。

移动营销可以实现精确的个性化传播——每部手机对应着一个手机用户，因此延伸出了大量的移动营销应用。不过移动服务必须满足个人在使用移动设备时对所追求目标的认知需求，因此建立用户数据库是很必要的，发送移动广告也应该经过用户的同意。

比如，新网互联的"准告"就是在短信网址的平台上，本着"准确、准时、

---

① 冯和平，文丹枫．移动营销 [M]．广州：广东经济出版社，2007.

准许"的原则,利用手机媒体进行商业信息精确的"一对一"投放,向手机用户提供免费订阅,由当地商家提供优惠、促销信息及相关信息的移动营销服务。

"准告"采用领先的 MDE 移动数据引擎技术,通过分析手机用户的各种特定属性,使企业可以轻松地从 4 亿多手机用户中准确地找到自己的目标客户,再根据企业的需求以及目标客户的特性,综合利用短信(SMS)、闪信(Flash SMS)、彩信(MMS)、蛙扑(WAPPUSH)等多种第五媒体技术手段,向企业的目标客户提供"量身定做"的信息。

作为面向移动终端定向营销的产品,"准告"将改变以往无序、泛滥的信息服务,实现企业和用户的准确对接、准时到达,以及用户的有效使用,具有到达率高、及时性强、针对性强、阅读率高、成本低等优势,成为真正意义上的定向信息服务,构建了一个全新的移动定向营销生态。

相比普通的短信广告,"准告"可以做到按照消费层次的精准定向,也就是说可以根据手机卡的类型和手机话费量等分析来判断用户的消费层次,从而决定发送方向。此外,"准告"的互动性强,在需要互动时,客户只需按提示回复即可参与。

(二)便捷互动

手机与电视、广播、报纸、杂志等媒体最大的不同在于,它是一个随身携带的、可以随时使用的、高效便捷的、互动的、个性化的媒体终端。企业和消费者可以通过手机进行人机互动,这种好处就是双方有了沟通,有沟通就会有认知,认知度越高,购买或合作倾向就越大。

新一代手机互动服务平台将目前的移动应用与媒体资源相结合,全面支持中国移动手机用户、中国联通手机用户、中国电信用户实时互动,使更多的企业用户可以快速搭建满足新一代互动模式的手机互动平台,帮助企业推广产品,加强与客户的互动性、参与性、娱乐性,提高客户参与的积极性。

对企业营销应用来说,能够互动是一个"杀手级应用"功能。

(三)即时效果

移动营销既然具有便捷、互动的功能,就会产生即时的效果。移动营销是一种真正个人化、交流导向的即时营销,即人们可以在信息出现的同时就获得信息,并回复信息,有立竿见影的双向功效。

三、移动营销带来的新营销挑战

手机,拉开了移动营销的序幕,在移动营销时代,营销活动发生了革命性的变化,为企业的营销实践开辟了一个全新的领域。

（一）移动营销与传统营销的联系与区别

自从有了商品，就有了销售活动，有销售活动就存在销售管理工作。早期我们称之为经商、经销，后来我们又以较先进的市场营销、营销管理等理论和名词冠之。20世纪八九十年代以来，互联网技术的兴起又让相当一部分商品得以在网上销售，虚拟企业、虚拟银行、网络营销、网上购物、网上支付、网络采购等一大批前所未闻的新概念，又将产品从制造到销售的所有活动打上了网络经济时代的烙印。而到了移动营销时代，又产生了新的营销模式。

不管哪一种营销模式，尽管其营销的手段、方式、工具、渠道以及营销策略等方面都与传统营销有本质的区别，但营销的目的都是宣传商品及服务，加强和消费者的沟通与交流，最终促成消费。虽然移动营销不是简单的营销网络化，但是其仍然没有脱离传统营销理论，4P和4C原则在很大程度上仍然适合移动营销理论。

移动营销的传播平台以手机为代表，传统营销的传播平台为报纸、电视、广播、互联网等。手机作为第五媒体，还能与传统四大媒体进行互动，即和报纸、电视、广播、互联网互动，几乎可以跟所有的传播媒介进行有效互动。

手机的互动性，可以使传统媒体的优势更强。它通过自身杰出的互动性将传统媒体整合在一起，创造出新的营销价值。可以说，移动营销是传统营销的优化和发展。

第一，移动营销传播可以从个体和小群体开始，再扩散到大众。每个人、每个社群都能成为媒体，向世界传播自己的声音。

第二，移动营销是我先影响起初的100万人、10万人，甚至更少，但是我能通过新方式、新创意，让人们和内容互动起来，并主动去传播，去分享体验，让这10万人去告诉100万人甚至1000万人他们的体验，实现真正的深度传播和巨大的扩散量。

第三，移动营销和人的生活融为一体，是企业想要的，是企业主动得到的，是被许可的，是快乐的。

以上三点改变归根到底是由作为移动营销的传播平台——手机所决定的，是手机的特殊功能使移动营销具有更大的优势。

（二）移动营销对传统营销的挑战

传统营销体系的成功依赖于严密的营销渠道建设，并以大量人力与广告投入去占领市场，而这些在移动营销时代将成为过去。随着手机技术迅速向宽带化、智能化、个人化方向发展，用户可以在更广阔的领域内实现多媒体信息共享和人机交互功能。正是这种发展，使得传统营销方式发生了革命性的变化，它将导致大众市场的衰落,使市场的个性化逐步得到体现。

手机媒体的特征决定了移动营销的特征,并彻底改变了传统营销模式。市场调查、广告促销、经销代理等传统的营销手法都将与手机结合。不仅如此,移动营销还可以充分运用网上的各种资源,形成以低成本投入,获取更大销售量的新型营销模式。

这种新型营销模式与传统企业的市场营销组织结构及其职能有着相当的不同,是对传统营销极大的冲击和挑战。在移动营销时代,一些新的虚拟营销渠道将被建立,某些旧的营销组织结构将被取消或被改革。

四、移动营销环境分析

(一)相关法规逐步完善

2014年,政府密集出台移动互联网相关政策,对移动终端硬件进行规范化管理,设立移动互联网安全问题的管理规范。

2011年,移动互联网、LTE、物联网、云计算、移动支付成为"十二五"期间的发展重点,互联网和移动互联网在"十二五"期间空前融合。

2015年7月4日,国务院发布关于积极推进"互联网+"行动的指导意见。

2014年底,MMA《移动视频广告投放标准协议》成为国内首个规范移动视频广告投放的指导纲领。

新广告法于2015年9月起正式施行。这是广告法实施20年来首次修订,对我国广告市场产生深远影响。

2015年9月5日,国务院印发《促进大数据发展行动纲要》。

(二)国民经济稳中有进,居民收入不断提升

国内宏观经济持续发展,国民经济增速放缓但增长趋势不变。人均收入的提高为移动互联网业务的消费和使用提供了经济保障。电信业、广告业和互联网行业的彼此渗透和介入将有效刺激移动互联网的良性竞争。

(三)移动设备深入消费者日常生活,成为用户生活的一部分

随着智能手机的普及、移动基础设施的完善,互联网用户开始向移动端迁徙。据iiMedia Research(艾媒咨询)数据显示,2015年中国手机网民规模达6.79亿人,其中超过40%的手机用户日均使用时长达到4小时以上,用户与移动终端设备的亲密度加深。

(四)高新技术、智能终端不断普及

随着HTML5、大数据、跨屏追踪和程序化购买等技术的完善,移动营销将成

为主流选择。2015 年智能手机用户规模达 6.17 亿人，终端的普及和可以支持多种数据业务机型的丰富将为用户提供较好的移动互联网服务体验。

五、移动营销市场分析

据艾媒咨询数据显示，从 2014 年起，移动广告市场增速均保持在 100% 以上，2015 年市场规模达 592.5 亿元。预计 2019 年中国移动广告市场规模将超过 4 842.5 亿元。

移动广告市场中短、彩信广告占比逐年下降，预测到 2018 年仅剩 1.5%，短、彩信广告将逐渐退出舞台。另外，移动搜索广告和 APP 广告发展迅猛，艾媒咨询分析师预测，到 2018 年，移动广告市场将主要由 APP 广告（40.9%）和移动搜索广告（37.6%）构成。

移动程序化购买：实时、高效、精准。通过 RTB 进行广告交易是移动程序化购买中较为常见的模式，RTB 中包括广告主、DSP、广告交易平台、SSP、DMP 等多个参与主体。DSP 平台收集广告主的广告需求，互联网媒体将自己的广告流量资源提交到 SSP、DSP 和 DMP，通过与广告交易平台的技术对接的方式完成 RTB 竞价购买的整个过程。

当受众访问一个广告发布媒体时，SSP 向广告交易平台发送访问请求，随后广告位的具体信息则会经过 DMP 的分析、处理和需求匹配后发送给 DSP，DSP 将通过 RTB 的方式对此次广告展示进行竞价，价高者会获得这个广告展现机会，并最终向该媒体实际的访问受众展示。整个过程从开始竞价到完成投放仅需 100 毫秒，可以视作实时。

移动程序化购买：下一个百亿市场。程序化购买具有精准、高效的特点，能够很好地适应移动互联网带来的碎片化和跨屏化。艾媒咨询分析师认为，未来三年，程序化交易将成为移动广告的重要组成部分，并有望成为下一个百亿级市场。

六、移动营销的新动向

（一）移动端号码背后是最精准的用户

记不住网上账号，甚至记不住银行账号的人比比皆是，但记不住手机号码、QQ 号码、微信号码的人却少之又少。我国从 2010 年 9 月 1 日起正式实施手机用户实名登记制度，手机号码背后就是一个特定的人，由于手机号码的使用周期一般较长，所以手机号码极具营销价值。

微信、QQ 更具有超越手机号码的特性。用户的手机号码可能更换，但微信、

QQ号码基本都不会换，企业如果获得了这些目标用户信息，并得到他们的反馈，再建立起长期的联系，就可以有效地实施精准营销。

要从客户终生价值的角度来分析回报，这点对于移动端来说尤其重要。如果能够把移动平台设计得很友好，还能把一次性消费者转换为长期的顾客。[1]

（二）用户大部分时间通过移动端上网

在国外，消费者的全部上网时间中有超过60%是在移动端完成的；在中国，手机族到处都是，这个比例可能更高。因此没有理由让企业的生意不扩展到移动端来。

（三）消费者使用移动应用时，不太会对各个商家进行比较

根据美国知名互联网统计公司comScore的研究，46%的消费者称，当他们使用移动应用进行在线购物的时候，不太会进行很多比较。这份报告是基于对3 000个美国成年消费者的调查得出的。

究其原因，恐怕是移动屏幕太小，切换不方便。因此，商家要迅速推出相应的移动应用，这样潜在的消费者才不会被竞争对手吸引走。

（四）移动端的搜索更能导致即刻的行动

据分析机构iAcquire的报告称，70%的用户如果在移动端进行了搜索，那么会在之后的一个小时内完成某项操作。这说明用户在移动端进行搜索时的目的性更明确。

这也是移动营销的一个优点——屏幕小，移动端用户看到的离散信息更少，不容易分心，因为用移动搜索，肯定是有着急的用途，所以在移动端做广告还是很能促进业务指标的，比如应用的下载量、交易数量的多少等。

（五）移动端更接近用户，是用户服务的好地方

小米的博客引导、社区沉淀、微信服务就是最典型的例子，小米成功的精髓，就是通过创造独具特色的"粉丝文化"，走进用户的需求链，进而契合他们的生活方式，持续在用户身上进行粉丝流量的变现。基于用户的立场不断调整自身移动端，如小米的一个开创性做法就是，搭建起企业和用户紧密联系的虚拟社区，构建一种企业和用户相互依存、相互作用的生态关系，让用户成为社区的一员或者朋友。在这个虚拟社区里，用户可以借此得到某一方面的满足，并彰显自己的生活方式。所以，小米社区聚集了大量的粉丝群，他们十分狂热地追捧小米，而小米也做到了为用户更好地服务。

---

① 张志千. 互联网营销[M]. 北京：知识产权出版社，2016.

（六）分众和本地化能做到极致

移动端都带有地理信息。一些O2O的营销，例如餐饮、住宿、娱乐、教育、汽车服务等，都需要本地化移动营销传播。这种传播只服务于特定地理区域，需要拉近企业与客户之间的距离，使更多用户可以参与进来。例如福特公司在做"翼虎"活动时，区别于以往的活动形式，采用区域智能回复功能，实现服务本地化。当用户参与翼虎的全国性活动"你需要的是最近的哪家4S店的平台号码时"，即被直接导入CRM系统，进行潜在用户资料备份。

第二节　手机APP营销概述

一、多屏时代的移动营销：智能手机成主流元素

科技产品在发展过程中，其任务之一就是要打破传统束缚。传统在发展中会积累形成阻碍创新的障碍，这种障碍使得同类产品难以有突破性发展，且消费变革阻力增大。而到了多屏时代，移动互联网发展面临的阻碍也就成了多终端设备之间的竞争与冲突。

然而当这种障碍被打破，移动互联网逐渐演变成人们生活中不可或缺的部分时，人们就感受到了来自多屏时代的召唤。普通电视已然发展为数字电视，平板电脑、智能手机层出不穷，户外屏、LED屏也随处可见，这些大屏小屏为我们提供了更为丰富的信息接收平台，毫无疑问，我们正处在极速发展的多屏时代。

在多屏时代，人们可以同时利用PC端、智能手机、iPad等多种智能终端上网，但是这会带来注意力分散、媒体边界模糊等弊端，消费者无法长时间聚焦于某一款智能设备上，这使移动互联网营销面临着全新的挑战。

整个营销过程必须实现多屏体验感的融合，进行多屏整合，使消费者能够感受到来自各种媒介的极致体验。[①]

智能手机可以说是多屏时代中率先冲破障碍的终端力量，有数据表明，目前全球智能手机的出货量已经超过10亿部。伴随着移动互联网的发展，智能手机以其丰富的发展资源成为多屏时代的发展主力。

---

① 刘小华，黄洪．全方位解读新媒体运营模式[M].北京：中国经济出版社，2016.

移动互联网风潮的兴起带来了移动营销这一全新的概念，说到移动营销，多数人首先想到的必然是智能手机。商家可以利用智能手机任意开展营销活动，消费者也可以随时随地进行购物、支付等各项活动，智能手机已然成为移动营销的代言人，甚至有人认为智能手机就是移动营销的全部。

但在多屏时代，要想成功打造移动营销阵地仅靠智能手机是不可能完成的，如今 PC 端与智能手机、iPad 的结合已经成为主流的移动营销方向。然而，若想要扩大移动营销整体阵地，还是要进行多屏整合，即将智能手机、数字智能电视、iPad、笔记本、台式机以及腕表等智能穿戴设备结合起来，根据消费者的习惯进行多屏的有效整合，为移动营销腾出更加广阔的发展空间。

二、当前 APP 营销存在的问题

（一）品牌广告主认知度不高，优质 APP 资源利用不充分

目前，APP 广告的传播效果还不尽如人意，新媒体对于大多数企业来说还是一个陌生的概念，并且 APP 广告也没有得到企业的重视。大多数企业对 APP 广告仍持观望态度，只投入较少的资金。

同时，从技术的角度来看，大多数 APP 广告还存在一定的缺陷，需要不断完善，而优质的 APP 为了保证自身的品牌，也不敢贸然植入广告，以免引起用户的反感。从总体上来说，APP 广告市场还存在着大量的空白，亟待企业挖掘其发展潜力。

（二）用户"信息屏障"难以突破，品牌差异性不突出

随着互联网的发展，海量的信息向人们涌来，但其中存在着大量重复性的信息，因此部分用户选择将大部分信息屏蔽，只关注一两个相对感兴趣的信息。

对此，企业需要充分考虑消费者的个性化特征，以差异化的内容吸引消费者。由于目前 APP 设计的技术还不成熟，大多数产品还是以推送产品信息为主，这就容易引起消费者的反感。

（三）行业规范尚未形成，广告市场较为混乱

目前，伴随着新媒体的发展而产生的 APP 广告，在我国还是一个新兴的行业。因此，在市场中难免存在行业规则不规范、市场秩序混乱等现象，而我国相关部门也没有制定出一套行之有效的市场管理方案。

法律的缺失致使在 APP 广告市场中还存在虚假广告、侵犯隐私、不正当竞争等行为，既扰乱了市场秩序，也危害了消费者的权益，对企业形象的树立、品牌的传播造成不良影响。

三、APP 差异化营销战略：突破与用户的"信息壁垒"

（一）UGC 模式助力广告信息精准传播

在新媒体时代，APP 广告能够借助大数据、移动互联网技术等获取用户的信息，对其进行划分定位，预测消费者的潜在需求，为其提供个性化的需求。企业通过 APP 实现精准营销，从而形成用户黏性和忠诚度。

企业在通过网络广告宣传产品信息时，应重视消费者的个性化需求，根据消费者自身的特点为其定制内容，同时也要采用 UGC 模式，让用户参与内容的定制，增强其体验感，从而使企业获得竞争优势。

（二）富媒体等媒介形式提升用户体验

富媒体（Rich Media）不是具体的网络传播形式，而是指包括声音、图像、文字等多种载体的信息传播方法。富媒体最大的特点是它能以多种形式传递信息，可以从视觉、听觉上打动消费者。因此，相比其他的媒介，富媒体更适合以 APP 应用的形式传播。

例如一些游戏会通过富媒体来帮助玩家升级游戏等级、获取道具等。随着移动互联网技术的发展，未来，富媒体将与 APP 广告深度融合，为用户带来更极致的体验。

在提升用户体验方面，企业也应充分利用其他先进技术，如位置签到、二维码、AR、LBS 定位等，吸引消费者，形成用户黏性和忠诚度。

2011 年，渣打银行设计出 "Breeze Living" APP 应用，其中就运用了 AR 和 LBS 技术，消费者通过手机摄像头可以获取虚拟的风筝优惠券，从而在实际购物中享受折扣待遇。渣打银行的这一举措吸引了大量用户的关注，成为 APP 广告营销的典型案例。

（三）建立效果评估监测体系，完善市场监督机制

如何衡量 APP 广告的效果是目前所有企业最关注的问题。企业在前期耗费了大量的人力、物力、财力，自然会关心广告所带来的效益。因此，急需一套完善的效果评估监测体系，能实时监测广告的投放效果，从而帮助企业进行精准决策。目前，市场上已逐渐开始出现监测系统，帮助企业有效监督广告投放效果。

随着新媒体的发展，APP 广告市场的发展也引起国家相关部门的重视。《广告法》《消费者权益保护法》《反不正当竞争法》等相继出台，为 APP 广告市场提供了法律依据。

除此之外，监督部门也应担负起相应的职责，加强监督，充分发挥行业监督、

群众监督等的作用,处罚违法违纪行为,同时市场活动的参与者也应自律,并通过消费者举报、投诉等来规范市场行为,树立正面的企业形象,维护消费者权益。

随着新媒体的产生,APP广告已成为移动互联网的支撑力量,并得到各个行业的认可。在未来,APP广告必将爆发出更大的能量,驱动行业发展。

(四)提升营销体验感,实现APP广告精准投放

层出不穷的APP应用也是移动互联网风潮的产物,它们的出现使人们的消费方式、生活形态都发生了巨大的变化。商家也看到了移动APP所蕴含的巨大商机,使其变成广告的主要投入载体,目前这种智能化的移动平台已经逐渐成为影响品牌营销未来走向的重要因素。

在这场激烈的移动营销阵地争夺战中,本土企业品牌所面临的挑战是巨大的,这就需要品牌根据移动时代的商业规则做出适当调整,在准确把握移动时代传播要领的基础上进行创意型变革。

四、APP营销常见的推广方法

APP推广渠道应该怎么做,对于APP的生存与发展尤为重要,也是APP营销方案达到效果最大化的前提。

(一)应用商店推广

据市场研究机构APP Annie研究报告显示,在2015年第一季度,中国地区的苹果iOS下载量历史上首次超越了美国;2016年10月21日消息,据国外媒体报道,调研公司发布的最新报告显示,中国在第三季度已超越美国,成为苹果iOS应用商店最大营收市场。

应用商店推广主要是通过开发者在一些专门平台上上传应用,供用户下载。这些平台主要包含以下五种:硬件开发商平台,如苹果的APP Store;软件开发商平台,如谷歌的Android Market、微软的Windows Mobile Marketplace;网络运营商平台,如中国移动的"移动MM"、中国联通的"沃商店"、中国电信的"天翼空间";独立商店,如安卓市场、安智市场、机锋市场、360助手等;一些B2C应用平台,如Amazon Android APP Store。

(二)线下预装

线下预装来源于下面几个阶段。

首先,最主要的是手机生产阶段预装:

芯片商预装,如高通、MTK、展讯等,APP如果预装在芯片里,那用户就没法卸掉。

方案商预装，方案商设计手机原型，然后将芯片给到厂商，或者由厂商提出需求，方案商进行设计。现在方案商的大多预装权限被手机厂商收回了，但他们仍可以做小品牌手机的预装。

手机厂商预装，主要是"中华酷联"（中兴、华为、酷派和联想）、"OV小魅"（oppo、vivo、小米、魅族）等。目前，"中华酷联"均收回预装权限，已经市场化，形成规范的合作模式，每个装机价格市场化，成为线下预装一个重要的渠道。

其次，还有分销阶段预装、运营商渠道预装、刷机商预装等。其中，运营商渠道是值得重视的一个市场。

（三）内容营销

这种方式主要是通过网络媒介来增加自己的曝光率。一方面加强宣传推广，通过门户网站和其他知名网站的平台发布软文，提高用户口碑，加大宣传力度。另一方面，选择那些具有权威性、专门评价应用的媒体，发出测评文章等软文，塑造企业或者产品的良好形象，吸引大众眼球。

（四）网络广告

网络广告对于流量具有推动性，同时企业和产品知名度也会大大提升。应该选择哪些网络广告呢？第一，PC网络广告，包括硬广告、搜索广告等；第二，移动广告，如Google AdWords的移动版、Apple的iPad、百度移动推广等。国内的移动广告平台也很不错，用户安装一个应用，这个应用又会推广别的应用，企业的应用可以通过这种方式去进行推广。这样的好处是精准匹配用户群，同时，费用可以按照CPM、CPC、CPA等进行支付。

（五）免费发放应用

开发商供应无广告、无注册要求或无其他附加条件的高级应用给网站，网站在某一特定时段，将这些应用无偿供应给网站访问者，然后通过在线广告收回成本。

（六）放在互联网开放平台上

腾讯开放平台、360开放平台、百度开放平台、开心网开放平台、人人网开放平台等就是这样的开放平台，这些平台作用很大，将企业的APP应用放到这些互联网开放平台上，就可以享有海量的用户。

（七）专业的APP开发平台

宣传费用充足的企业可以找一家品牌信誉度较高的APP开发平台，定制一个功能完善的APP；资金不足的企业可以直接在智能化的APP建站平台上选择适合的模板直接生成APP，这样可以借助平台的影响力提高企业APP的曝光率，提高用户的信赖感。

（八）付费广告

在非高峰期的本地电视节目时段、知名的互联网平台、流量超大的门户网站投放广告。用户经常看见这个广告，无形中会形成对品牌的认知。

（九）网络视频营销

我们可以看到，如凡客、梦芭莎等商家不间断地在视频网站上投放广告。视频上超酷的应用展示，很容易被受众记住，因为视频能传达的信息是文字和图片无法替代的。其实这种广告制作成本并不是很高，加上二维码，用户就可以很方便地下载应用了。

五、常用的移动数据分析

和 PC 端网站需要统计数据一样，移动端也需要一个数据统计分析工具。一方面，我们需要继续"跑马圈地"，尽可能多地抢占移动端；另一方面，由于移动应用市场越来越细分，人群越来越复杂，设备越来越纷繁，移动开发商需要一个平台去帮助他们实现精细化运营，而精细化运营的前提就是：企业必须全面掌握移动应用的数据和产品表现，监控渠道导流效果，从而优化运营方案。

（一）百度移动统计

百度移动统计就是一款免费移动应用统计分析工具，支持 iOS 和安卓两大平台，开发者通过嵌入统计软件开发工具包（SDK），即可实现对移动应用的全面监测，实时掌握产品表现，洞察用户行为。

从 2012 年 4 月上线以来，百度移动统计已为众多移动开发者提供了移动统计分析服务，每天处理会话请求超过 10 亿次，"六大分析"功能全面帮助移动开发者实现数据化、精细化运营。如今，百度移动统计快速迭代，可以为开发者提供"统计分析、开发工具、营销推广"等多种类型的服务。

2013 年 9 月 11 日，百度移动统计团队正式对外发布了行业首本《移动应用分析白皮书》。"白皮书"介绍了如何使用移动统计工具对应用进行数据分析和运营管理，涵盖用户分析、受众管理、使用行为分析、渠道版本分析、终端设备分析、自定义事件和错误分析等全部模块内容。"白皮书"是团队综合和总结了 5 000 款应用的海量数据提炼而成的，对开发者有重要的参考价值。

百度移动统计只需要几步设置即可注册使用：

（1）登录官网，注册账号；

（2）登录后在全部应用页面点击"新增应用"，填写应用的基本信息，获取应用的唯一识别码（即 APP Key）；

（3）下载对应平台的 SDK，软件安装包只有 50KB 左右大小，很轻便，并参考开发文档集成 SDK，即可在百度移动统计上实时查看强大的统计分析报告了。

（二）谷歌分析

Google Analytics（谷歌分析）是 Google 的一款免费的网站分析服务，从其诞生以来便广受好评。

2012 年，Google Analytics 推出移动 APP——安卓版 Analytics APP。Google 的这个新分析工具覆盖了 APP 与用户关系之间的三个主要阶段：用户获取与用户度量指标阶段、参与度阶段、结果阶段。在用户获取阶段，开发人员可以追踪新的用户、活跃用户，同时还能识别不同 APP 版本、设备以及操作系统；在参与度阶段，Google Analytics 统计的数据包括了数据的使用频率、参与流（Engagement Flow）以及崩溃报告；在结果（Outcome）阶段，移动 APP 分析将显示转换率（开发人员认为重要的任何目标）和应用内（In-APP）支付。

第三节　二维码营销方式概述

一、二维码的定义

二维码（2-dimensional barcode）是某种特定的几何图形按一定规律在平面（二维方向上）分布的黑白相间的图形，它在代码编制上巧妙地利用构成计算机内部逻辑基础的 "1" 比特流的概念，使用若干个与二进制相对应的几何形体来表示文字数值信息，通过手机摄像头等图像输入设备读取以实现信息自动处理。

二、二维码的作用

用户利用手机扫描二维码图像，通过手机客户端软件进行解码后触发手机上网、名片识读、拨打电话等多种关联操作，以此为用户提供各类信息服务。

三、二维码的价值

（1）手机电商（用户扫码、手机直接购物下单）。

（2）网站跳转（跳转到微博、手机网站、其他互联网网站）。

（3）手机支付（扫描商品二维码，通过银行或第三方支付提供的手机端通道完成支付）。

（4）广告推送（用户扫码，直接浏览商家推送的视频、音频广告）。

（5）信息获取（名片、地图、Wi-Fi密码、资料）。

（6）防伪溯源（用户扫码即可查看生产地，同时后台可以获取最终消费地）。

（7）优惠促销（用户扫码，下载电子优惠券，抽奖）。

（8）会员管理（用户从手机上获取电子会员信息、VIP服务）。

四、二维码，打通O2O

二维码其实诞生很久了，但应用一直不温不火，随着摄像头和能安装解码软件的智能手机的普及，二维码具备了应用的可能。但真正让二维码成为业内焦点的原因，是在O2O中人们期望通过它打通线上线下。

O2O即Online to Offline（线上到线下），是指将线下的商务机会与互联网结合，让互联网成为线下交易的前台，这个概念最早来源于美国。2013年O2O进入高速发展阶段，开始了本地化及移动设备的整合，于是O2O商业模式横空出世。

移动互联网的迅速发展，网络和智能手机的普及率日渐攀升，最终人人都能随身携带一个二维码识别器，从而解决终端解码和设备铺设、数据联网的问题。此外，消费者开始重视互动和信息传播。由于二维码码制开源，参与成本低，众多生成二维码的在线工具或手机应用又解决了条码编码生成难的困难。

腾讯公司在这方面的发力最为引人注目，其旗下的微信正在大力推广二维码的普及。腾讯CEO马化腾曾在2012年互联网大会上表示"移动互联网的特点之一就是二维码将连接线上线下"，这是一个关键入口。

行业本身巨大的想象空间为企业提供了重要机遇。一方面，手机屏幕有限，输入和展示都不够方便，二维码扫描则可快速访问信息源，这给二维码提供了机会，甚至有人称二维码的重要性如同搜索引擎之于互联网；另一方面，也可通过二维码掌握移动互联网的入口，并可衍生出多种应用，比如消费者扫码购物，支付宝的二维码支付工具等，以此完成线上线下的整体性贯通。这也成为众多企业的另一层图谋，微信的布局就在这里。

五、二维码营销的方式①

（一）扫码下载企业APP，随时随地发送优惠信息

人们经常会在杂志、广告牌上看到一些企业的二维码，下面标注着"扫码享

---

① 夏雪峰.二维码营销应该这样做[M].北京：机械工业出版社，2014.

优惠"等信息。看到这样的广告，很多消费者都会为之心动，从而拿出手机扫描二维码。大多数企业都会鼓励消费者扫码下载企业 APP，然后享受手机购物折扣或者领取代金券等。这些方法也的确获得了大量客户的追捧和赞赏。

企业在 APP 客户端中，可以随时随地发送优惠券或者折扣信息。如此一来，装有该企业 APP 的客户，就会在手机上看到这些折扣信息，从而享受到手机购物带来的优惠。

（二）整合相关信息，建立网络数据库营销

网络数据库营销是一种互动的营销方式，是企业通过独特的营销媒体和渠道与公司的客户进行信息交换和信息交流的方式。要采取二维码营销，公司仍然可以将二维码作为建立这样一个网络数据库的模型。

二维码是一种高效的内存，它可以存储大量的信息，还可以收集客户信息。企业可以利用二维码集成相关信息，建立强大的网络数据库，从而开展营销，实现更大的收益。

网络数据库营销是一种成熟的营销手段，具有良好的发展前景。由于是针对众多企业，所以无论是营销工具平台，还是企业管理理念，都改变了企业营销模式和服务手段。因此，网络数据库营销可以从根本上提升企业的营销价值。通过建立数据库，企业可以看到消费者信息，可以分析消费者的需求，产品也可以有一个精准的定位，也有利于企业对客户一对一的管理和服务。

网络数据库中的二维码扮演营销角色实际上是非常好的。如今是信息技术快速发展的时代，广泛使用二维码能使企业获得巨大的优势，企业可以根据状态和信息扫描二维码，整合相关信息，建立网络数据库，这样更有利于企业营销。

（三）借助媒体优势进行广告互动

二维码广告的崛起，使企业品牌推广和图像宣传在很大程度上获得了新的营销方式，二维码广告通过二维码印在平面载体上，可以实现与传统媒体连接，这无疑打破了与传统印刷媒体的广告界限。因此，二维码成功获得了与媒体业务互动的优势。

当然，在电视广告方面，在线广告二维码也被广泛应用。二维码具有媒体优势，让客户参与扫描，参与广告互动，广告公司的有效性将大大提高。

然而，企业如何与媒体互动？有三个要点。

1.在打印媒体中加入二维码，让客户直接进行广告互动

企业可以在杂志、报纸、广告牌等中加入二维码，让客户可以直接通过手机扫描时看到广告，登录企业网站体验。此外，这些广告中的大多数公司都会发布："扫

描二维码，参与互动，赢大奖。"这种互动实际上可以有效地调动客户的积极性。

这种广告互动比以前简单的平面广告更有趣，能让客户充分享受这种体验。此外，这些杂志、报纸也有一些优势。例如在高铁、汽车、酒店休息区等，可以充分发挥它们携带方便、可读性强的优势。因此，企业可以利用这一优势，自己打印出二维码，增强与客户的广告互动。

2.在电视媒体中，二维码互动

我们曾经看过电视，特别是一些娱乐节目，经常看到主持人说："参与节目互动，拿出手机，发短信给……"虽然这种做法非常有效，但现在的公司很少使用这种方式与客户互动，而是直接将二维码作为交流互动的渠道。值得一提的是，二维码更方便客户积极参与互动，只需要扫描二维码即可，无须编辑信息。

客户在扫描二维码后，可以直接登录网站参与业务互动，而商业电视广告这种互动也有效地促进了企业的营销。

3.网络媒体优势，涉及二维代码交互

在互联网非常发达的今天，人们随便打开网站或公司网页，都会看到二维码。我们只需要拿出手机扫描，就可以直接登录并访问该页面。当然更重要的是，企业不仅能够借此提升页面浏览量，还可以驱动APP下的二维码成为热点。

（四）融入产品防伪信息，加强质量监控

随着移动网络的逐步发展，智能手机客户端越来越普及，很多商家开始利用二维码推销产品，走新科技营销之路，如扫码订餐、扫码购物等。细心的商家还发现，客户在扫码购物或者收到货品之后，会很担心物品的真伪，因为市场上屡次出现一些商贩打着正品的旗号贩卖假冒伪劣产品的现象。

通过对产品二维码的扫描，可以从产品的原材料、半成品、关键工序、运输等环节来采集信息，然后通过上传和处理，实现对产品的全方位追溯，甚至还可以实现产品召回等功能。这样一来，就能很有效地加强质量监控。对企业而言，也能够为下一步的具体营销做好铺垫。

根据调查，在市场上出现假冒伪劣产品的概率还是不小的，也就是说，消费者随时都可能会购买到假冒伪劣产品。为了让消费者放心购买，让企业知名度进一步提高，很多企业纷纷将产品防伪信息融入二维码之中。利用互联网基础上的二维码技术，让企业的产品呈现出一种透明健康的状态，这也是未来大多数企业都要走的路线。而且企业还可以通过二维码来增强客户对产品的信息管理，使客户有更多的参考依据，让企业的诚信度进一步得到提高。

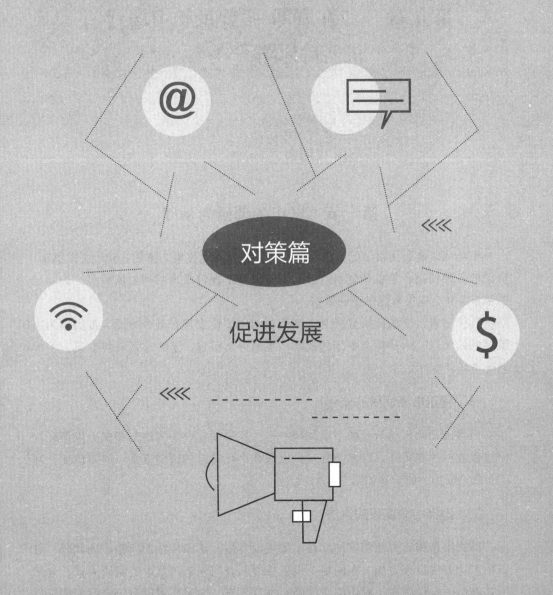

对策篇

促进发展

第九章 "互联网+"背景下市场营销的实施思路

第一节 以市场调研为基础

市场调研是运用科学的方法，有目的、有计划地收集、整理、分析有关供求、资源的各种情报、信息和资料。市场调研能够把握供求现状和发展趋势，为制定营销策略和企业决策提供正确依据。

具体来看，市场调研分析对营销管理的重要性表现在五个方面：提供作为决策基础的信息，弥补信息不足的缺陷，了解外部信息，了解市场环境变化，了解新的市场环境。[①]

一、确定市场调研的流程

网络市场调研与传统的市场调研一样，应遵循专业的方法与步骤，以保证调研过程数据的真实性，这才能真正做出适合市场需求的营销方案。通常情况下网络市场调研的一般步骤如图9-1所示。

二、选择市场调研的方法

网络市场调研方法随着网络技术发展而发展，不像传统的营销市场调研，可以由多种方法组合完成。在网络上设置在线调查问卷是最基本的调研方式，常用的还有电子邮件调查、对访问者的随机抽样调查、固定样本调查等。根据调查目

[①] 高京君，董长德.互联网营销解密：企业如何运作大互联网营销[M].北京：企业管理出版社，2015.

的和预算，可以采用几种网络调查手段相结合的方式进行。按资料来源可分为两种方法。

1. 直接调查

网络市场直接调研指的是为当前特定的目的在互联网上收集一手资料或原始信息的过程。调研过程中应采用哪一种方法，要根据实际调查的目的和需要而定。需要注意的是，应遵循网络规范和礼仪。

（1）设置专题讨论。专题讨论法可通过新闻组、电子公告牌或邮件列表讨论组等进行。在站点上提供交互功能，让顾客直接发表意见是调查的一个好方式。

（2）邮件问卷。将调研问卷制作成一份简单的电子邮件，并按照已知的电子邮件地址发出。

（3）在线问卷。在线问卷法即请求浏览其网站的每个人参与企业的各种调查。

图 9-1 市场调研的步骤

2. 间接调研

网络市场间接调研指的是通过网上信息的收集和整理取得二手资料。二手资料的来源有很多，如政府出版物、公共图书馆、大学图书馆、贸易协会、市场调查公司、广告代理公司和媒体、专业团体、企业情报室等。其中许多单位和机构都已在互联网上建立了自己的网站，各种各样的信息都可通过直接访问其网站获得。再加上众多综合型ICP（互联网内容提供商）、专业型ICP，以及成千上万搜索引擎网站的出现，使得互联网上的二手资料的收集非常方便。

（1）网络间接调查的渠道，主要有 Web、News、BBS、E-mail，其中 Web 是最主要的信息来源，万维网网页信息包罗万象，目前所要的信息基本都可以找到。

（2）网络间接调查的方法，一般是通过搜索引擎查找有关站点的网址，然后访问所要查找信息的网站或网页。如百度、雅虎等搜索引擎网站。全文搜索引擎是名副其实的搜索引擎，国外代表有 Google，国内则有著名的百度搜索。它们从互联网提取各个网站的信息（以网页文字为主），建立起数据库，并能检索与用户查询条件相匹配的记录，按一定的排列顺序返回结果。

根据搜索结果来源的不同，全文搜索引擎可分为两类，一类拥有自己的检索程序（Indexer），俗称"蜘蛛"（Spider）程序或"机器人"（Robot）程序，能自建网页数据库，搜索结果直接从自身的数据库中调用，上面提到的 Google 和百度就属于此类；另一类则是租用其他搜索引擎的数据库，并按自定的格式排列搜索结果，如 Lycos 搜索引擎。

搜索引擎一般采用分类层次目录结构，使用时可以从大类再找小类，直到找到相关的网站，操作时只要进行选择即可，或者为提高查找效率和准确度，直接键入关键字查找相应内容。

三、利用网络进行市场调查的特点

网络市场调查是利用互联网手段进行的市场调研。与传统的市场调研相比，网络上的市场调研具有如下特点：

（1）及时。调查表一上网，就能迅速传递给网上的用户，任何网民都可以参与调查并实时查看结果。

（2）便捷和低费用。节省传统调查中所耗费的大量人力、物力和时间。电子问卷可用统计软件进行分析。

（3）交互性和充分性。不同于传统调查的"你问我答"，网络市场调查时，被调查对象可自由地发表看法，针对问卷相关的问题提出自己的看法和建议；同时，被调查对象不一定马上填问卷，他有充分的时间进行思考，从而充分地发表自己的看法。

（4）调查结果的可靠性和客观性。被调查者是在完全自愿的原则下参与调查，调查的针对性更强；问卷的填写是自愿的；可以避免传统调查中人为错误所导致的调查结论的偏差。

（5）网络调研不受时空和地域的限制。可以 24 小时全天候进行。

四、了解网络消费者的行为特征及变化

网络经济时代的最大特征是买方市场，原因在于互联网信息的透明和客户转换成本低。互联网的独特交易环境，改变了消费者的消费行为，企业营销也必须跟上时代发展的步伐。网络时代消费行为的变化可以概括为以下几个方面。

1. 消费产品个性化

消费产品个性化是消费者的客观要求，在大规模生产的时代，共性需求取代了这种个性需求。社会消费品的日趋丰富、人们收入水平的不断提高进一步拓宽了消费者的选择余地，并使产品的个性化消费成为可能。消费者购买产品不再仅仅是为了满足其物质需要，也是为了满足心理需要，在这一全新的消费观念影响之下的个性化消费方式正在逐渐成为消费的主流。互联网营销必须面对这一市场环境，对市场进行细分，直至极限。

2. 消费过程主动化

传统营销中，消费者面对的是"填鸭式"的宣传，而互联网使双向交流变得很便捷。在互联网营销中，消费者消费的主动性得到增强，这种消费过程主动性的特点，对互联网营销产生了巨大的影响，它要求企业必须迎合消费者的这种需要，通过和消费者的沟通交流，对消费者产生影响，让消费者在比较中做出选择。

3. 消费行为理性化

在网络环境下，充分的信息、从容的时间使他们可以理性地选择自己的消费方式，这种理性消费方式表现在：消费者可以理智地选择价格；大范围地选择比较，通过"货比三家"精心挑选自己所需要的商品；主动地表达对产品及服务的欲望。也就是说，消费者不会再被动地接受厂家或商家提供的商品或服务，而是会根据自己的需要主动上网去寻找适合的产品。即使找不到，也会通过网络向厂商主动表达自己对某种产品的欲望和要求。

4. 购买方式多样化

网络的快速互动，使厂商对消费者的需求了解更快捷，消费品更新换代的速度加快，反过来又使消费者求新、求变的需求欲望得到进一步加强；同时，由于在网上购物的方便，人们在满足购物需要的同时，又希望能得到购物的种种乐趣。这两种心理使购买方式变得多样化，这种多样化的购买方式又直接影响了互联网营销。

五、市场调研报告的撰写

调研报告一般有两种形式：一种是专题性报告，是供市场研究及市场营销人

员使用的内容详尽的具体报告；另一种为一般性报告，是供职能部门的管理人员和企业领导者阅读，内容简明扼要而重点突出。

调研报告的结构包括开头、正文和结尾三个部分。开头有问候语、说明和序言；正文有主要结论、调研的详细过程、调研的结果和小结、总的结论和建议；结尾有参考资料和附录等内容。

（一）市场调研报告的写作标准

1. 完整性

一份完整的报告应当是为客户提供了他们希望获取的所有信息。这意味着作者必须不断地询问自己安排的每一个问题是否都得到了解释。一份不完整的报告意味着营销决策难以实施，必须有补充的报告。客户是决定报告完整性的关键，他们的兴趣和能力决定了什么需要解释，什么可以省略。

2. 准确性

在撰写市场调研报告的时候，主要应注意报告的准确、客观，避免给阅读者以任何形式的误解。首先要注意用词准确，每个概念都有特定的内涵和外延。在选用词语时，要准确地把握其概念，做到词义相符。商务调研报告和科研论文一样，讲求的是资料的准确性和逻辑的正确性，不能像文学作品那样用夸张、拟人、借代、比喻等修辞手法，避免使用带有感情色彩的语言。商务调研报告在时间用语上要注意使用绝对表示法，尽可能避免相对表示法。在用中文书写的调研报告中使用数字，应该遵循国家的规范用法。对于社会经济统计数据，凡是直接取自正规出版物的数字，可以按原有数位的详尽程度引用；凡是取自初级资料而又经过运算的，其结果的数位详尽程度不必超过调查问卷中的；凡是不同来源数据综合测算的结果，其数位的详尽程度以来源数据中最低的为准。

3. 简洁性

研究报告的作者往往对所收集资料难以取舍，但是作者在保证报告完整的前提下必须有选择地采用信息。否则可能由于报告太长而使人难以接受。研究人员必须避免读者面对所有的信息资料。如果有些材料与主题无直接关系，就可以省略。作者还应避免对人们已熟知的方法大加讨论，即使材料是合适的，也应该避免。

（二）市场调研报告的写作步骤

1. 选取数据资料

市场调研报告的撰写必须根据调查所得的数据资料进行分析，即介绍情况要有数据作依据，反映问题要用数据做定量分析，提建议、实行措施同样要用数据来论证其可行性与效益。恰当选材可以使分析报告主题突出、观点明确、论据有力。因此，有无丰富、准确的数据资料作基础是撰写调查报告成败的关键。在确立主题、论点、论据后，就要围绕主题，选取数据资料展开研究了。

在进行网络市场调研、收集资料的过程中，调研人员还没有形成任何固定的观点，收集到的大量调查数据资料不可能都是切中主题、能准确反映事物本质特征的典型材料，因此必须对所收集的数据资料进行去粗取精、去伪存真、由此及彼、由表及里的分析研究和加工判断，才能挑选出符合选题需要、最能够反映事物本质特征的准确资料。在撰写时，要努力做到用资料说明观点，用观点论证主题，详略得当，主次分明，使观点与数据资料协调统一，以便更好地突出主题。

2.撰写初稿

根据报告大纲由一人或数人分工进行初稿的撰写。参与的人数不宜过多。报告要努力做到准确、集中、深刻、新颖。准确，是指根据调研的目的，要如实反映客观事物的本质及其规律性，结论正确；集中，是指主题突出；深刻，是指报告能较深入地揭示事物的本质；新颖，是指报告要有新意。

3.定稿

写出初稿，征得各方意见并进行修改后，就可以定稿。在定稿阶段，一定要坚持对事客观，服从真理的原则，使最终报告较完善、较准确地反映市场活动的客观规律。

同时，在完成网络市场调研报告初稿的基础上组织讨论和修改，再次审查报告是否符合调研要求、分析方法是否得当、数据是否准确、结论是否正确、结构是否合理。具体注意各部分的写作格式、文字数量、图表和数据是否协调，各部分内容和主题是否连贯，顺序安排是否得当，然后根据意见进行修改。重要报告要反复进行修改，最后通过审查得到批准后，再正式提交或发布。

4.正式提交或公布网络市场调研报告

调研报告经过批准后，可以正式提交或发布。

第二节 以顶层设计为指导

顶层设计，对企业而言，是指企业跳出自身范围，站在行业位置、国家位置，自上而下思考企业、行业未来的发展方向及问题，并制定可行的发展目标；全角度思考，制定系统的、可行的、高效的计划，以期实现战略目标的过程。顶层设计不仅有用，而且有大用，且企业和政府在制订发展方略过程中必用。只有利用系统思考方法，帮助企业制定切合实际的顶层设计，企业才有可能在大互联竞争中脱颖而出。

一、找到业绩增长点

一个企业为了长期稳定发展，有必要跟上时代的步伐，洞察消费者不断变化的需求，不断寻找新的商机，寻找新的业务增长点，以保持企业的业务持续增长。这对我国企业来说是一个挑战，因为中国市场处于高速增长的转型阶段，国内市场不断扩大，消费水平不断提高，不同于发达国家已进入稳定状态。那么无论是产品创新还是商业模式创新，都在不断上升的轨道上，无论产品或商业模式多么好，几年后都会过时，其生命周期越来越短。为了应对这种充满活力的市场变化，在市场竞争中占据主导地位，企业必须抓住商机，通过战略转型，确定下一个业绩增长点，确定未来几年企业核心业务的发展方向。

当然，要做到这一点，首先要有组织上的保障，即企业必须有长期负责这一项工作的人员或部门，而且负责人必须对市场趋势具有战略性、前瞻性眼光。一般来说，销售部门负责一年的业务，营销部门负责未来几年的业务。

但是，今天的大多数中国企业都在努力往前走，而不是冷静下来，确定企业的发展战略。现在，许多公司没有设置市场部门。虽然有些企业设立了营销部门，但没有真正意义上的市场开发工作，更多的是做一些营销工作，包括营销策划、促销活动、广告等工作，大部分营销部门在企业中仅仅起配套作用。这是许多中国企业"勤劳而不富"的根本原因。虽然我们很努力，但是由于组织设计得不合理，常常事倍功半。相比之下，西方企业无论规模大小，都是"两条腿走路"，销售部门和市场部门各负其责，所以它们不累，可以"工作生活两手抓"，可以获得更高的利润，对企业业务的未来有控制能力。

那么营销部门怎么发现新的商机呢？这里有必要谈谈市场部门的五大功能：

第一，市场开拓功能，负责发现未来商机。

第二，平台规划功能，可以负责平台运行机制和资源配置的合理规划。

第三，产品定义功能，负责查找产品能够售出的真正原因。

第四，营销功能，负责节省资金和精力，有效地与客户沟通。

第五，渠道支持功能，负责向销售人员提供数量众多的销售渠道，提高销售队伍的战斗力。

这里要专注于平台规划功能。营销人员在进行市场调查的时候通常会关注谁是竞争对手，而忽视消费者的看法。这样很容易被竞争对手牵着鼻子走，而忽视了自身的发展。

二、创新商业模式

（一）什么是商业模式

商业模式即商业创意，商业创意来自机会的丰富和逻辑化，并有可能最终演变为商业模式。其形成的逻辑是：机会是经由创造性资源组合传递更明确的市场需求的可能性，是未明确的市场需求或者未被利用的资源或者能力。

有一个好的商业模式，成功就有了一半的保证。商业模式就是公司赚钱的途径和方法。简而言之，饮料公司通过卖饮料来赚钱，快递公司通过送快递来赚钱，网络公司通过点击率来赚钱，通信公司通过收话费来赚钱，超市通过平台和仓储来赚钱，等等。只要有赚钱的地儿，就有商业模式存在。

随着市场需求日益清晰以及资源日益得到准确界定，机会将超脱其基本形式，逐渐演变成为创意（商业概念），包括如何满足市场需求或者如何配置资源等核心计划。

随着商业概念的自我提升，它变得更加复杂，包括产品／服务概念、市场概念、供应链／营销／运作概念，进而这个准确并差异化的创意（商业概念）逐渐成熟并最终演变为完善的商业模式，从而形成一个将市场需求与资源结合起来的系统。

商业模式是一种包含了一系列要素及其关系的概念性工具，用以阐明某个特定实体的商业逻辑。它描述了公司所能为客户提供的价值以及公司的内部结构、合作伙伴网络和关系资本（Relationship Capital）等用以实现（创造、推销和交付）这一价值并产生可持续盈利收入的要素。

在文献中使用商业模式这一名词的时候，往往模糊了两种不同的含义：一种被简单地用来指公司如何从事商业的具体方法和途径，另一种则更强调模型方面的意义。这两者实质上有所不同：前者泛指一个公司从事商业的方式，而后者指的是这种方式的概念化。后一观点的支持者们提出了一些由要素及其之间关系构成的参考模型（Reference Model），用以描述公司的商业模式。

商业模式具体内容包括以下几点：

首先，它是一套业务逻辑，也就是根据什么样的逻辑思维为客户创造价值。其次，它基于"利他主义"思维和商业活动，既可以帮助客户提升幸福指数，也可以帮助客户减轻疼痛指数。所以，我们说老板的"利他主义"思想可以称之为企业家的真正意义，而为了赚钱，以"自我"为基础的企业主只能被称为商人。同样，它是一个系统的方法论，一个科学的系统，一旦在某一点成功，就可以在更大范围内批量复制。这需要系统的思考，再根据最终目标配置各种资源，缺少什么做什么，最终建立一个市场化的组织。商业模式不是一个短期的计划，而是一个长期稳定的运作模式。

商业模式创新决定了企业的成功，特别是那些想做大企业的人，必须在商业模式上做足文章，否则只会事倍功半。但是，商业模式创新的出发点是"要采取不寻常的方式"，不能剽窃，模仿旧路，必须在某一方面或几个方面进行创新，远远超出现有的竞争对手。如果企业必须复制、模仿一个商业模式，那么它只能被称为"山寨模式"，只能跟在别人后面捡一些剩菜。

（二）商业模式设计的要素

要了解真实的商业模式，我们必须了解商业模式设计的六大要素。

1. 明确市场走向

企业要把产品或服务交付给消费者，中间必然会经过很多道程序，会涉及中间商、合作伙伴等。当然，很多公司不是只有一个单一的渠道，而是多渠道共存，为了覆盖不同的终端用户群体，企业在商业模式设计过程中就要解决不同渠道的分工、如何运作、如何避免冲突等问题。B2C（企业对客户）、电子商务、服务外包等是业务模式的一部分，但它们属于业务模式的顶层，对于业务而言，业务模式设计的真实意义是指一种特定的顶级商业模式，如在 B2B 模式中，企业通过商业模式设计胜过竞争对手。

2. 明确企业盈利模式

企业赚的是哪一份钱？为什么可以赚到这笔钱？哪些产品无法赚钱，甚至亏损？企业必须清楚自己所依靠的是哪种盈利模式，其中哪一种模式远远领先，如服务经验、产品设计、物流配送等。明确了依靠什么赚钱，就一定要坚持在这一方面投资，逐步加强企业的特色，直到客户能够清楚地看到，竞争对手能清楚地认识到。

3. 确定企业的价值链和生态系统

也就是说，企业的所有利益相关者之间的关系是什么，他们发挥什么作用，他们的价值观如何，企业要能统统做出明确的描述，并能整理所有的上游和下游关系以及所有的合作伙伴关系，还要明确利益相关者在价值链中创造的价值。当前市场环境下，企业要想快速发展，必须整合更多的社会资源，从而提高企业的成功率，提高安全系数。整合的资源越多，安全系数越高。一旦你建立了一个完整的价值链，就相当于有一个屏障，可以防止竞争对手的攻击。毫不夸张地说，未来的竞争将是价值链的竞争，谁拥有了健康的价值链，谁就拥有了未来。这对于不喜欢合作，不擅长兼并，而喜欢单打独斗的中国企业来说，无疑是一个挑战。

4.明确企业的价值主张

客户的价值创新是独一无二的，换句话说，站在客户的立场上得到的结论比现有的解决方案更有优势和意义。例如它可以更便宜、更方便、更安全、更有效、更稳定、更坚实、更时尚等等，而这些"更"代表了企业核心竞争力，因为为了实现这些价值，企业不仅要努力工作，而且需要多年的不懈努力。企业有一定的核心竞争力才能占有竞争优势，才比竞争对手先达到目标。

5.明确企业的组织结构

有了明确的商业模式，企业就可以清楚地画出组织结构图，这种组织结构图与大多数人熟悉的自上而下的组织结构是完全不同的，它没有明确的下属关系和隶属关系，但明确了彼此之间的关系和服务机制。通过这个组织图可以帮助企业内部形成"握手关系"，让各部门经理、每位员工了解自己在公司内部的定位，如谁是"内部客户"，谁是自己的"内部供应商"，他们的表现由谁参与评估，以便设计跨部门工作流程，采取标准化行动。要固化监督制约机制，形成内部控制制度，建设信息系统，为360°考评打下基础。

6.明确企业经营管理的"道"

这是一种经营管理的哲学，而不是"术"，虽然它涉及操作层面的事情，但是它依然属于战略层面。要明确企业经营管理的"道"，企业家和高管层就需要高度重视这项工作，它需要一套完整的方法论，需要丰富的实战经验、行业知识和非常高的专业技能。如果企业内部没有合适的人带领着大家一起去做商业模式设计，最好借助外部力量去完成它，这样可以达到事半功倍的效果。千万不要单纯依靠自身有限力量独自摸索，否则会继续走弯路，浪费时间，错过机会，到头来还需要不断纠偏，不断付出巨额的成本和代价。

总之，商业模式设计就是"基于未来看现在""基于对手看自己""基于客户看产品""基于价值看创新"，是为了建立企业的竞争优势而必须完成的一项艰巨工作。唯有把商业模式设计好了，对外才能找准市场的切入点，给客户带来独特的价值，给客户一个选择本企业、本品牌的理由；对内则可以把企业内部的各种资源整合好，同心同德，统一步调。不过，任何商业模式都是有生命周期的，所以企业要想跟上时代的步伐就要每隔几年对过去的商业模式进行修订，要勇于否定自己过去的成功，千万不能守着成功睡大觉，否则最终会被淘汰出局。

第三节 以品牌塑造为主线

一、调整品牌定位

品牌定位就是要让品牌在消费者头脑中占据一个有利的位置。品牌定位的目的就是将产品转化为品牌，以利于潜在顾客的正确认识。成功的品牌都有一个特征，就是以一种始终如一的形式将品牌的功能与消费者的心理需要连接起来，通过这种方式将品牌定位信息准确传达给消费者。做品牌必须挖掘消费者的兴趣点，当消费者产生某一方面的需求时，企业首先就会想到它的品牌定位，就是为自己的品牌在市场上树立一个明确的、有别于竞争对手的、符合消费者需要的形象，目的是在潜在消费者心中占据一个有利的位置。

好的品牌必须具有鲜明的个性，通过提炼品牌的价值诉求与客户进行理性的沟通，通过体验式营销进行感性的沟通，千万不要假定消费者无知而去愚弄他们。在这方面，国内企业与跨国公司在品牌宣传理念上有着本质的差别——国内企业一般采用 USP，即独特销售主张；而跨国公司普遍采用 FAB，即客户价值分析体系。表面上看两者没有什么太大的分别，但却是站在不同的立场上看问题。前者是站在本企业的立场上看如何把产品卖出去，是去找卖点，并用这种卖点或者主张去引导消费；而跨国公司则是站在用户的立场上看其产品给用户带来了什么与众不同的价值，独到之处在哪里，是去找消费者的痛点，并通过理性的分析告诉消费者形成这种价值诉求的依据和基础是什么。

品牌定位是品牌传播的客观基础与前提条件。良好的品牌定位是品牌经营成功的前提，为企业进入市场、拓展市场起到导航作用。品牌定位是品牌传播的客观基础，品牌传播依赖于品牌定位。经过多种品牌运营手段的整合运用，品牌定位所确定的品牌整体形象即会驻留在消费者心中，这是品牌经营的直接结果，也是品牌经营的直接目的。

二、顺应竞争环境的演变

当前市场上，众多世界顶级和一线品牌在中国市场的迅速腾飞，证明了品牌的重要性。越来越多的人，纷纷瞄准了世界顶级品牌，尽管他们的实际生活水平还没有达到消费那些顶级品牌的层次，但是为了面子等原因，他们不得不消费这些产品。只要看看 LV、爱马仕等国际一线品牌在中国市场的销售业绩增长额就不难得出这样的结论。要知道，有些人在"衣食住行"得到满足之后，精神上的满足开始占据主导位置，他们喜欢旅游，喜欢购物，喜欢享乐，这样可以让他们暂时释放生活中和工作上的巨大压力，寻找属于自己的尊严。因此，品牌塑造必须顺应当前市场竞争形势，寻找到最适合企业的发展目标。

三、关注主流消费群体的演变

过去 20 年，中国企业普遍是跟在别人后面走，通过借鉴、模仿、低价来赢得竞争。这种做法在大众化时代也许没有什么问题，因为对于温饱型消费者来说，毕竟价格是第一位的。而面对越来越多的消费者，企业不能再用过去的价格战去赢得竞争，必须从价格导向转为价值导向，这是战略转型的一个关键点。

因收入提高的"白领"，在生活和消费观念上与他们原本的状态有着割舍不断的关系，他们仍然会不自觉地加入主流消费的大流中，他们的消费在某种程度上对主流消费起到一定的示范作用。

主流消费群体在消费构成中有一定的特点。在研究他们的消费行为、消费理念和消费习惯之后会发现，目前中国主流消费群体的消费需求还是以基本生活为主，吃、穿、用等基本需求是主流消费的主要表现。

企业必须要把握主流消费，把握一种动态中的规律。到了主流消费阶段，企业才能真正摸到卖点发展的脉搏。主流消费是一个动态的概念，每一个时期都会有自己的主流消费，只是表现形式不同罢了。随着时代的变迁和社会的发展，人们的主流消费取向会有所改变，但主流消费这一概念会一直存在。因此，不能简单地把主流消费理解为大众消费，所谓的高档消费也是相对的。把握主流消费是把握一种动态中的规律，而不是对业已存在的卖点模式的简单复制。

四、品牌的个性化标识

标识是品牌的一部分，标识是品牌的标志和名称，便于消费者识别。但品牌的内涵远不止于此，品牌不仅仅是一个易于区分的名称和符号，更是一个综合的特征，需要赋予其形象、个性、生命力。品牌标志和品牌名称的设计只是创立品牌的第一个环节，也是必不可少的一道程序。但要真正成为品牌，还要对品牌个性、品牌认同、品牌定位、品牌传播、品牌管理等各方面的内容进行完善。这样，消费者才能真正认识和了解品牌，从而接受品牌。标识是一种法律概念，而品牌是一个市场概念，标识的法律作用主要有：通过标识专用权的确立、转让、争议、仲裁等法律程序，保护标识所有者的合法权益；促使生产经营者保证商品质量，维护标识信誉。

品牌是企业与消费者之间的一份无形契约，是对消费者的一种保证，有品牌与无品牌的产品相比，消费者更多地信赖有品牌的产品；品牌是消费者选择商品的依据。消费者一旦对某一品牌产生认同感便会逐渐对其产生信赖感，相信这一品牌的品质和性能。品牌还是规避单纯价格竞争的一种手段，因为品牌有特有的附加价值，消费者为购买其认同的商品，可以多一点额外的付出；品牌是企业实现企业利润最大化的保证，每一个新产品的推出，都可以借助品牌增加价值；品牌是身份和地位的象征，有利于促进产品销售，树立企业形象。

标识掌握在企业手中，而品牌是属于消费者的。当消费者不再认同你的品牌时，你的品牌在其心目中也就变得无所谓了。品牌价值只是存在于消费者的头脑中，若品牌出现危机，消费者对品牌的信心势必会下降，那么品牌的价值也就会降低。

品牌标识不仅仅是一个 Logo 那么简单，它代表的是一个企业的自信。一个品牌的标识必须彰显品牌的个性和追求。当一个企业没有自信的时候，其标识往往会抄袭、借鉴，如与某一个国际知名品牌如出一辙，只是在图案上、文字上或者色彩上做个微调。比如许多体育运动品牌都在或多或少地模仿耐克，怎么看都与耐克的图案有相似之处，这是一种不自觉的行为。所以在品牌重塑的过程中必须清醒地认识到这一点，并舍得花钱请有水平的设计公司去设计 Logo，毕竟品牌标识不是可以经常换来换去的，要争取一劳永逸，一步到位。

五、提炼品牌的价值诉求

一说到提炼品牌的价值诉求，企业的普遍想法就是编概念。不少企业家当初一拍脑袋定下了一个产品，开工就批量生产，之后跟经销商或一些客户谈判的时候，越谈越没底，于是通过各种途径找人帮助，想要提炼个什么概念让它火起来。企业家的灵光闪现在很多情况下确实不错，拍脑袋想出来的产品在一定程度上能解决一些消费群的问题，但是因为没有梳理清楚产品的价值体系，就不能很好地面对经销商和消费者。

更多的情况是我们的企业家还处在卖概念的时代。产品没什么不同，都是降血糖、降血脂，但又无法声称自己的功能，希望策划公司编一些概念来让消费者买单，这样的短线行为无论是对企业，还是对咨询机构本身的声誉，都是一种伤害。

总之，中国企业在经历了第一阶段的成功之后，已经具备了"上台阶"的基础，现在到了"上台阶"的关键时刻，接下来就是尽快通过战略调整来推动品牌重塑。

有了清晰的定位，就可以逐步丰富品牌的内涵，把品牌变得有血有肉。比如可以把很多令人感动的小故事整理出来，可以把客户消费之后的感受与体验讲出来，可以把很多枯燥的文字变成形象的图案和图片，把很多有意义的理念变成有意思的说法。

六、网络营销的品牌策略

虽然网络营销和传统营销在产品的销售方面有很大的不同，但二者都需要注意产品营销策略。与传统营销相比，网络营销有很多不利之处，产品的质量、包装都不易被直观地觉察到，这就决定了网络营销的品牌策略在网络交易中有更重要的作用。[1]

（一）网络品牌的开发

品牌营销是市场经济高度竞争的产物，经过多年实践，已经发展得相当成熟，形成一个以"品牌经理制"为代表的完整管理体系。因特网所具有的交互、快捷、全球、媒体特性等优势，对于提高企业知名度，树立企业品牌形象，更好地为用户服务等都提供了有利的条件，这些网络本身固有的特性对于每一个企业都是公平的。因此，企业应该根据自身的产品与服务特点，利用网络资源创建自己的网络品牌。

1.在调查市场、了解消费者需求的基础上开发网络品牌

不管是实体市场品牌在网络市场上的创新，还是网络新品牌的推出，都需要有明确的需求指向，避免出现品牌开发出来却因缺少需求支持而胎死腹中的情况。

2.有意识地利用电子商务建立网络品牌

2009 年，"麦包包"成为淘宝的明星卖家后，"麦包包"几乎成了时尚箱包、流行箱包的代名词。"麦包包"将网络品牌效应扩展到实体生产领域，完成了向自有品牌制造商的转变，成为一个年销售上亿元、一天可以推出 50 个新产品并且实现"零库存"的网络明星企业。在坚果市场，"三只松鼠"在 2012 年通过网络强力推出国内第一个互联网森林食品品牌，改变了坚果没有品牌的历史，一举夺得淘宝、天猫坚果零食类目零售冠军的宝座，实现了中国互联网食品历史性的突破。

3.通过网络品牌使原有品牌的内涵得到扩充

品牌的内涵已经延伸到售后服务、产品分销、相关信息与服务等多个方面。如加拿大亨氏公司（婴儿营养学的权威）以往为了建设亨氏产品的品牌，设立了800 个免费客户服务热线，支持资助"宝贝俱乐部"等活动。现在，该公司通过在站点（www.heinzbaby.com）中给用户提供丰富的婴幼儿营养学知识、营养配餐、

---

① 杨坚争，杨立钒 .电子商务基础与应用 [M].西安：西安电子科技大学出版社，2015.

父母须知等信息，开展网络营养知识的传播与营销等方式，使用户在学习为人父母、照顾婴幼儿常识的同时，建立了对亨氏品牌的忠诚度。这样，人们对亨氏品牌的理解就不仅局限于婴儿的营养产品，还包括丰富的营养学知识。

4. 利用网站的交互能力维系品牌的忠诚度

与客户及时进行有效的沟通是提高品牌生命力、维系品牌忠诚度的重要环节。网站的交互特性为市场营销中的交流和沟通提供了方便。一方面，客户可以通过在线方式直接将意见、建议反馈给经营者；另一方面，经营者可以通过对客户意见的及时答复获得客户的好感和信任，从而增强客户对品牌的忠诚度。

5. 借鉴传统手段宣传网络品牌

新兴的电子商务网站在利用网络广告进行品牌宣传时，也要注意使用电视、杂志、报纸、户外等传统广告形式树立品牌形象，以使那些还没有接入因特网的用户在上网前就接受他们的品牌宣传，同时也加深那些上网用户在离线状态下对品牌认知的程度。

6. 制定一些特殊的品牌策略

传统企业进入网络经济环境后，为了在网络营销中取得竞争优势，必须让用户认识到在企业新的网站中同样能得到在线下公司享受的高规格的产品与服务。同时，还可以与其他知名的企业共同建设新的网络品牌，使新品牌受到更多关注。

（二）网络品牌的经营管理

品牌是有个性的，需要实力的支撑和文化的承载。网络公司成立时间短，人员流动快，很难形成自己的一套企业文化。而没有企业文化支撑的品牌是脆弱的。如果网站只做那些浮夸无效的广告是不可能赢得受众的心理认同的，还可能导致注意力的泡沫，也就是说注意力经济是要有实效支撑的。有了实效支撑，注意力塑造的品牌才不会流于表面，成为泡沫。

品牌对网民有着重大意义，品牌代表着一个网民的喜好和品位。透过品牌，网民去认知网站，区分网站，享受网站所带来的服务，甚至和网站产生情感。品牌是经验，是网民登录的保证。一个优质品牌是客户信心的保证。例如，当我们需要拍卖自己的产品时，首先想到的是淘宝网和拍拍网；当我们购买图书时，首先想到的是当当网和卓越网；当我们购买电器产品时，首先想到的是京东商城和苏宁易购。品牌形象会在消费者心目中巩固、发展、延伸和完善，为网络公司创造不断增长的访问量及商务销售额。网站必须建立长期品牌策略，而短视的品牌策略很可能将电子商务企业送上断头台。

一个著名品牌的崛起往往在于其内在精神与当时社会的时代精神及人们生活

方式的深层次需求的高度契合。从 20 世纪 90 年代开始，这一特征在网络商业活动中表现得越来越明显。阿里巴巴将塑造新商业文明作为企业品牌发展的切入点，通过新商业文明核心范式来宣传名牌，在网商和网民中树立自己的良好的品牌形象，收到了很好的效果。

作为著名电器销售商——苏宁电器旗下的商务网站苏宁易购并没有完全依赖原有的品牌资源，而是彻底颠覆了传统品牌打造的理念，提出了符合因特网的品牌整合方案。通过地面广告、微博互动、微电影冠名、参与电视节目、捐赠公益活动、设立"打拐基金"等，多渠道扩大了品牌的影响力。苏宁易购不仅创造了新的网络营销模式，也树立了苏宁新的企业形象。

（三）网络品牌的保护

市场竞争犹如一场没有硝烟的战争，企业不仅应该时刻防备竞争者的挑战，还需防范有损自己产品形象的不法行为，尤其是在网络环境下，随着越来越多的公司在因特网上建立网站，网络品牌的争议也变得相当普遍。

首先，一个公司可能在一个国家拥有该商标权，另一个公司可能在另一个国家拥有该商标权。但因特网是全球性的，只允许在世界范围内有一个独立的域名。范围的不同导致了问题的产生。例如一个国内因特网用户，想以其在美国注册的商标作为域名，就可能因该域名已被一个使用同样商标的外国公司抢注而无法实现。

其次，由于因特网的全球性，那些原本在不同行业使用同样商标而能合法共存的公司，也不能使用相同的名称作为域名。例如美国广播公司不能使用"abc.com"作为它的域名，因为该域名已被芝加哥 ABC 注册。而在商标法中就不会产生这样的问题，因为虽然易于引起消费者混淆的相似商标不能共存，但这两个 ABC 公司属不同行业，不会引起消费者对商品或服务来源的混淆，所以可以使用相同的名称。但在网络中，只能有一个公司使用"abc.com"这个域名。在当前各种形式的媒体相互融合、有线和无线广播公司迅速涌入因特网的形势下，美国广播公司就处于十分不利的境地。

再次，域名对商标权的侵犯在网络上是相当严重的。侵权者不仅盗用了其他人的商标，而且还限制了商标所有人在网络上用其商标作为域名的权利。因此对网络品牌的保护对商标所有人非常重要，对商标与企业名称一致的商标所有人来说则更是如此。

面对虚拟市场环境，国内企业更应珍惜自己历经几年甚至几十年培植起来的品牌。虽然这些品牌有的还不能与国际著名商标比肩，但终究是我国商品文化的精粹，是民族企业的瑰宝，企业应从战略的角度来认识和保护它。

第四节　以整合营销为实施方式

一、理解网络整合营销

网络整合营销（Network Integrated Marketing），是指在一段时间内，企业以消费者为核心重组企业和市场行为，通过综合使用以互联网为主的各种传播方式，以统一的目标和形象，传播连续、一致的企业或产品信息，实现与消费者的双向沟通，迅速树立品牌形象，建立产品与消费者的长期密切关系，更有效地达到品牌传播和产品行销的目的的行为过程。

网络整合营销有三方面的含义：

（1）一致性：消费者无论从哪种媒体所获得的信息都是统一的、一致的，企业只用一个声音说话。

（2）互动性：企业与消费者之间展开富有意义的互动交流，双方能迅速、准确、个性化地获得信息和反馈信息。

（3）目的性：企业的一切营销活动都围绕企业目标来进行；实现全程营销。

二、网络整合营销的三大步骤

（一）制订完整的营销计划

企业网络整合营销是一个系统性长期的工程，企业网络整合营销计划一般包括以下内容。

1.企业营销市场调研

市场调研是企业进行市场预测和决策的基础。市场预测和决策都是面向未来的，存在许多不确定性的因素，通过市场调研，可以了解、掌握消费者的现实和潜在需求，可以有针对性地制订营销策略，减少决策的盲目性，在竞争中发挥企业优势，从而取得良好的营销效果。

市场调研的内容包括了对消费者、竞争者以及整个市场情况的及时报道和准确分析。市场调研对一个电子商务企业来说是必不可少的，它能促使企业生产适销对路的产品，及时地调整营销策略。市场调研能够引导营销人员推出打动人心的广告，制定出产品的推广、促销方案。事实上，如果市场调研进行得及时而且顺利，销售情况必会形势大好，因为企业能根据市场需要来生产产品。

2.企业整合营销目标

其包括总目标的归纳和对目标的分解。

3.企业整合营销费用支出

支出在很大程度上决定了企业整合营销的渠道选择以及效果确定，企业要根据费用制订合理的企业整合营销方案。

（二）多种营销手段实现营销效果

有针对性地使用多种网络营销手段来实现营销效果。在网络整合营销的实际操作中，我们通过数据分析确定营销受众所在与受众喜好，然后根据分析结果选择合适的网络营销媒介与营销手段。当前最为普遍的网络营销手段有搜索引擎营销、网络广告投放、新闻营销、社会化媒体营销等等。

（三）效果跟踪监测随时调整策略

企业网络营销中有两个重要环节，一是前期的方案制订，二是后期的效果跟踪调整。两者对于整个网络营销的效果大小有重要的影响。效果跟踪可以通过各种数据来衡量，如访问 IP 数、二跳率（用户在页面上产生的首次点击被称为"二跳"）、PV 量、停留时间等，根据效果监测加大力度跟进优秀平台。以搜索引擎竞价广告投放为例，当二跳率与停留时间较差时，应立刻停止广告投放，进行关键词的优化与人群的定位选择。

三、实施整合营销的策略

互联网整合营销将给企业带来至少五方面的收益。一是快速提升品牌知名度和认知度；二是扩大产品消费人群，增强年轻人对该品牌的认同；三是通过动漫、视频等娱乐化、时尚化的营销传播，使品牌更年轻，更有活力，与潜在消费人群保持良好沟通，增进品牌文化的认同；四是为区域品牌进军全国市场打先锋，通过低成本、高收益的网络整合传播，取得营销上的优胜权；五是通过电子商务合作联盟，建立或扩大企业的网络销售渠道，提高批发及团购出货量和利润率。[①]

（一）价格策略

从单纯考虑定价变为研究消费者为满足需求所愿意付出的成本。影响和制约企业制订产品价格的因素中无论是市场供求状况、消费者心理还是竞争状况，在互联网环境下都同传统营销方式下的状况有着很大的差异。这就决定了网上销售的价格弹性较大。因此，企业在制订网上价格策略时，应充分考虑、检查各个环

---

① 李健，侯书生．赢销新剑法：企业新潮营销方式 [M].成都：四川大学出版社，2016.

节的价格构成，以期制定出最合理的价格。

1.设计、开发一个适合网络环境的自动调价系统

由于网上价格会随时受到同行业竞争的冲击，所以企业可以开发一个自动调价系统，根据季节变动、市场供需情况、竞争产品价格变动、促销活动等因素，在计算最大赢利基础上对实际价格进行调整，同时还可以开展市场调查，以便及时获得有关信息来对价格进行调整。

2.协商定价

开发智能型议价系统与消费者直接在网上协商价格，即两种立场（成本和价格）的价格策略直接对话，充分体现网络营销的整体特点。

3.公布定价标准

考虑到网上价格具有公开化的特点，消费者很容易全面掌握同类产品的不同价格，为了避免盲目价格竞争，企业可开诚布公地在价格目录上向消费者介绍本企业价格制定程序，并可将本产品性能价格指数与其他同类产品性能价格指数在网上进行比较，促使消费者做出购买决策。

（二）产品策略

在"互联网+"环境下，消费者与厂商的直接对话成为可能，消费个性化受到厂商的重视，这使营销中的产品呈现出众多新特色。企业在制订产品策略时，应从互联网营销环境出发，努力满足不同顾客的各种个性化要求，开发符合市场发展潮流的新产品，创造新的市场需求，形成企业自身的优势。

1.通过分析网上消费者总体特征，确定最适合在网上销售的产品

据有关方面统计与分析，网络上最适合的营销产品是流通性高的产品，如书籍报刊、软件信息、机票预订等。

2.产品的市场涵盖面要广，且电信业、信息技术要达到一定的水平

目前世界上很多个国家和地区开通了互联网，市场涵盖面较为宽广，增加了交易机会，为企业赢得更多的利润。

3.企业与顾客必须及时沟通交流

应利用网络上与顾客直接交流的机会为顾客提供定制化产品服务，同时企业应及时了解消费者对企业产品的评价，以便加快新产品的研究、开发与改进。

第十章 "互联网 +"背景下的市场营销发展对策

第一节 重视网络营销风险认知及风险管理

一、了解网络营销风险产生的原因

从宏观上看,各国对互联网管控能力的欠缺、经济运行体制的不完善、市场监督机制的不健全、科技发展水平的不平衡等都是产生网络营销风险的原因。下面主要结合网络营销的运营环境,从微观层面分析网络营销风险产生的主要原因。

(一)营销组合涉及的因素增多,加大了营销管理的难度

企业在线下和线上同时开展营销,所涉及的营销组合策略因素增多,除营销策略外,诸如网站的建设与维护、物流环节的配套、交易安全、网络公关等都需要企业做出相应的安排,营销资源的多样化和分散性增加了管理的难度和风险隐患。

(二)营销环境的虚拟化,增加了发生营销风险的隐患

在传统环境中,大众传媒掌握在社会上流、精英人群手中,信息传播具有极大的可控性、选择性与倾向性。公众在信息传播渠道、内容的自由度和表现形式上都受到很大的限制。在这种情况下,当企业面临危机事件时,可以通过与大众媒体掌控者的合作,对信息进行封锁或实施选择性的信息告知,从而轻易地在处理危机事件的过程中掌握话语权。而在网络环境中情况发生了变化,各类信息的传播具有极大的不可控性,主要体现在以下四个方面。

1.传播时间的不可控性

网络危机事件一旦发生甚至刚刚呈现一些征兆,信息就会通过网民的自发传播行为第一时间在网上传递,其速度往往快于传统媒体。传播时间的不可控性,使企业难以利用时间的延迟来解决危机，而任何迟疑都有可能将企业置于风险或困境之中。

2.传播内容的不可控性

网络环境中的公众传播渠道增多，缺少传统媒体的"把关人"的审查制度，加上网络话语权的泛化，使得公众可在网上直接发表各种未经证实的相关信息，对于那些试图有选择地发布信息的企业来说，这无疑增加了风险管理的难度。

3.传播来源的不可控性

网络传播的匿名性、虚拟性，使信息的来源具有极大的不可控性，用户往往难以分清楚传播者究竟是谁、来源是哪里。这一方面使网络用户面临着信息选择困境；另一方面也使个别竞争对手混迹其中，别有用心地扮演信息来源的角色。这些都要企业投入更多的精力应对来自网上的风险。

4.信息留存的不可控性

网上的信息能够长久地保存，很难被彻底删除，而且可以随时进行搜索查阅、传播。这对企业的危机公关和风险处理能力提出了更高的要求。百度出现竞价排名问题时，面对百度的否认，网友们提出质疑并迅速将百度过去所发生过的类似问题在网上一一列出，这种聚沙成塔的累积效果无疑对企业具有巨大的杀伤力。

可见，网络环境中信息传播的不可控性不仅增加了发生营销风险的隐患，也使企业防范和控制营销风险的难度大大增加了。

二、认识网络营销风险的类型

开展网络营销除面临资金、安全、决策等市场营销活动中常见的传统风险外，还将面临网络市场特殊的经营风险，主要有以下几类。

（一）市场风险

开展网络营销使企业面对的是一个前所未有的广阔市场，一方面，企业对网络市场的需求特征把握更加困难；另一方面，竞争对手更多且更加强大，市场竞争空前激烈。同时，由于网络环境中产品的生命周期缩短，新产品的开发和盈利难度加大，营销策略的运用更加灵活，这都使企业面临更大的市场风险。

（二）制度风险

如前所述，宏观经济管理制度尤其是健全的法律制度和市场监管制度是维持良好市场秩序的基础，而这些制度的不完整正是目前网络市场的一个显著特征。企业作为市场活动的主体，在这样的市场环境中从事营销活动，必然会遇到因市场秩序紊乱带来的制度风险，并可能引发信用、资金等方面的风险。

（三）社会风险

作为跨地域、跨国界的全球性信息网络，传统的基于地域管辖的司法体系难以有效施展。此外，在世界不同国家和地区进行的网络营销，面对的是差异很大的法律制度、社会文化、风俗习惯、消费观念，很可能因此遭遇各种社会风险。

（四）内部管理风险

我国企业普遍存在内部管理松散、不注重对员工进行职业道德培训和安全防范意识教育的现象，这也是造成网络营销风险的重要原因。而企业内部管理制度的缺失或闲置更是加剧了企业的管理风险。

（五）技术风险

国内企业尤其是广大中小企业开展电子商务的内部环境不完善，相关技术应用水平、交易安全技术等难以满足实施网络营销的要求，数据传输、处理环节、信息安全保障系统时有发生的技术错误，都增加了发生网络营销风险的不确定性。

（六）信用风险

信用是交易的基础，网络的虚拟性使网络市场存在信用难以保障的先天不足，信用风险将在很大程度上制约网络营销的发展。此外，电子支付、物权转移等环节存在的各种风险也将影响网络营销的运营。

三、抓住网络营销风险的特点

网络环境下的营销风险除了具有一般传统营销风险的客观性、普遍性、复杂性、可变性等特性外，还具有一些新的特点。

（一）多元化

开展网络营销使企业面临线上和线下两个市场，具有内部和外部多元化的参与主体，企业需要对信息技术和营销策略的多元因素进行组合。如以各种网络应用服务提供商组成的电子中间商成为网络营销渠道中的新成员，使网络营销风险的来源出现多元化的特征。

（二）扩大化

营销主体之间的信息交流跨越了空间的束缚，更加广泛、快捷、直接和有效，与此同时，负面信息的传播给企业带来的不利影响也在增加，因此可能造成的损失更大、后果更严重。

（三）过程化

网络营销活动需要信息流、商流、物流和资金流在时空上的协调运作，这其中每个阶段都会伴随不同性质的风险。因此，网络营销风险具有鲜明的过程化特征。

（四）综合性

网络营销是一个信息技术与商业经营的综合运作体系，网络营销的绩效在很大程度上取决于信息平台的功能与营销策略运作之间的匹配。与传统营销相比，网络营销对技术的依赖更强，技术的先进性在相当大的程度上影响着营销风险。如网络安全方面的隐患可能会给企业带来巨大的损失；而营销决策失误产生的风险往往会大于技术手段导致的功能风险，但在很多情况下，技术风险和营销风险往往相互影响，甚至难以区分。因此网络营销风险具有综合性的特征。

四、网络营销风险管理的基本实施步骤

网络营销风险管理是指对网络营销风险进行识别、分析和评估，并进行应对风险的措施决策，对风险采取预警和控制行动，以及监控和反馈的全过程。

（一）网络营销风险的识别

网络营销风险识别即判定网络营销的实施过程中存在哪些风险因素、风险的主要诱因、风险带来的后果及危害程度等。风险识别是实施风险管理的首要工作，网络营销中可采用的风险识别方法有 Delphi 法、SWOT 法、流程图法、头脑风暴法、环境分析法、损失统计记录分析法等。但任何一种方法都不可能完全揭示出网络营销所面临的全部风险，更不可能揭示导致风险的所有因素，因此应根据具体的营销实际以及各种方法的适用环境，选择效果最优的方法或方法组合。

（二）网络营销风险的评估

网络营销风险评估即对各种风险可能发生的频率及由此造成损失的严重程度进行评估，以便于评价各种潜在损失的相对重要性，从而为拟订风险处理方案、进行风险管理决策做准备。网络营销风险评估的主要任务有：①搜集有助于估计未来损失的资料；②整理并描述估计未来损失的资料；③运用概率统计工具进行分析、预测；④了解估计方法的缺陷所在，以避开这些缺陷来减少评估的误差。

（三）网络营销风险管理决策

作为风险管理工作的核心，网络营销风险管理决策是指根据风险管理的目标和宗旨，在科学识别和评估风险的基础上，合理地选择风险管理工具，从而制定出处置网络营销风险方案的一系列活动。网络营销风险管理决策包括三项基本内容：①信息决策，了解和识别网络营销各种风险及其性质，估计风险的大小，是对风险管理流程前面两个阶段工作的深化；②风险处理方案的策划，针对某一客观存在的、具体的网络营销风险，拟订若干风险处理方案；③方案选择，根据决

策的目标和原则，选择某个最佳处理方案或某几个风险方案的最佳组合。

（四）网络营销风险管理方案的执行

风险管理方案能否达到预期的目标取决于执行力度。这是一项更具体、更复杂、更烦琐，甚至是长期、艰苦的工作。只有从网络营销的实际出发，按客观规律办事，并认真应对风险管理方案执行中所涉及的所有环节，才能收到预期的效果。同时，如果在风险管理方案执行中遇到突发情况，应立即反馈，以便及时调整或修订方案。

（五）风险管理方案执行后的评价

风险管理方案执行后的评价是指在实施网络营销风险管理方案后的一段时间内（半年、1年或更长时间），由风险管理人员对相关部门及人员进行回访，考察评价实施网络营销风险管理方案后管理水平、经济效益的变化，并对风险管理全过程进行系统、客观分析的工作。它包括风险管理决策后评价、风险管理方案实施后评价、风险处理技术后评价、风险管理经济效益后评价、风险管理社会效益后评价等内容。常用的评价方法有影响评价法、效益评价法、过程评价法、系统综合评价法等。

（六）信息反馈与建议

通过风险管理活动实践的检查总结，评价风险管理问题的准确性，检查风险处理对策的针对性，分析风险管理结果的有效性；通过分析评价找出成败的原因，总结经验教训；并通过及时有效的信息反馈，为未来风险管理决策和提高风险管理水平提出建议。

五、网络营销风险管理的策略指导

（一）建立有效的风险预防机制

网络营销风险防范和控制的重点在企业，企业应该尽可能地将来自网络的风险控制和消除在萌芽状态。因此，风险管理应采取预防为主的方针，建立有效的预防机制，帮助企业规避网络营销中的风险。首先，企业应建立网络风险与危机预测和应急机制，防患于未然；其次，要建立完善的信息处理系统，及时把握行业及市场信息，增强知识产权保护意识；最后，要加强企业数据库、网站、信息安全系统严格规范的管理。

（二）加强风险管理制度建设

制度建设是有效防范各类风险、减少风险损失的重要保障。为此，企业应重点加强有关制度的建设：①人员管理制度，明确各级人员的权责范围和行为权限，以此规范企业内部人员的行为，并通过教育培训提高他们的风险防范意识和能力；

② 风险控制制度，为企业在风险决策、危机处理等方面提供规范的处理方法和操作规程；③ 监督制度，以严格的监督制度监管，确保各项制度措施的顺利实施并充分发挥其效用。

（三）建立企业与公众的沟通交流机制，加强对网上舆论的引导

在当前的中国社会里，危机事件的酿成常常源于信息的含混不清、对话缺失。除对网络舆论进行监测外，应积极构建企业与客户对话的平台，建立互信。另外，新闻发布制度已被证明是十分有效的对话方式，新闻发言人具有权威性、真实性，可以影响公众舆论，因此应进一步完善这种交流形式。此外，培养意见领袖，通过他们在网上传播的意见，树立权威和主流，引导舆论方向，这也是化解网络危机的有效方法。

（四）与传统媒体互动，合力引导舆论

研究表明，在网上兴起的议程，在一段时间后会转化为传统媒体的议程热点，从而进一步深化传播效果。传统媒体在引导舆论方面有着历史悠久的主流影响效果，加强传统媒体与网络媒体的舆论互动，让网络舆论产生和谐的舆论场，实现舆论立体化，从而产生强烈的共鸣，取得 1+1>2 的传播效果，更有利于企业控制风险和扭转危机。

第二节　构建营销绩效评价指标

著名管理学家彼得·德鲁克曾经说过："效率是正确地做事情，而效果则是做正确的事情。"为了在效益和效率两方面都能发挥出网络营销的优势，企业必须根据市场的变化不断地调整自己的经营战略和营销策略。为了使企业的营销决策更具时效性和针对性，使营销控制更及时和有效，企业有必要经常地检查和测评营销活动的综合效果，以便及时发现问题，总结经验，为后续决策提供有价值的参考信息和依据。

一、确定网络营销绩效评价指标及基本目标

正确的营销决策源于科学的营销绩效评价，企业只有对其所进行的市场营销活动进行正确评价，才能为以后的营销活动做出更好的决策。因此，作为网络营销管理中的一项重要内容，网络营销绩效评价是指借助一套定量和定性化的指标，对企业网络营销的绩效进行系统、科学和客观的综合评价，以了解网络营销的运营状况，及时发现并纠正所存在的问题，改善和提高企业的网络营销成效。

评价指标是衡量绩效的标准。传统环境中的营销绩效测评指标主要是会计、财务指标，注重的是对营销结果的总结，具有精确、单一和被动反应的特点，不能全面、动态地反映过程进行中的问题，也无法主动地进行分析与管理，因此难以与企业的战略目标及战略管理实现有机的融合。

与传统环境下的营销绩效评价相比，网络营销绩效的测评范围大大扩展，不仅包括企业为销售产品和扩大市场的营销成本，还包括为满足客户的个性化、方便、快捷等需求而增加的投入。由于网络营销还具有多目标性，既要追求企业利润、市场占有率最大化等定量的具体市场目标，又要实现让客户满意、提高客户忠诚度、保持企业持续发展等定性的综合经营目标。因此，网络营销绩效评价的基本目标是，必须全面满足企业在网络环境下开展营销活动的综合性要求，完整地体现网络营销管理的动态全过程。显然，单纯用财务数据作为测评网络营销绩效的主要指标是不够的，产品质量、品牌影响力、消费者满意程度等都能够反映企业发展前景的综合指标，比财务报表中的收益指标对企业的经营决策有更大的价值，这也对网络营销绩效评价提出了更高的要求。

二、建立网络营销绩效评价指标体系的原则

一套能反映企业营销目标，并有很强操作性的绩效评价指标体系，既是网络营销基本概念、策略、手段的细化和深化，又是网络营销绩效评价的前提和基础。在评价过程中，企业可以依据指标体系对网络营销绩效的总体状况进行客观、全面的判断，又可以通过对分类指标的比较，明确影响企业网络营销绩效的敏感因素，还可通过对具体指标的数据分析，找出网络营销中的薄弱环节，为采取相应的改进措施提供直接的依据。因此，建立营销绩效评价指标体系对网络营销的实施与管理具有十分重要的现实意义。网络营销绩效评价指标体系的建立应遵循以下原则。

（一）目的性原则

建立评价指标体系的目的是要能系统、科学地反映网络营销的综合效果，为企业提供可用的决策信息。

（二）科学性原则

所建立的指标体系应能客观、准确地反映实际状况，以利于通过指标体系的核算与综合评价，找出与竞争对手的差距，使该营销绩效评价指标体系成为自我诊断、自我完善的有力工具。

（三）系统性原则

网络营销绩效受到各种因素的综合影响，不能依据单一因素进行评价。因此，

指标体系应能系统完整、全方位、多角度、多层次地反映企业网络营销的状况，以求得出全面、客观的评价。

（四）客观性原则

应尽可能使用公开、公正的方法获得数据和信息，尽量避免采用由非正式渠道获得的二手数据。

（五）可行性原则

指标体系应具有可行性和可操作性，要求指标的数据易采集，计算公式科学合理，评估过程简单，利于掌握和操作。

（六）实用性原则

评价体系中每个指标的定义、统计口径、时间、地点和适用范围都应有明确含义，以确保评价结果能够进行横向与纵向比较。指标的核算应以现有统计数据为基础，指标设计要突出重点，尽量简化，使指标体系在实际应用中易于操作，切实可行。

此外，网络营销绩效评价指标体系应考虑其通用性，以便为后续工作提供参考；同时在选择评价指标时还应考虑其动态性，既要有测试评价企业网络营销绩效活动结果（反映企业网络营销实际水平）的现实指标（静态指标），也要有测试评价网络营销活动实施（反映企业网络营销的发展潜能）的过程指标（动态指标），使指标体系能综合反映企业网络营销绩效的现状和未来发展趋势。

三、网络营销绩效评价的实施方法与步骤

（一）绩效评价的方法及选择

网络营销绩效评价根据指标体系，运用从定量到定性的综合集成方法与技术，对数据进行处理和分析，测算出网络营销的综合效果，为企业决策提供依据，因此，绩效评价的关键是指标数据的测算，这需要采用科学有效的评价方法。

随着营销绩效评价指标的发展变化，评价指标体系已从财务扩展到非财务、从产出延伸到投入的多维综合评价指标体系，评价方法也在不断发展。头脑风暴法、层次分析法、模糊综合评价法、灰色综合评价法、综合指数法等传统方法目前仍在使用。实践证明，这些方法都取得了较好的效果，但也存在不足之处。这些方法的共同弊端是评价指标的量值和权重等均由评价人员确定，受评价人员经验的限制。主观性强，缺乏客观性，导致了评价结果在一定程度上缺乏科学性、准确性。由于网络营销绩效受到诸多因素的影响，而且这些影响因素并非孤立的，它们之间相互联系、相互制约，形成了一个复杂的非线性系统。因此，近年来，作为解决非线性

系统问题的一种有效工具——人工神经网络（artificial neural network）开始应用于各种非线性系统的效果评价中，其中 BP 神经网络（back-propagation network）法为定性和定量评价营销绩效提供了一种新思路。根据网络营销的特点，绩效评价应是上述方法的综合运用，定量评价可侧重于对传统评价方法的运用，并结合 BP 神经网络法、数据包络法等新方法进行定量与定性的综合评价。

（二）评价指标的选择

企业可根据不同的营销目标，在网络营销综合评价指标体系中选择不同的指标组合，或根据该体系的构建思路提出新的指标作为补充。如果企业开展网络营销的主要目标是提高企业的知名度，可以选择企业及品牌知名度、社会经济影响力、社区影响力、消费者影响力、公益活动的数量以及市场占有率等指标。如果企业开展网络营销的目标是为了强化与客户的良好关系，则可以选择客户满意度、忠诚度、客户参与程度、客户流失率、投诉率、消费者影响力、独立访问者增长率、访问者在网站上的停留时间、客户服务质量等指标。企业也可根据经营情况确定几个营销目标，再根据不同目标选择各自的指标，然后进行对比评价，根据评价结果调整其营销策略。

值得指出的是，指标选择过多将增加绩效评价工作的难度和复杂性，可能因实施过程烦冗而低估了网络营销的效益；指标选择过少，绩效评价过于简单，可能夸大网络营销的效益。因此，为得到科学合理的评价结果，选择有效的评价指标组合十分重要。

网络营销活动是一个动态的过程，对其绩效的评价也应该是动态的而非一成不变的。因此，网络营销评价指标体系的建立将是一个持续改进的过程。

（三）评价指标数据的获取

网络营销评价指标体系中既有定性又有定量指标，为保证各指标值的连续性、可靠性，并最大程度地接近企业的真实情况，应设置专门机构（如企业的市场部、财会部等）或安排专人负责，按照规定的时间（如按月或季度）搜集并整理企业内部的统计、财务、营销、售后服务等各类指标。一些信息化管理设施较完善的大中型企业或电子商务企业可设立专门的网络营销机构，负责网站运营及营销绩效的考核。

在指标数据的统计与整理中，对网络营销绩效不能单就某一时点的绩效状况进行评价，而应综合考察企业在一个时期内（通常为 1 年）网络营销的绩效状况，以体现网络营销绩效的发展趋势。因此，网络营销系统绩效评价的指标数据应当建立在连续搜集与统计的基础之上，以保证其真实可靠。

对于企业及品牌知名度、客户满意度之类定量指标所需的数据，除可以通过相关业务部门获取外，也可设立常规性的网上调查项目，通过抽样调查的方式获取。为获取指标体系中诸如社会影响力之类的定性指标，通常需借助第三方机构或专家的评判，然后进行必要的转换。为了便于不同评价方法的使用，需要对各个指标值进行无量纲化处理，这样也可反映出不同指标的优劣程度。

（四）绩效评价的基本运作程序

除指标体系外，企业的网络营销绩效评价工作还应按照规范化的程序有计划、有步骤地进行。网络营销绩效评价的运作程序包括以下几个步骤。

1. 确定绩效评价的总体目标

企业应召集有关部门、有关人员，汇聚相关部门的信息和数据，确定进行网络营销绩效评价的总体目标，如是评价网络营销对销售业绩的影响还是对企业所处市场地位的影响等。总体目标的确定将为评价人员最终选择合适的评价指标和确定指标值奠定基础，从而有利于准确地评价网络营销绩效，避免指标选取不当而影响评价效果。

2. 成立绩效评估小组

评估小组由专家、学者、经营管理专业人士以及企业内部有经验的营销人员和相关部门的决策者组成。主要任务是对指标和评价方法的选择进行指导和监督，对指标值的确定和最终评价结果进行核实、分析和确认。

3. 搜集整理评价指标相关资料

一方面需要相关人员根据企业各部门的统计资料和第三方机构及专家评估的需求进行指标数据及相关资料的搜集整理；另一方面，评估小组要根据已搜集到的资料及时进行分析判断，对其可用性提出具体意见，并要求补充或更改资料，以利于指标值的最终确定。

4. 确定最终的评价指标值

评估小组应协助相关人员对所搜集到的相关数据资料进行核实与确认，确定最终用于绩效测评的各项指标值。

5. 采用有效的方法进行绩效评价

企业应根据实际需要和所具备的条件选择合适的评价方法，对网络营销绩效进行科学的评价。如果选择的方法过于复杂，将增加评价工作难度，且对企业的人员及技术操作都有较高的要求；如果选择的方法过于简单，则难以达到预期的评价效果。

6. 评价结果比较

评估小组及相关人员根据指标的测算结果，将网络营销绩效与预期目标进行比较分析，判断其达标与否，然后再通过数据分析评价网络营销所产生的经济效益，并据此提出改进的建议。

第三节 培养创新营销人才

一、网络营销人才问题的重要性

我国网络营销还在发展中，解决人才问题应当是最根本、最紧迫的问题。网络营销的核心是人。第一，商务系统实际上是由围绕商品贸易活动并代表着各方面利益的人所组成的关系网络。第二，网络营销活动虽然充分强调工具的作用，但归根结底起关键作用的仍是人。因为工具的制造发明、工具的应用、效果的实现都是靠人来完成的，所以必须强调人在网络营销中起决定性作用。也正因为人是网络营销的主宰者，我们才有必要考察什么样的人才是合格者。第三，网络营销是一个社会系统，既然是社会系统，它的中心必然是人。网络营销是现代信息技术与商贸活动的有机结合，所以能够掌握运用网络营销理论与技术的人必然是掌握现代信息技术、现代商贸理论与实务的复合型人才。

另外，企业要开展网络营销，首先应该创新和转变观念。经营创新：一方面是业务创新，网络可以创造大量的新型业务，另一方面是手段创新，网络还可以创造新的营销方式。转变观念：确立信息化、知识化管理观念，确立知识是关键生产要素的理念，确立经营管理人性化观念，确认企业无形资产的资产主体地位。改革管理方法：通过企业文化建设激发员工的荣誉感，达到使员工自我管理、自我控制、自我激励的目的。加强硬件建设：加快企业信息化建设步伐，拓展网络营销业务领域。重视人才培养：企业经营理念应该从资本决定论向人才决定论转变，把企业竞争定位为人才竞争。防范风险：企业应不断总结经验，建立风险防范制度。网络营销环境下企业人力资源开发与管理的核心思想是运用现代管理的科学方法，采用网络营销综合技术对与一定物力相结合的人力进行合理的培训、组织与调配，使人力和物力保持最佳比例，从而使人力资源的优势得到最大程度的发挥。

二、网络营销人才的培养模式

传统的人才培养模式是分离培养的模式，员工在进入网络营销企业后，或按照业务方向发展培养，培养方向为营销、财务、战略等，但不会与信息技术层面相交；或按照信息技术方向发展，培养方向为程序、系统分析到信息管理。业务部门由于缺乏开发网络应用方案的能力，只好求助于信息技术部门。而信息技术部门由于缺乏对业务部门实际工作情况的了解，开发出来的成果又往往难以令业务部门满意。解决这个矛盾的方法就是采用综合培养模式，培养出一批适应网络营销内在要求的人才。网络营销比传统营销更加需要创新型人才和复合型人才，网络营销模式人才的标准应该是：营销知识＋计算机网络知识＋创新能力。

三、选拔和培养创新型网络营销人才的方式

（一）确定培养人群

网络营销涉及不同领域的人员，具体人群包括：企业的决策者和各级领导，他们是推广网络营销的核心力量；普通百姓，他们是企业营销的目标人群；信息领域中的技术人员，他们是网络营销系统的开发者，等等。

（二）建立动态的培养机制，采取战训结合的培养方法

建立人才培训机制是现代企业的重要特点，也是适应国际竞争需要的重要举措。人才往往把一个能够给自己知识更新、学习长进、本领提高的环境看得比待遇更重要。

为适应这种需求，应该把给人才充电、交换岗位、提供在岗进修作为一种战略决策，做出必要的安排，并使之程序化、制度化。

这种战训结合的培养方法，企业不仅可以自己进行，还可充分利用社会办学能力和资源，请进来或走出去。培训的内容应针对网络企业知识更新快的特点进行安排。培训的过程应用 ISO9000 的管理方法进行运作和管理。

（三）系统培训网络营销知识

对员工素质的提高是一件日常性的工作。营销网站应根据拥有网络、熟悉网络的特点开展以网络为载体的系统培训活动。这种培训应该抓住重点，即要抓住用新知识激活老知识这个课题。许多多年的老营销员，一旦掌握了网络知识和网络营销技能就会如虎添翼。

企业要有针对性地为企业的员工制订个性化的学习计划，开发相应的教学软件，并及时更新教学软件的内容。负责网络营销知识培训的提供者要让学习者知道需要达到的基本要求，要在多长时间之内完成多少培训课程。在开发教学软件的时候，要使每一个教学软件都具有网上考试的功能，这样每个学习者在学完一门课程之后，就知道学习的效果如何，了解自己知识的薄弱环节，并对相应的知识重新复习。

在开发教学软件的同时，企业也要考虑让每一个教学软件都具有网上反馈的功能，使学习者将对教学软件的内容、形式和使用等各方面的意见通过网络发给

教学软件的制作者，以利于做好以后的教学软件改进工作。要建立一套高效的网络营销学习管理系统，集中地进行网络营销学习课程的注册和登记工作，并对学习者的学习进度及考核结果予以实时跟踪。这样将有利于网络营销学习的管理者评估学习的效果，并做好建立知识人才数据库的工作。总之，网络营销教学作为一种新兴的学习途径不仅能够保证学习效果，提高学习效率，而且可以最大程度地降低培训的成本。

（四）营销主管核心能力的提升

营销主管是网络营销的核心和骨干，是网络营销主战场的一线指挥员。因此，营销主管核心能力的提升十分重要。企业应着重培养网络营销主管的以下能力。

1. 敏锐的信息价值判断能力

网络营销最关键的职责是要对网上信息的价值做出判断并进行价值衡量。在茫茫的信息海洋中对每一条信息适时地做出判断是很难的，必须有很好的商业底蕴，必须熟悉产品的特点、质量要求和发展趋势，更要知晓不同产品的价格情况和趋势，这样的人才必须从大量具有丰富业务经验的人才中选拔和培养。

2. 良好的宏观协调能力

宏观协调能力是一种对事物整体运作的控制能力。商务营销网站是一个快速运转的系统工程。在一个动态运行的营销网络中，及时地、顺畅地、果断地进行协调和沟通，恰当地把握事物处理的火候是很难的。网络的快速运转，要求网络的管理者的快速反应和快速协调。

商业营销网站的主管，不仅要协调好人际关系，更要协调好网际关系。不仅要保证网络的安全运行，而且要保证信息的适时更新、环境信息的不断充实和网络市场的逐步扩展。只有使商业网站永葆旺盛的生气和能动的、受控的、有效的、安全的运行状态，才能不断开拓新的市场、新的客户群。

3. 出色的逻辑思维能力

网络营销活动贯穿了从生产到销售到售后服务的全过程。网络上的交易和谈判互不见面，在键盘敲击中斗智斗勇，没有缜密的逻辑思维能力是不行的。

网络交易看来简单，其实是相当复杂的，需要营销主管具有机敏的快速反应能力，需要对经营的产品有深刻的了解，有娴熟的网络营销技巧和丰富的网络贸易经验。而这一切的调度和运作，均要求营销主管拥有出色的逻辑思维来判断、分析和决策。因此，出色的逻辑思维能力是营销主管带领相关人员把握市场机会，规避市场风险，成功地进行网络营销的基础和保证。

4.非凡的双重表达能力

营销主管要具有非凡的表达能力。特别是要具有娴熟的文字表达能力和适应跨国交往沟通的外语表达能力。而且这种表达能力不仅是语言形式的，还要是文字形式的；不仅是中文的，而且是双语的。如果一个营销主管缺乏表达能力，那么信息就不能被完整地、真切地表达出来，就会因严重地影响网站信息的传递而贻误商机。由此可见，非凡的表达能力是网络营销主管所必须具备的一种才能和素质。因此，尽快提高双语和双重表达能力已势在必行。

5.较高的网络公关能力

网络公关能力是一种沟通能力，更是一项重要的网上市场开拓能力。网上公关和传统的公关活动的最大不同在于：网络公关必须具有敏锐的思维能力，超速做出第一反应的能力，必须把思维、智慧、决心凝聚在键盘的敲击声中。

（五）提升营销人员跨文化经营的能力

跨文化经营能力，是进行跨国网络营销中急需的又一种素质和能力。文化差异所造成的误解，严重地阻碍企业的跨国经营。为了解决企业在跨国网络营销中所面临的挑战，许多企业采用将员工引入跨语言的文化氛围中学习的方法，或者让员工充分地与来自其他跨文化的供应商和其他业务伙伴通过电话、电子邮件、传真、电视会议或面谈方式进行沟通和交流，以提升员工跨文化经营的能力。

1.向员工提供跨文化内部培训

这些培训包括研讨会、课程、语言培训、书籍、网站实践和模拟演练。一位国际银行家认为：处理跨文化沟通问题的最佳方法，是让不同国家与不同国籍的学员一起上课和工作。通过彼此合作和沟通，最终会理解文化差异。

2.利用文化顾问指导员工

聘用文化顾问指导员工跨越不熟悉的文化领域，这是企业常用的提升网站跨文化经营能力的一种方法。有些企业通过聘请"文化翻译"，帮助来自不同文化背景的人们协调商务谈判遇到的各种问题，并解释出现的误解。这是一个可取的做法。还有的企业请回国人员介绍当地的风土人情、文化特点，把跨国网络营销中的问题制成光盘让员工进行形象化教育，效果也很好。

3.在企业文化中贯彻多样化原则

在企业文化中贯彻多样化原则是建设企业文化中的一个重要问题，也是在网络营销中进行跨文化发展的一个重要问题。因此，应该适应加入 WTO 后的新形势和新要求，尽快地实现企业文化建设由单一化向多样化的转型。惠普、福特等跨国公司不仅把跨文化培训作为企业发展战略的重要方面，而且把跨文化的多样化发展视为参与全球竞争时重要的竞争优势。他们的策略是建立多样化的员工队伍，建立跨文化的工作环境，为有多种文化差异的顾客服务。正如惠普公司行政总裁所言："我们重视多样化并不只是因为这样做正确，而是这样做聪明。"

（六）重视网络营销企业人员的重组

企业实施网络营销后，营销组织结构必将发生变化，原来的岗位也将发生相应变化，组织内部许多原有的旧岗位不再需要设立，一些新岗位需要增加，同时一些岗位的人员可以减少，另外一些岗位人员需要增加。销售部门岗位的变化：在网络营销中市场部门不但要在传统市场继续进行活动，而且还要面对网上市场开展促销活动。因此，市场营销部门的岗位要求发生了变化，主要是提升营销人员对网上市场的认识。另一方面，由于顾客购物由过去的被动式的有限选择变成主动式的大范围的选择，企业营销策略由过去的推动式营销变成拉动式营销。市场部门在采用传统营销手段的同时，还要考虑促销活动如何吸引顾客注意，这对市场部门的岗位要求更高。客户服务部门岗位变化：在传统营销组织中，客户服务岗位主要是接待顾客、记录顾客的问题，然后将问题移交给有关部门处理，处理完后再反馈给顾客。因此顾客不但等候的周期长，而且经常出现无人过问的现象。在网络营销中，顾客服务成为重要的工作，而且要求能马上给顾客答复。因此，许多企业都成立了顾客服务中心，由许多有经验的专业人员提供服务。

第四节 建设独特的企业网络营销文化

一、认识营销文化的传递过程

企业的营销文化是企业在执行一系列营销策略的基础上形成的，它服务并服从于企业的价值目标，渗透于营销过程的各个环节。

产品传递给消费者的价值更多的是生理方面的价值，而当社会物质生活非常丰富时，消费者需要产品的价值更偏向文化价值。也就是说，营销者在产品传递过程中往往也传递着某种文化价值观念。市场营销者要实现文化价值观念的传递，就要使营销过程中包含文化价值观念。这个过程如图 10-1 所示。

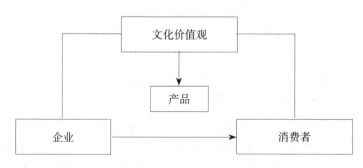

图 10-1　营销文化传递过程

（一）品牌文化

品牌是市场竞争的强有力手段，但同时也是一种文化现象。优秀的品牌是具有良好文化底蕴的，消费者购买产品，不仅只是选择了产品的功效和质量，也同时选择了产品的文化品位。在建设品牌时，文化必然渗透和充盈其中，并发挥着不可替代的作用；创建品牌就是一个将文化精致而充分地展示出来的过程；在品牌的塑造过程中，文化起着凝聚和催化的作用，使品牌更有内涵；品牌的文化内涵是提升品牌附加值、产品竞争力的原动力。

品牌文化是品牌的外在表现，品牌形象的树立要重视文化因素的作用，体现品牌的文化内涵。海尔两个小孩拥抱的品牌标志和"真诚到永远"的品牌形象，IBM蓝色底的标志和"服务第一"的品牌形象等都表现出了品牌的文化内涵。

（二）促销文化

促销是通过一定的方式将产品或服务的信息传递给消费者，影响其购买决策和消费行为，从而促使购买行为发生的活动。随着企业绩效水平的不断提高，在营销产品和服务中，促销的地位越来越重要。促销文化是企业在促进商品销售过程中所反映出来的行为特征，包括广告文化、公关文化等。

例如企业公关文化就是企业文化素质的显现。公关文化是指公共关系所体现的思想意识、价值取向、道德规范、行为方式和经营作风等因素以及民族优秀的传统文化所体现的价值观念、道德观念、风俗习惯、思维方式等因素的总和。公关文化是"内求团结，外求发展"的文化，它具有促进和加强企业凝聚力和向心力的功能。它把树立企业的良好社会形象，争取社会对企业的信任和支持放在首位，因而能够正确处理个人和企业之间的关系，对企业的向心力产生影响，从而使向心力成为凝聚力的推进剂，使企业内部形成"全员公关"的公关文化，指导公共关系行为。企业通过各种传播媒介，将企业的有关信息及时、准确、有效地传播出去，争取公众对企业的认知、了解、信任与好感，提高企业的知名度和美誉度，扩大影响，这是公关文化的重要功能之一。公关文化贵在坚持不懈，潜移默化地持续传播，而不能急功近利，追求一时的舆论轰动。当企业树立了较好的企业形象后，公关文化也应不断创新，做好推广普及等工作，不断加深公众对企业及其产品、人员的良好印象，使之不断积累、巩固和强化。

在营销文化中，促销文化形式最为丰富，是最直观、最具活力的文化艺术形式，直接影响消费者的消费行为和消费心理。

（三）包装文化

包装对于商品来说，是种附属品，但包装的规格、形状等因素却常常影响商品的销售。因为，包装对商品具有美化作用，可以体现商品的附加价值。一种商品进行包装以后，首先进入消费者视觉的，往往不是商品本身，而是商品的包装。在有些时候，包装起着"无声推销员"的作用。此外，包装本身也是一种商品，也是通过劳动创造的，它也具有使用价值和价值。一种商品有无包装，包装得是否得当，会直接影响到商品的价值。

二、构建良好的网络营销文化

文化是客观存在的，它必然会影响着市场的每一个因素、营销活动的每一个环节。文化绝不是空洞的口号，必须以一些看得见摸得着的东西为载体，才能发挥相应的影响力，在网络营销过程中融入文化因素，并将之贯彻到网络营销活动的每个环节，网络营销活动才能达到事半功倍的效果。无论对开展网络营销的企业，还是对这种营销方式本身而言，营造良好的网络营销文化都有着深远的意义。为此，企业需要从以下几个方面着手。

（一）建立企业与消费者之间的诚信关系

我国在小商品经济条件下就有"买卖公平，童叟无欺"的营销文化，诚信的营销文化追求的是阳光下的利润，严格遵守市场营销道德，尤其是在通过网络进行营销活动时，企业与客户缺乏面对面的交流与了解，这时诚信就成为企业及其网站吸引消费者最起码的条件。只有将诚实、守信等道德观念运用于网络营销的全过程，才能使网上商品赢得消费者的信任和喜爱。

（二）注重网站规划设计，营造具有亲和力的文化氛围

企业网站营造一种文化氛围，目的是让浏览者或潜在顾客了解并接受企业文化。在设计网站时，应注意网页色彩的搭配，在主页上设计一个方便易懂的导航，让访问者能快速搜索自己想要的产品或服务；在网页上构造充满阳光、充满微笑

的生活场景，最好能将亲情、友情或爱情体现出来，无论何时，人们都离不开这些人类最基本的感情。网站中少了人与人面对面的交流，就要多些感情，这样网站才具有亲和力，才能引起消费者的共鸣，从而带动网上、网下的营销活动，推动网络营销文化的形成与发展。

（三）增强网站的交互性，开展高效的网络营销

网上销售要有生命力，便捷和高效就不可或缺。互联网给买卖双方提供了比其他媒体更多更方便的相互交流的机会，对网络营销者来说，万维网提供了随时随地与客户直接交流并获取顾客需求信息的机会；对顾客来说，他们借助于个人计算机就能轻易地访问企业网站，深入到企业内部，看产品，找服务。网络营销过程是一个双向沟通的过程，交互性将大大改进企业服务质量，提高网络营销效率，增强站点对顾客的吸引力，从而在无形中让顾客也参与到网络营销文化的建设中来。

（四）尊重公众价值观，树立明确的网络营销理念

公众通过网络的购物行为，要受到各种规范和价值观的影响和制约，企业只有尊重公众价值观，遵守社会道德规范，它所创造的网络营销文化才能为广大顾客所接受；网络营销理念是企业网络营销的灵魂，它的培育是一个循序渐进、不断深入的过程，它需要一种潜移默化的方式，持久地对全员进行思想熏陶和行为引导。

（五）依附网络文化，创造有利于形成网络营销文化的氛围

互联网和其他社区一样，有自己独特的文化，网络文化有几个典型的特性：上网用户希望有大量的信息，而且希望大部分信息是可以免费获得的；上网用户不喜欢用于商业推销的电子邮件；他们希望站点的内容有一定的价值，而不喜欢没有实质内容的哗众取宠和标语。因此，在构建网络营销文化的过程中，需要认清网络文化的特点，在建设网站和进行网络营销活动时，遵守网络礼仪，营造良好的网络营销文化氛围。

（六）做好企业全员教育和培训

做好全员教育和培训的首要问题是解决对网络营销的认识偏差和观念错误问题，使企业上下认清网络营销文化对开展网络营销的重要作用，企业管理者在进行策划时要从文化的视角着手，让所有的生产、经营、营销等都赋予文化的色彩，使员工认识到，构建网络营销文化关系到企业的长远发展，关系到企业是否能立足于这个日新月异的网络时代。

全员教育和培训是构建企业网络营销文化的一条行之有效的途径，通过全员

教育和培训，不仅能使企业员工意识到网络营销文化的重要作用，更重要的是通过培训，企业明确了如何从文化的高度确定网络营销战略和策略；如何利用文化力推动网络营销活动；如何发挥文化在企业网络营销过程中的软资源作用。

总之，构建良好的网络营销文化，是一项艰苦而复杂的系统工程，既需要政府的参与与支持，更需要企业自身与时俱进，从一点一滴、细微之处做起。只有企业内外齐心协力，才能营造一种良好的网络营销文化。可以相信，随着互联网络的进一步发展，必将有更多的企业涉足网络营销，届时网络营销文化必将呈现勃勃生机，得到广泛的实践与应用。

第十一章 案例分析

第一节 可口可乐公司的市场营销分析

一、可口可乐的竞争优势

可口可乐公司的竞争优势在于品牌历史悠久、销售网络遍布全球、高度的创新能力、本土化战略的实施、以充分满足顾客需求为主的经营理念等五个方面。

（一）品牌历史悠久

可口可乐公司自1886年成立以来，经过100多年的发展，已成为全球饮料行业的巨头。其品牌影响力在世界上也是数一数二的。无论是青少年、学生、运动爱好者，还是一般的普通职工、家庭住户，都喜欢可口可乐。可口可乐已成为人们生活中的一部分。

（二）销售网络遍布全球

可口可乐销售渠道十分完整，包括商场、快餐店、小卖店，自动售卖机的装置也是可口可乐另一个重要的销售渠道。

（三）高度的创新能力

可口可乐公司在与其他饮料产品激烈竞争时，不断地推陈出新，满足客户的需求。特别是健怡可口可乐的推出，刚一上市就立刻成为市场宠儿。

（四）本土化战略的实施

可口可乐公司放弃了长时间坚持的美国文化路线，这主要体现在其广告与中国文化的结合。在中国的春节期间，可口可乐运用一系列的明星代言与中国的目标消费群体沟通，赢得了中国消费者的好感，成功打开了中国市场。

（五）以充分满足顾客需求为主的经营理念

可口可乐公司之所以能够成功，最主要在于它真正站在顾客的角度思考：不仅要把产品做好，还要重视服务质量、品牌价值以及对社会的反馈和企业承担的社会责任等。

可口可乐公司的竞争劣势在于以下三个方面。

第一，组织机构庞大，执行效率难以保证，也不利于控制。

第二，由于可乐内含有咖啡因等成分以及热量高的问题，在消费者心中形成的刻板印象难以轻易改变。

第三，年轻族群对可口可乐的产品认同感要略低于百事可乐。可口可乐公司在国际市场上所取得的成功，与其完善的销售渠道和科学的销售策略有很大的关系。

二、可口可乐公司的网络营销战略

（一）打造一流品牌

对于每一个行业来说，品牌的管理经营至关重要，每一个大品牌的知名度及口碑往往都是消费者选择某家企业产品的重要参考因素。可口可乐公司是世界上最早注重自己商标和品牌的企业之一，并通过不断努力而成为世界上最有价值的品牌。可口可乐的品牌形象早已深入人心，可口可乐已成为各大购物中心都可见的商品之一。可口可乐这个品牌不但历史悠久，而且传承了美国人独特的本土文化，从顾客定位来说重点在培养不同顾客对可口可乐品牌的好感。

（二）市场的开拓

可口可乐公司认为：营销本不应该是什么高深莫测的能力，而是一种解决实际问题的工作方法。企业营销的主要意义有两个方面：一是考虑如何去创造消费者需求，二是加强消费者对品牌的认知。总体来说，可口可乐公司有以下四大营销战略。

1. 广告

可口可乐公司的广告创意独特，不同凡响，而且与本土文化结合起来，挖掘本土文化的精髓然后充分利用。如在中国的"风车篇""舞龙篇""泥娃娃阿福贺年"，中国风十足，给人一种亲切的感觉。可口可乐还高价聘请各界明星加盟，吸引全球大众的眼球，起到了事半功倍的营销效果。

2. 赞助

可口可乐公司通过赞助全球体育赛事（奥运会、世界杯），教育、文化类活动以及社会公益活动来强化自己的品牌形象，提升自己的品牌美誉度。

3.促销活动

可口可乐公司通过推行一系列的促销活动使短期销售量增加，重点研发新产品或新包装，利用新的产品来提升市场占有率。

4.可口可乐

经过100多年历史的沉淀，可口可乐已成为世界上最著名的产品之一，目前是全球排名第一的碳酸饮料。所以它的市场份额占比很高，但是长期的发展也造成增长率不会特别高。

（三）品牌经营战略

1.赞助各大体育赛事

可口可乐公司一直把体育作为提升品牌形象的主要渠道之一，通过赞助奥运会、世界杯等有世界影响力的体育赛事来获得良好的公众形象与知名度，同时这些体育赛事也为它提供了广告与促销的机会。

2.本土化战略

可口可乐公司采用本土化思维、本土化行动，与当地的文化结合，不一味地按美国的思维模式展开营销。

3.多元化战略

随着社会科技的发展，可口可乐公司面对来自不同领域的潜在对手的竞争，不再生产单一的碳酸饮料，而是扩展其他饮料品种。这些创新抢占了新兴市场，不断增强了企业的品牌效应。

三、可口可乐公司使用的社会化媒体营销

新媒体由于营销成本特别低廉，对于每一个企业甚至是个人来说，都是一个成功的机会，如果恰当地利用或许明天就可以成为万众瞩目的焦点，这就是现代社会新媒体营销的力量。但是理想很丰满，现实却十分残酷，用户可以在每一个网站发表自认为还不错的文章或者分享几个好玩有趣的段子，然而观众却不一定会为其买账，更不用说会引爆一个营销话题。如何利用新媒体成功营销，让我们来看看可口可乐的做法。

"谢谢可乐送我有专属名字的瓶子，Special edition Coke bottle with my name, thanks Coca Cola！"

这是2013年6月2日歌手林俊杰发出的一条微博，他收到了可口可乐公司寄送的"昵称瓶"，昵称是"有为青年"。

随后，包括黄晓明、王心凌、蔡少芬、林更新、陈建州等在内的2 430位明星

和意见领袖在各自的社交网站上分享了自己收到可口可乐"昵称瓶"的惊喜。所有送出去的"昵称瓶"都是可口可乐公司特意为这些名人定制的，并在随后正式宣布推出"昵称瓶"的包装，此举引发了网友广泛热议。一时间，可口可乐换包装的消息遍布微博、天涯、豆瓣、人人等新媒体平台。不久后，大量传统媒体也就此事跟进报道。

社交媒体具有很多独特性，有些内容就像病毒一样传播，有些内容则不容易传播。可口可乐大中华区前营销总监陈慧菱说："经过我们研究后发现，大部分网民都有一种群体性的网上行为，那就是不管什么事都喜欢'围观'。尤其是悬念类的话题特别容易引发网友围观。"

（一）可口可乐公司与顾客的交流与沟通

近年来，可口可乐公司先后与多家大型网络游戏的运营商合作，共同建立了网络互动营销平台。社交网站及应用 APP 吸引年青一代消费者的眼球，能够很好地将产品的形象、产品的信息完整地传递给消费者。

（二）可口可乐公司的商业模式及分析

1. 商业模式

（1）目标市场：可口可乐为实现长期发展目标，主要依赖海外市场，其产品可以说是无处不在。可口可乐一直采用无差异化市场覆盖策略，其客户相对比较广泛。从其近年来的广告可以看出，可口可乐把目标集中在青年人身上，广告的画面主要以活泼积极的青年形象为主体。

（2）生产分析：可口可乐的生产具有一定柔性。此外还在第一线生产过程中采用了大量的生产管理技巧，通过对一些精细问题的研究有效地提高了生产效率。

（3）物流模式：可口可乐一般在较大的区域使用自己的配送系统、员工，有小部分外包给外部的物流公司做。在配送和调拨、发货的过程中有一个整体的系统（发起、调拨、发货、中转、配送、完成），这个过程极大地控制了成本，提高了物流的效率。

（4）低成本控制：软饮料的定价不尽相同。因为成本低，所以零售时就可以适量加价，这样在生产到售卖之间能让负责中间环节的企业挣到更多的钱。比如企业的股东、瓶子的制造商、批发商等，都可以挣到钱。可口可乐的销量巨大，让和可口可乐打过交道的人都挣到钱，这样人们才会愿意和可口可乐合作。

（5）营销"101"模式：所谓"101"模式，就是"1：一体结盟，把批发商看成公司的一部分"，"0：零售目标"，"1：一瓶在手，欢乐无穷"。如此一来，可口可乐公司将一部分批发商定义为"101"客户，中间省略掉很多二级批发商，这样就减少了很多成本及时间。每家"101"客户都配有几个专业的代表负责与区域的零售店沟通，用以了解他们的需求。针对大的客户，公司还会分派不同的人员负责不同的市场。这样长时间下来，业务代表和零售商也就可以保持良好的关系，有利于及时补货、发货，同时也可及时了解其掌握的零售商的情况，有一些活动促销或是新产品介绍也会比较方便。

2. 长、短期权衡

作为一家百年企业，可口可乐公司当然更看重长远的发展而不是短期利益。从产品来看，可口可乐公司一直在推陈出新，根据地域的不同推出符合当地口味的饮品，如雪碧、芬达等，单单可口可乐就有零度可乐和健怡可乐，有的地方的可乐还有别的口味。可口可乐从产品上适应着不同的地域，也适应着时代。

从生产上讲，可口可乐最神秘的就在生产上。虽然生产模式并没有特别神奇之处，别的企业也尽可模仿，但是可口可乐的配方是独一无二的。配方的神秘吸引了消费者的购买，更是成为企业长期发展的保障。

四、传统营销和网络营销的对比

当商业活动出现时，营销的方式也就随之形成了。很多传统的营销方式现在也在被广泛地使用着。如上文中，可口可乐公司"昵称瓶"的营销策略就非常成功，充分展示了当今网络营销的优势。但是传统的营销模式在商业模式中也是经常被使用的。

（一）传统营销策略

1. 产品策略

所有的企业都在提供有形的和无形的产品和服务。例如：手机生产厂家通过生产和销售手机谋取利润；另一服务类的商家（如麦肯锡咨询公司或者旅行社）则通过提供咨询服务或带领游客游览、参观来获得利润。

2. 品牌与包装设计

很多产品都具有很强的品牌效应。如很多历史悠久的品牌，在长期的经营中已经在很多代消费者心中留下了深刻的印象，并且产生了深远的影响。可口可乐公司就是其一。百达翡丽、劳斯莱斯也是因其高品质及在制造过程中的不惜成本，在消费者心中留下深刻的印象。品牌策略也是传统营销中重要的组成部分。一家大公司通常都会有很多的产品线以及子品牌，而品牌的延伸、产品线的扩展都是被很多企业所看重的。同时，包装和产品一样重要。在产品质量以及价格都相近的情况之下，消费者会更倾向于购买包装相对精美的产品。

3.定价策略

定价的艺术是商业竞争中很重要的一部分。一个恰当的定价会使自己在市场中拥有更大的竞争优势。恰当的定价可以使企业在极度激烈的市场竞争中取得最大的利润，并逐步增加市场占有率，为自己提供更大的竞争优势击垮竞争对手，最终达到扩大市场占有率的目的。同时，定价策略中也包含了大量的技巧。如在中国重大传统节日（端午节、中秋节、春节、元宵节等）对部分相关商品（如端午节时的粽子、中秋节时的月饼等）打折销售，虽然会损失一部分利润，但是销量的大幅度增加会弥补这部分损失。心理定价主要就是根据消费者的购买心理进行定价，其中也包含了大量技巧。如很多昂贵的商品会定成9 999元而不是10 000元，会让顾客产生商品价格比较实惠的想法。但其价格并没有很大变化，商家的利润也不会因此下降。

4.分销渠道策略

在传统的营销中，产品都是在线下销售的。销售渠道可以说较为单一。分销渠道的选择会对产品的销售价格产生巨大的影响。在销售的过程中，商品从制造商生产出来后可能会直接经过零售商到达顾客手中，也可能会经过一个或者多个经销商到达顾客手中。顾客购买的全过程都发生在线下实体的商场或者商店甚至批发市场当中。商品在销售过程当中经历的这些中间商都会对消费者的实际购买价格产生影响，因为每一个中间商都需要谋取利润。同时，渠道的宽度和广度，以及渠道内各级经销商、零售商的议价能力等都会对生产厂商的利润以及顾客最终的购买价格产生影响。

5.促销策略

促销不仅是通过折扣在价格上产生优势来销售产品，也包括商品的推广——向顾客强化企业和其产品的特色，增加其销量。促销包含的形式很丰富。广告、人员推广、企业公关等都是企业向外界传递信息的方式，也是促销方式的一部分。传统营销的广告形式较为单一，很多时候还是通过横幅、广告牌、电视广告、分发宣传单以及邮寄宣传品的方式来进行。这样的方式虽然很有效果，但是推广力度有限。人员推广在现在也是很重要的促销方式，但是成本较高，而且对于销售人员的管理也较为困难。促销策略中也应该包括经销地的文化对于产品以及品牌的影响。在中国重要的传统节日中，可口可乐公司的广告会变得带有中国传统特色。如在春节时，广告中会出现家庭团圆并且与家人分享可口可乐的内容。这些内容与中国传统文化相符，会对中国消费者产生潜移默化的效果，使得可口可乐的经营理念和经营思想慢慢渗入中国消费者的心中。

（二）传统营销和网络营销的对比

1.横幅广告、弹出广告与电视、报纸的插播硬广告的比较

在门户网站和行业网站中，人们经常能够看到上面的通栏广告、横幅广告以及弹出广告。这种广告很多都是强制性的，如热门电视节目中出现的恼人的广告、报纸上的硬广告。

2.电视上的硬性广告

电视广告必须要有巧妙的构思和新颖的创意，还要配合恰当的画面并带有动感节奏的音乐，其目的是让客户欣赏广告，而不是被强迫视听。比如，百达翡丽公司的经典广告——《一个传奇的诞生》，讲述了一只百达翡丽腕表从设计到制作出来的全过程。全程7分钟的广告没有一句令人厌恶的广告语，最后的字幕写着"百达翡丽是日内瓦仅存的家族式独立制表商，从1839年开始致力于顶级腕表的制作。没人能够真正拥有百达翡丽，他们做的仅仅是为自己的后代保管这枚传家之宝而已"。而很多缺乏优美画面和新颖创意的电视广告，不仅不能达到传播品牌、宣传产品的目的，甚至还会使客户产生反感，使品牌形象受损。

传统营销中的很多方式都是单向沟通。而网络广告在很大程度上为用户提供了双向沟通的机会，这是传统的营销无法做到的，这就为网络营销的成功带来了机会。

3.微博、新闻软文营销、论坛营销与电视、报纸的植入软广告的比较

现今，微博、微信已经成为人们沟通的主要方式。很多名人的微博都会成为营销的热点和主要工具。

越来越多的企业家也开始开通微博，在无形之中对自己的企业进行宣传。因为企业文化都深深隐藏在企业员工的一言一行中，企业的价值观也是如此。如果让消费者更好地理解企业精神方面的因素，会使得消费者更好地接受自己的企业，无形之中在消费者心中种下了一颗种子，这颗种子开花结果的时候就是一名顾客开始选择公司商品或者完成一次购买交易的时候。这种影响的效果是深远的。

在网络发达的时代，各种"软广告"也越来越受到企业的欢迎，因为这种广告类型更容易被大众所接受。很多软广告都是在宣传企业的精神和文化，而不是在介绍和销售自己的商品。一位从事广告行业的资深人士说："硬广告是饭里面的石头，吃饭的时候人会小心地把石头挑出来，但是软广告则不会让顾客产生反感。"或者可以这样理解：饭里的沙子很容易被挑出去，但是饭里面的调味品是不能被挑出去的，人们只能就着饭吃下去。现在很多企业都是让公司的高层管理者

代言，如格力的企业形象宣传广告让董明珠作为代言人，其沟通效果是奇妙的。因为公众对董明珠、乔布斯的个人崇拜，进而会使他们信任并消费格力、苹果等品牌，这是一种更深层潜意识的沟通。

4.搜索引擎与渠道通路的比较

传统的营销渠道有商场、超市、商店、夫妻店等。但很多这样的营销渠道都是单向沟通的，卖家并不能得到买家对于商品的真实反映，不能获得所销售的商品不能得到顾客的青睐的原因这些重要信息。而线上销售和搜索引擎营销为客户和商家提供了有效的双向沟通，通过与顾客的沟通，商家会逐渐得到客户的好感和信任。但是，很多时候这种沟通依然不能促成购买行为。营销4C理论中还涉及便利性，正如我们到了北京西单可以看到各种品牌的商场，西单大悦城、百盛就提供了购买品牌服饰的便利性。而身边的沃尔玛、物美也提供了购买日用品的便利性渠道。当用户购买商品，或者用户开始选择某种品类的商品但是不确定品牌时，首先想到的就是去搜索引擎进行检索，之后到各大论坛（天涯、百度贴吧、虎扑等）以及购物网站（京东、淘宝、亚马逊、一号店等）对比价格。很多品牌非常注重搜索引擎的关键字检索，正是因为这种便利性，关注这些方面的公司都取得了非常好的销售效果。

5.企业网站与终端卖场的比较

很多购物网站可以被理解成一个线上的移动商城或者购物终端。只需要注册一个账户，之后就可以浏览想要的产品品类，然后选中心仪的商品，选择喜欢的支付方式（支付宝、网上银行、微信支付等），之后等待商品由第三方快递或者自营快递送货上门。网络为顾客提供了便利，顾客可以足不出户就完成购买行为，节省了大量的时间成本。很多顾客在进入商店很短的时间之后就选择离开了，甚至很多潜在的顾客都没有深入了解这款商品就已经决定不购买了。这种情况类似于很多用户只是点击了购物网站首页，但是停留了几秒钟就关闭网页离开了。对于线下销售的销售终端来说，华丽的店面装修、友好的服务人员以及热情的服务态度、免费赠品、怡人的背景音乐都是提高客户转换率的关键。总体来说，在现今互联网快速发展的时代，网络营销方式要比传统营销方式更加有效率，使得顾客完成购买行为的概率更大。使用网络营销会使企业更具竞争力。

第二节　滴滴出行的市场营销分析

一、背景介绍

滴滴出行是中国的一款网上打车应用程序，广大的网友和用户将其称为"打车神器"。它集出租车、快车、顺风车、专车、代驾、巴士、试驾于一体，让广大的用户能够快捷出行。随意选择出行的方式，顺应了各个阶层、各种收入水平、各种工作类型的用户的需求。

2014 年 5 月中旬，北京小桔科技有限公司对媒体宣布，将公司名称命名为"滴滴打车"。2015 年 2 月 4 日，滴滴打车公司的首席执行官程维宣布，滴滴打车公司的运营官柳青负责日常的运营并且出任滴滴打车公司的总裁。2015 年的情人节，快的打车公司和滴滴打车公司进行了战略合并。在滴滴打车上线的三周年，"滴滴打车"正式更名为"滴滴出行"，并启用全新品牌 Logo。2015 年 9 月 9 日，滴滴出行与宇通合作，打造"互联网巴士生态"。2015 年 5 月 13 日，Apple 公司向滴滴出行投资 10 亿美元。

2016 年 4 月，"滴滴出行"与美国叫车软件供应商 Lyft 达成合作，推出"滴滴海外"，在海外市场由 Lyft 为滴滴用户提供出行服务，并提供支付宝、微信支付。2016 年底，滴滴出行 CTO 张博在接受媒体采访时表示，滴滴出行计划在 2017 年首次拓展国际市场业务。此前滴滴曾宣布与安飞士巴吉集团达成战略合作协议，双方将会为中国用户提供海外近 175 个国家和地区的安飞士巴吉租车服务。

二、营销分析

（一）对社会化媒体的选用

在生活中，人们对于代步工具的需求非常多，当公交车、地铁等交通工具满足不了需要的时候，就会选择打车。但在打车的过程中可能会面临打车难的问题：要么是司机拒载，要么是大排长龙。但是，问题就是机遇，于是"滴滴打车"出现了。

简单地说，"滴滴打车"就是一款打车软件，生活中常被戏称为"打车神器"。几年后的今天，滴滴出行的各项业务也已日趋成熟，成为包括出租汽车、专用车、快车、顺风车、代驾及大巴等多项业务在内的一站式平台。更重要的是，它的操作方式简单便利，用手机即可完成所有操作，到站后也可用手机进行支付。

滴滴出行运营能取得现在的巨大成功，一方面是因为它的实用性很强；另一方面是因为它使用了社会化媒体开展营销活动。

　　首先，滴滴出行刚推出便与微信进行合作，在微信"钱包"的选项里便可随时随地叫车。众所周知，微信现在已经变成中国人几乎离不开的聊天软件，"滴滴打车"借助微信，可为自己的品牌做宣传。

　　其次，微博上的宣传更是"铺天盖地"。微博有活动会赠送打车券，抽奖抽中打车券的概率也非常大，打车券的灵活性也很强，可以赠送给好友、亲人等。但是笔者也在滴滴出行微博上搜到不少负面信息，例如：司机的服务出现问题，乘客的安全没有保障，打车券只是徒有虚名，等等。这种消息乍一看，人们会对滴滴出行产生怀疑，可是这也说明滴滴出行重视对于负面消息的应对，这难道不属于其社会化媒体运营方式的一种吗？

　　不得不说，滴滴出行在社会化媒体的运营中简直无孔不入，百度贴吧也被涵盖其中。现在使用百度贴吧的人虽然在逐渐减少，但是用它的人却非常"专一"，因为随意翻翻贴吧就可以发现，贴吧里长期有各种人在互动：他们或许人数较少，但是他们每天都去。因此，滴滴出行的营销方式也进入了贴吧。

　　随着滴滴出行深入群众，滴滴出行自己的 APP 也开始运作。APP 中的作用更全，打车也更为方便；福利、红包也更为多样化。滴滴出行更是在 Logo 设计上下足功夫，用橙黄色作为主色调，其他的界面多为白色以示衬托。从色彩上来说，橙黄色更容易给人一种温暖安静的感觉，而且它以白色冷色调作为衬托，也突出了重点。再看滴滴出行软件里的布局，首页设置了地图、目的地的输入、预约菜单和功能菜单，乘客可以进行当前位置的自动定位，还可以显示周围可打车位置。滴滴出行 APP 的页面清爽干净，给人一目了然的感觉。滴滴出行 APP 把用户第一步要做的打车、预约放在很显著的位置，地图也只简单地显示当前定位位置、周围可打车辆这些最核心的信息。因为功能越多，就越容易分散用户的注意力，与此同时也会降低打车这个重点功能的使用性。

　　跨界营销也是当下非常流行的一种营销方式。情人节，滴滴出行与 Darry Ring 进行了合作。在此之前，滴滴出行与国美、蒙牛、良品铺子的合作也是屡见不鲜。滴滴出行的营销方式大部分都依赖微信、微博等媒体，蒙牛和滴滴出行的合作就是通过在微信上抢红包的营销方式开展的，革新人际传播，引起客户转发，从而实现传递各自的品牌的温度。

　　这么多品牌热衷于跨界营销，里面的好处自然不言而喻。当其中一个产品拥有了大量用户，这个产品本身就会成为一个非常具有号召力的企业自媒体，其实品牌的跨界背后是用户群在流动。另外值得一提的是，在互联网热潮之下，高成本的推广方式让用户获取信息的成本越来越高，职业化传播者一直在寻找免费、廉价的流量入口，滴滴出行的营销方式为这种设想提供了可能：把媒体和产品进行融合，运用更多创造性的传播技巧创造新的流量入口。

（二）与消费者之间的互动

对于滴滴出行，消费者最大的印象就是，有一段时间在各种著名网络平台都可以抢到滴滴出行的代金券红包。通过红包和周围同学的推荐，消费者开始了解并尝试使用滴滴出行，所以消费者认为滴滴出行是一个很擅于采用网络互动营销的方式进行宣传的企业。因为在消费者的印象中，滴滴出行的线下宣传很少，基本上都是靠网络媒体进行宣传，利用网络的开放性、舆论性推广软件，达到营销目的。

消费者了解的滴滴出行在网络上的主要宣传渠道就是现在比较火的微信、微博。先从微博说起，消费者一般在微博上都会关注一些明星、好玩的账号，然后就是关注热点事件，通过微博来开阔视野、放松心情。滴滴出行在微博上的营销主要是：首先，通过微博上的大 V 对产品进行宣传，让更多的人知道有这个软件，并产生好奇心，然后主动地去上网搜索、了解软件，从而促成了滴滴出行与消费者的互动。其次，就是很有用的红包轰炸，滴滴出行以省钱、快捷、便利脱颖而出，很大的原因就是在宣传前期采用红包策略和消费者进行互动。微博大 V 的推荐更多的是让消费者了解品牌，只是推荐就选择下载使用的消费者毕竟是少数，真正能让消费者尝试的原因大多来源于利益的驱使。大量的代金券一般可以保证首次打车的花费在 10 元以内，而且在微博不断的宣传轰炸下，很多消费者会愿意去尝试。第一次消费的舒适体验会让消费者在下一次打车的时候再次选择滴滴出行，而且也会分享给周围一些没有使用过的消费者，促成消费者与消费者之间的互动。所以红包代金券攻略，是一个让消费者可以尽快了解企业的好方法。最后就是热点事件的互动，微博是一个很好的分享热点事件的平台。消费者浏览滴滴出行的官方微博时会发现，微博里并不仅是乏味的对滴滴出行的推广，而是一些很有意思的段子，还有一些和微博网友的互动，这样可以给消费者和潜在消费者很好的印象。滴滴出行的每一条微博大多会提到当前的热门网络事件，并包含着对滴滴出行的宣传，让人觉得这些宣传很有意思。在微博中，消费者还看到了滴滴对于一些负面新闻的回应和对打车遇难事件的关注，在出现错误、过失的时候勇于承认，并对出现的问题持续关注，不断做出答复。这样对于危机事件的处理会让看到这些微博的消费者安心，愿意更多地信任这个企业，为企业提出建议，从而达到互动的目的。

微博大多是企业通过官方微博、大 V 宣传或是红包直接地与消费者互动，而微信更多的是企业在有意识地引导消费者之间进行互动。在微信中，好友一般都是自己身边认识的朋友，相互之间都会有往来，遇到一些事物也会相互交流。在微信中领到的红包和微博中的完全不同，微博上虽然有人推荐使用，但毕竟是不认识的陌生人，而微信上的红包分享更多的是身边认识的朋友，朋友之间遇到新鲜事物往往都会互相讨论，从而就促成了消费者与消费者之间的互动。相比于微博，朋友间的相互传播会更有说服力。还有就是微信支付对滴滴出行的宣传。互联网的普及让手机变得越来越重要，手机的各种支付方式逐渐兴起，微信支付一方面为滴滴出行的运营提供了方便，另一方面让消费者可以体验到更快捷、更便利的服务。还有就是在微信上使用滴滴出行可以不下载 APP，有专门的公众号可以使用。使用者可以提意见互动，还可以直接打开微信钱包使用，减少了下载 APP 和学习使用的麻烦。消费者使用舒服了，就会推荐给周围的人，所以将产品做好，做得简单便捷，也是促成消费者与消费者之间互动很重要的因素。

企业如果玩得转互动营销，一定可以收获很好的宣传效果，但是玩得不好只会适得其反。滴滴出行的互动营销有好的方面，也有不好的方面。在微博的营销中，营销号的推荐其实已经成了一种不太被人认可的方式。很多时候，一些营销大 V 可能从来就没有体验过产品，盲目的推销虽然达到了宣传的效果，但是会引起消费者反感。因为相比于营销号，消费者更愿意相信使用过的普通用户。在红包宣传上，消费者觉得很好，但红包、代金券不宜提供得过多，因为供过于求的代金券会显得不值钱，而且不利于企业的长期发展。通过微博的热门事件来互动很有必要，微博上很多人很多事情都是通过热点事件评论、一些有趣的段子被熟知，而且这种方式可以引起兴趣，不会让人反感。在微信方面，滴滴出行可以让每一个使用过的用户将红包分享给朋友，更加促进消费者与消费者之间的互动。朋友间的友好推荐是最不容易让人产生反感的，也是消费者最容易接受的方式，而且微信有专门的公众号可以直接使用滴滴出行，所以加强微信方面的互动更能达到营销的目的。

（三）采用的商业模式

就目前来看，我国消费者仍习惯于免费使用手机软件，所以目前甚至于未来很长一段时间内，滴滴出行对于用户来说仍是免费使用的。滴滴出行在打车部分的收入也微乎其微，但滴滴出行庞大的用户数据资源让滴滴出行可以通过广告和增值服务来获取部分收入。实际上，滴滴出行早就启动了以广告形式获取增值利润的活动。例如早前推出的"给全国人民送荔枝""给全国人民送蛋糕"等活动，都是利用在 APP 中植入来吸引人们的关注点击，以此来收取广告费用。滴滴出行的投入远远大于盈利，虽然在对司机和乘客的补贴上已经日益缩水，但是滴滴出行目前仍然是零盈利的模式。2014 年，滴滴出行创始人兼 CEO 程维在接受记者采访时说，滴滴出行未来三到五年仍没有盈利计划。

融资是滴滴出行十分重要的资金来源。2015 年 9 月，在滴滴与快的宣布合并的 7 个月后，滴滴快的宣布完成总计 30 亿美元的新一轮融资。

表面上看滴滴出行的确拿到了数额庞大的融资，但是滴滴出行初创期为了推广产品、铺开市场，曾经发起过补贴大战，同时对乘客和司机进行补贴，这样的补贴策略使得滴滴出行在 2013 年、2014 年两年就烧掉了 15 亿元。这样的战略是非常有效的，滴滴快的合并后占打车应用市场份额的 95%，成为当之无愧的市场巨头。滴滴出行通过补贴给中年司机普及了智能手机，也让普通大众通过大力度的优惠了解了线上叫车服务，从而改变了普通百姓的出行方式，让大家更适应甚至于更习惯线上消费。

从滴滴出行的发展历程和广大商业评论对于滴滴出行的分析总结来看，滴滴出行的商业模式是基于互联网大数据的、逐步走向平台化的长期战略。如今，虽然滴滴出行已经成为国内打车软件的巨头，但是随着国内的神州专车、海外的优步加入战局，它们自然而然地会瓜分滴滴出行的用户。如何留住用户、如何培养忠诚用户成为现阶段滴滴出行急需解决的问题。优化服务、提高用户的感知质量可以改善滴滴出行目前被夹击的现状。而持续优化出租车的调度、提高打车成功率、不断开发新产品从而帮助更多的用户打到车正是目前滴滴出行不断努力的方向。滴滴出行创始人兼 CEO 程维想要将滴滴出行从一个应用延展做成一个互联网平台。而从应用延展成平台，微信就是最经典的案例，但是目前微信的商业化之路走得也并不顺利。滴滴出行虽然目前并不挣钱，但是在开拓市场、培养忠实用户方面已然成为业界翘楚。而自从滴滴与快的合并之后，滴滴出行先后推出了经济型专车服务"滴滴快车"、拼车服务"滴滴顺风车"、定制巴士服务"滴滴巴士"、代驾服务等多线产品来拓宽用户群体，拓宽盈利途径。与此同时，滴滴出行在收集用户出行数据、改变用户使用习惯方面已经显现出背后的商业价值。

随着"互联网 +"理念的普及，大数据的重要性与日俱增，手机软件的运营商从用户的使用数据中可以分析出很多具有商业价值的信息。滴滴出行可以通过分析用户的出行数据了解用户的刚性需求和弹性需求，如通过分析用户的出行时间、出行高峰、出行偏好来进行内部的车辆调动。在用户使用滴滴出行较少的时间段向用户发放优惠券，从而鼓励用户使用滴滴出行；还可以通过用户的出行偏好来定点向用户推送广告。往深层次分析，未来滴滴出行可以使用这些累积下来的用户数据将滴滴出行构建成一个新兴的互联网平台。

做出用户喜欢的产品不难，最难的是改变用户的使用习惯。在互联网支付普及之前，大部分人更习惯使用实体货币，并且认为实体货币更加安全方便。滴滴出行在进行市场推广的初期使用的就是"补贴＋种子用户"模式，一方面通过培养种子用户建立起用户口碑；另一方面利用超大力度的补贴政策吸引更多的司机和用户加入到手机支付、线上打车的行列中。滴滴出行通过优惠补贴来提高自己的用户黏性，部分被优惠力度吸引过来的新用户在使用几次后自然而然会变成滴滴出行的忠实用户。

滴滴出行的背后是阿里巴巴集团，而腾讯集团又手握滴滴出行几千万美元的投资，在阿里巴巴和腾讯国内两大互联网公司的加持下，从某种意义上来说，滴滴出行不仅是两大互联网公司在打车应用市场的一个探索，更是两大互联网公司联手探索互联网平台发展的一个探路者。随着电子商务的发展，互联网支付逐渐从 PC 端向移动端转移，而逐步拓展使用手机支付的群体对于各大互联网公司来说仍是一个值得深思的问题。早前滴滴出行在 APP 中打出广告请全国人民打车，只要用户使用滴滴出行叫车并完成出行消费，系统会自动免除打车消费，但是用户仍然需要支付 1 分钱。这 1 分钱不能让滴滴出行从中获利，但是却为滴滴出行带来了很多首次使用手机端支付的新客户，这对于滴滴出行甚至对整个电子商务领域都是有益的——新用户为了支付 1 分钱而将手机与银行卡绑定。一旦用户开始使用手机支付，平台就很容易吸引用户进行下一次的消费。

更重要的是，滴滴出行这样的打车应用对于传统出租车市场来说是一个巨大的冲击，一如支付宝类互联网金融对于传统金融行业的冲击一样。如支付宝的余额宝业务冲击了银行业的储蓄业务后，银行不得不开始与互联网金融合作，以此来实现共赢。虽然短期内滴滴出行是不盈利的，但是滴滴出行对于传统市场的冲击有可能会使政府管理部门开放专营市场，这样巨头也许可以通过滴滴出行将业务拓展到交通、能源这些以前都是国家垄断发展的行业中。从长远来看，这样的收入是非常可观的。所以，综合各方面来看，滴滴出行的商业模式是基于互联网大数据的；从短期来看，以广告、增值服务和多线业务来营利；从长期来看，可基于数据收集、数据分析来构建互联网平台，以此达到盈利目的。

（四）信息的传播与扩散

在营销方面，滴滴出行与最大的竞争对手 Uber 采取的招数大致相同，可以将这些营销方式大致分为线上和线下两种。线上分为微信朋友圈、微博、冠名网剧以及在网页和视频中的插播广告等。线下大多数方式是采取"跨界营销"，通过与多家看似与打车并无关系的商家合作，多方面宣传。

1. 线上营销

微信和微博是很好的宣传平台，随着"低头族"不断壮大，人们日常的消息基本上均来自网络，而网络对信息的加工与传播的速度是惊人的。作为一名滴滴出行的用户，笔者最早知道滴滴出行就是在微信上，因为当时有人在分享红包，内容类似"分享并注册即可获得××元红包"。但是出于安全心理，笔者当时并没有注册，因为消息的安全性难以确定。随后在微博的首页上，笔者发现了"滴滴"两个大字，这一次笔者点了进去。微博的好处在于，用户可以直接看到原始博主，而且经过验证的官方微博右下角也会有"V"的角标，这样会使消费者稍微降低防范心理。通过这样的方式，笔者大致了解了滴滴出行，也在需要叫车的时候下载客户端体验了一下。随着各种红包的盛行，滴滴出行也将自己的营销方式从单一的官方微博编辑文字，发展到与明星合作。2016 年春节期间，大家纷纷抢明星发出的微博红包，有的红包是钱，而有的红包里就是滴滴出行大礼包。

除去社交平台，滴滴出行还采取了将优惠活动信息直接发送到用户终端的方法。在每一名新用户注册后，其联系方式被记入滴滴后台系统，每当有一名新用户，系统就会不断地更新、记录，久而久之形成强大的数据库。当有新活动的时候，只需向用户的客户端发送推送消息，同时也以短信的形式通知用户，这样一来，即使用户没有上网没有打开客户端，营销的信息依旧可以顺利送达。如果用户依旧心有疑虑，可以通过滴滴出行官方微博和官方首页进行查看，营销的目的也就达到了。还有就是广告营销。无论是植入式还是生硬的普通广告，只要做得真实，完全贴近生活现实，宣传效果就好，价格也比电视台广告要低一些。

最后一种线上营销就是在用户看视频之前，视频加载时播放的小广告。随着大家付费意识的提高，购买会员的情况十分普遍。在此情况下，加载视频时播放的广告也就逐渐被省略。虽然宣传效果弱了，但是早年滴滴出行确实用过这种网络营销方式。

2. 线下营销

滴滴出行的线下营销主要集中在"跨界"营销方式上。滴滴出行刚刚盛行的时候，外出逛街总是能看到扫码送滴滴红包活动，或者在某家门店购买商品满一定数额即可进行抽奖，其中的一项就是赢取滴滴红包大奖。滴滴出行还将"跨界"营销应用在很多地方，甚至是让人意想不到的地方。例如滴滴与 Darry Ring 曾共同推出情人节红包，鼓励年轻人在情人节买一份 Darry Ring 的礼物；然后用滴滴叫车去给对方一个惊喜。活动最初的传播是在网络上，情景为多名老夫妇补办婚礼，随后在网上爆炸式地传播，为后期线下营销做足基础和铺垫。滴滴出行还曾与蒙牛合作，双方互相冠名。蒙牛方面推出"牛运红包"来冠名滴滴红包，滴滴出行方面配合蒙牛宣传，用户在每一次乘坐专车的时候，均有机会获得由蒙牛提供的牛奶。

　　除此，滴滴出行还与国美、微信共同抓住"双十一"的小尾巴，搞起大型营销活动，用户只需在指定时间和地点扫微信二维码，即可获得国美商城 100 元优惠券以及滴滴打车红包。这样的联合行动，第一，抓住了微信强大的使用群体，利用扫二维码的形式将微信拉进联盟；第二，国美商城可以以此为契机做促销；第三，在顾客疯狂购物的同时也可抽取滴滴礼包，拉动滴滴载客量。多方共同合作，跨界越明显，多方共赢的优势也就越大，顾客也可获得不小的实惠。

　　无论是线上还是线下宣传，营销本身就是一个整体，线上渠道离不开线下渠道的配合，线下渠道离不开线上快速的传播，要想达到更好的效果，需要将二者共同结合。如滴滴出行与 Darry Ring 合作的情人节项目，在为老夫妇补办美好婚礼的同时，就已经向当时在场的人们宣传了 Darry Ring 和滴滴出行，既提高了滴滴出行的曝光率，也为 Darry Ring 唯美的爱情见证做足了宣传。经过这样的升温发酵，在情人节当天的活动自然众所周知，并推出情人节红包："如果你爱他 / 她，那么就带上 Darry Ring 坐着滴滴去找他 / 她。"看似毫无关联的两家企业，通过一个共同合作的文案完美地融合在一起。

　　但是经过多方面深入分析，笔者认为滴滴出行还是以线上宣传为主较好，毕竟它是一家软件驱动型企业，所以云端才是主力。

（五）最核心的竞争优势

　　滴滴出行最核心的竞争优势就是技术的突破。滴滴出行已在精准营销、智能匹配、用户画像系统、需求预测系统和产能预测系统等方面建立起了自己的技术核心竞争力。根据分析师的分析，滴滴出行在云计算方面的运用已经处于业内的领先地位，通过云计算和大数据的运用，能够提高订单的成交率，减少了司机对乘客的接送时间。滴滴出行利用庞大的历史数据做统计分析，还能够有效地躲避出现问题的路段，能分析司机和用户的出行习惯。这是滴滴出行大数据解决问题的一大优势，并且根据这个庞大的大数据，滴滴出行的司机能够准确地知道用户的具体位置，从而准确地接送用户；滴滴出行的用户也能够直接通过软件内的地图看到司机的动态、个人信息、车型、车牌号、照片、电话等相关信息，保证乘车安全，而且滴滴出行软件的支付手段也很便捷。现在，滴滴出行在大数据和机器学习领域领先的专家和技术人员的强力引导和支持之下，进一步发展新服务和运营，将来还有极其广阔的发展空间。

三、总结

滴滴出行作为中国广受好评的打车软件，在打车应用程序的市场中份额最大。在它越做越大的背后，是为解决人们出行困难而执着不懈的努力。滴滴出行所有工作人员的坚持不懈和不断创新，使得滴滴出行为司机与乘客构建了一个良好互惠的平台。

随着互联网的持续深入发展，社会化媒体营销开始成为众多企业选择的营销方式。社会化媒体营销主要是通过互联网技术实现信息的分享和传播，并且通过不断的交互和提炼，对观点或主题达成深度或者广度的传播，其影响力是传统媒体往往不能赶超的。滴滴出行利用微博、微信、电商入口、前程无忧等来开展社会化媒体营销的传播。滴滴出行的营销依赖于微信、微博等社会化媒体，利用这些媒体推出自己的产品，对公司一些变更行动做出回应，为自己的产品进行推销，吸引更多的用户，利用社会化媒体消除信息的不对称，消除消费者心中的疑惑。比起传统营销方式，社会化媒体能够打破时间的限制，极大地扩大了传播量。社会化媒体营销拉近了滴滴出行与消费者的距离，取得了用户的信任，方便了消费者，更为滴滴出行赢得了更多的利益。

参 考 文 献

[1] 王静静. 互联网背景下的市场营销创新 [J]. 中国商论，2017(1)：9.

[2] 陈益材. 赢在电子商务：网络营销创意与实战 [M]. 北京：机械工业出版社，2016.

[3] 蔡勤东，张金炜. 全网营销时代：企业互联网快速盈利之道 [M]. 北京：中国财富出版社，2016.

[4] 刘华鹏. "互联网+"颠覆式营销 [M]. 北京：经济管理出版社，2016.

[5] 芦文娟. 网络消费行为与购物网站营销策略 [M]. 北京：机械工业出版社，2016.

[6] 凤凰网·MadTalk 节目组. "互联网+"营销大数据时代的行业"小报告" [M]. 北京：中国传媒大学出版社，2016.

[7] 熊友君. 微商 3.0 移动电商实战 [M]. 北京：机械工业出版社，2016.

[8] [美] 安·汉德利. 媒介时代我们该如何做内容 [M]. 王琼，译. 北京：中国人民大学出版社，2016.

[9] 韩光鹤，单忠纪. 中小企业互联网市场营销创新研究 [J]. 经济研究导刊，2015(25)：157-158.

[10] 李雪. 新经济时代企业市场营销战略新思维方向分析 [J]. 经济研究导刊，2016(32)：103-107.